国家社科基金项目"现代汉语词义的基因结构及其形式化描写研究（14BYY121）"成果

现代汉语词义
基因结构研究

胡惮 著

XIANDAI HANYU CIYI
JIYIN JIEGOU YANJIU

 WUHAN UNIVERSITY PRESS
武汉大学出版社

图书在版编目(CIP)数据

现代汉语词义基因结构研究/胡惮著.—武汉:武汉大学出版社,
2024.3
ISBN 978-7-307-24293-7

Ⅰ.现⋯ Ⅱ.胡⋯ Ⅲ.现代汉语—词义学—研究 Ⅳ.H13

中国国家版本馆 CIP 数据核字(2024)第 038816 号

责任编辑:罗晓华   责任校对:汪欣怡   版式设计:马 佳

出版发行:**武汉大学出版社** (430072 武昌 珞珈山)
(电子邮箱:cbs22@whu.edu.cn 网址:www.wdp.com.cn)
印刷:武汉邮科印务有限公司
开本:720×1000 1/16   印张:23.5   字数:337 千字   插页:1
版次:2024 年 3 月第 1 版   2024 年 3 月第 1 次印刷
ISBN 978-7-307-24293-7   定价:95.00 元

前　言

在当今智能化时代，自然语言处理已经成为人工智能的核心技术之一。冯志伟先生（2018）指出：“人工智能领域，得语言者得天下。”自然语言处理技术滥觞于以数学与统计为基础的经验主义方法，在短短数十年的发展历史中，其技术范式历经了经验主义和理性主义的反复博弈与交融。当今，大数据、神经网络、深度学习是人工智能领域最为炙手可热的技术主流，经验主义毫不意外地又牢牢占据了自然语言处理技术的统治地位。经验主义方法对自然语言语义的处理是间接的，即通过计算语言符号在大规模文本中的分布与组合规律来推知其可能的意义。就其可计算性而言，自然语言的复杂性在于它将客观世界的概念、事实与人类主观认知世界的情感、价值观揉合于一体，形成一套非结构化的离散符号系统，语义的模糊性无处不在。语言符号系统的这种特性使得语义的精确计算困难重重。

本书以现代汉语词汇为研究对象，借鉴遗传学的理论成果，探讨词义的微观结构、词义系统的运作规则及其形式化表征的理论、方法以及大规模词义计算资源建设工程的实现技术，旨在为经验主义的语义统计计算提供来自理性主义的语言规则参数作为先验知识，探索以词汇语义规则为基础的语义智能计算方法实现的可能路径。

本书主要包括以下几个方面的内容：

（1）在理论层面，提出了词义基因理论，并阐述了其基本理论框架。

全息论哲学观认为，宇宙万物在空间、时间和过程上都呈现出全息对应、全息同构或全息共效关系。自然语言和生物体同为客观世界的不同部分，它们之间的结构规律也存在相关、相似或同构关系。这是本书所提出的自然语言词义基因遗传机制的基本前提。

遗传学中，基因是指控制生物某一个特殊方面表型功能的基本遗传信息单位。生物基因的遗传遵循三大经典遗传定律：基因分离律、基因自由组合律、基因连锁交换律。研究发现，自然语言词义跟生物基因结构与遗传规律存在全息相似性。结合全息论、生物遗传理论、语言全息论和传统词汇语义学的研究成果，我们提出了词义基因理论，系统阐述了词义基因的结构及其遗传、重组、变异的规律，并论证了词义基因理论运用于面向人工智能计算的大规模词汇语义资源库建设的可行性。

词义基因是控制词的某种语义特征，并且可以通过遗传和重组构造新词的词义基本结构单位。词义具有不同的结构维度，每个维度都是由若干个词义基因按照一定语义关系组合而成的一个词义函数。

根据词义基因的形态特征及其所承载的词义信息结构，它们可分为自由词义基因与粘着词义基因、显性词义基因与隐性词义基因、家族词义基因与个体词义基因。根据词义基因在词义特征函数式中所充当的功能角色，它们分为词义常量基因、词义维度特征基因与词义变量赋值基因。其中，词义维度特征基因又可根据词义特征函数变量取值集合的范围大小，分为限值词义维度特征基因和非限值词义维度特征基因；根据词义特征函数变量取值集合分布的结构，词义维度特征基因分为对称型、对立型、平行型、级差型、离散型五种不同的类型。每一种不同类型的词义基因分别具有不同的性质，这些性质是我们对词义结构进行语言学分析和形式化计算表征的基础。

词义的基因排列遵循一定的结构规律。语义类型相同或类似的一组词具有一个统一的词义信息知识域，可表示为一个知识域框架。通过对知识域框架中各个特定元素的分析与描写，即可实现词义基因微观结构的形式化表征。

新词的产生是词义基因遗传、重组和变异的结果。词义基因的遗传、重组和变异从宏观上遵循生物基因遗传的基本规律，微观上又有其自身特有的、不同于生物基因遗传的内在规律。这些规律是计算机进行语义推理的重要依据。

（2）在工程技术层面，详细探讨了词义基因提取与词义基因结构的形式化描写技术。

作为人工智能核心问题之一的自然语言智能，本质上是一种符号智能。那么，探讨语言符号及其结构规则、语言符号的聚合与组合规则、语言符号的逻辑规则，并以合乎计算处理要求的形式化方法对这些知识进行表征，是实现自然语言智能计算的基础。

本书在兼顾人工智能语义计算形式化表征与传统语言教学、语言研究、词典编撰信息化和智能化的双重需求的前提下，以大量语言事实分析为基础，定义了词义基因描写元语言系统、词义基因结构分析及词义基因提取的策略、方法与操作流程，设计了基于 XML 语言的、可广泛适用于各种自然语言处理应用程序直接调用的词义基因数据库描写代码。

（3）在数据层面，通过对部分具有代表性的词进行基因结构分析，展示词义基因工程的实现过程。

本书以现代汉语三大基本词类(名词、动词、形容词)为例，系统介绍词义基因结构分析描写与词义基因提取和优化的过程。综合传统词汇语义学对三大词类内部次类划分的理论观点，我们在名词中选取指人名词、表物名词、事件名词，在动词中选取位移类动词、动作类动词、认知类动词、变化类动词，在形容词中选取物性形容词、人性形容词、事性形容词等次类，每个次类中再选取若干个有代表性的词集进行详细分析，初步提取词义基因，经过去重和统计分析得到高频词义基因，形成现代汉语词义基因样例数据集。

（4）在应用层面，讨论了词义基因数据库的计算应用和传统应用方法。

在计算应用方面，本书根据人工智能计算对大规模语义资源的需求，初步介绍了语言知识本体和语义网络自动生成的方法，以及以词义基因数据库为基础，不依赖大规模文本语料库实现词义距离计算的算法。在传统的语言研究、语言教学和词典编撰方面，简要介绍了词义基因数据库在词汇网络自动生成、语言研究信息化与智能化、新型语文词典编撰等方面的应用方法。

本书的主要观点如下：

（1）词义内部微观的结构成分跟生物的基因结构具有全息同构性，词义系统的运作机制遵循跟生物系统类似的基因遗传、重组、变异规律。

（2）词义基因是词义的基本结构单位，控制词的某种语义特征，并可以通过遗传、重组和变异构造新词。语义关系相对稳定的若干词义基因可结合成一个词义基因簇。跟生物的基因遗传相似，词义基因、基因链和基因簇都可以遗传、重组和变异，从而产生新词。一个词的多个义位之间存在词义基因遗传和变异关系。

（3）词的每个义位是由多个语义特征构成的多维意义空间，每个维度的特征可以表示为一个特征函数，结合特征的权重，构成一个特征向量，整个词义的计算属性表现为一个多维的向量空间。每个词义特征函数是由若干词义基因按照一定的结构规律排列而成的一条词义基因链，若干条词义基因链再按一定的结构规律组合构成整个义位的意义空间。

（4）语言中词的数量是开放的、无限的，但是构成词义的词义基因集是有限的、数量可控的。不同意义类型的词，其基因结构不同。词义知识域描写框架是词义基因结构的基本规则，也是我们描写词义基因结构表达式所遵循的规范。通过预定义和词义基因结构分析和描写，我们可以提取一种语言中所有的词义基因。

（5）词汇家族类似于生物家族，一个家族内所有成员共享相同的家族词义基因，家族中的每个个体又有自己独有的词义基因。词汇系统的发展演化、新词新义的产生，是词义基因遗传、重组和变异的结果。

目　　录

1

第一章 绪 论

人工智能时代，语义问题已经不仅仅是一个语言学或哲学问题。人工智能已经渗入人类日常生产生活的各个环节，成为当今最引人注目的显学之一。人工智能技术的高级应用阶段离不开自然语言处理。冯志伟先生（2018）甚至指出："人工智能领域，得语言者得天下。"语义计算则是自然语言处理的核心。

自然语言处理属于人工智能的符号智能范畴，要实现语言的智能计算，首先要解决语言符号及其结构的形式化描写问题，这是人工智能时代语言学新的历史使命。语言学界和人工智能界一直在探索自然语言语义的形式化描写技术。在全息论哲学思想的指导下，人们发现语言系统和整个世界以及语言系统内部存在着全息的结构特征。生物语言学研究成果表明，语言系统的运作规律和生物遗传进化规律存在着某种程度上的全息相似和全息对应关系。因此，从遗传学视角，借鉴生物遗传与进化的规律来解读自然语言的语义规则，寻求自然语言语义的形式化描写新技术，不失为一种解决问题的有益探索。

第一节 人工智能技术与自然语言

一、什么是人工智能

（一）人工智能的定义

人工智能（Artificial Intelligence，简称 AI）技术自诞生之日起，一直是

1

学术界关注度最高的热门话题之一。20世纪七八十年代，它和能源技术、空间技术并称为20世纪世界三大尖端技术。进入21世纪以来，人工智能又和纳米科学、基因工程并称为21世纪新的三大尖端技术(林婧，2014)。

人工智能的概念自1956年在达特茅斯会议上被首次提出，至今已有六十余年。

从字面上理解，人工智能是"用人工的方法，通过一定的技术，在电脑或其他人造物上模拟和实现人类的智能"。事实上，现在人工智能研究和应用的领域不断扩大，直接涉及的学科包括数学、认知科学、计算机科学、生物学、自动化技术、哲学、语言学、逻辑学等。目前，学术界和产业界都争先恐后地把大量不同领域的理论和技术塞在这个术语之下，使得它比一般的科技概念更复杂、内涵更丰富、涉及面更宽泛(腾讯研究院等，2017)。因此，至今为止，人工智能依然是一个笼统的概念，缺乏统一的定义。而且，随着研究的不断深入和应用领域的不断扩张，我们对人工智能的理解也需要不断更新。

从历史上纷繁复杂的人工智能定义中，李开复、王永刚(2017：32-40)列举了较有影响或比较流行的五种，都将其定义为"计算机程序"：

(1)能胜任超出人们预期的任务的计算机程序。

(2)能模仿人类的思考方式的计算机程序。

(3)能模仿人类的行为的计算机程序。

(4)能自己学习的计算机程序。

(5)能感知环境，并据此做出合理行动，获得利益最大化的计算机程序。

(二)人工智能的内涵

这五种定义的中心词都是"计算机程序"，这从技术应用的角度揭示了人工智能的核心部分，当前所有人工智能的应用都是通过计算机软件来实现的。但是，这种理解依然较为片面，人工智能并不能简单等同于人工智能应用程序。"人工智能"这个概念的实际运用，无论是在学术语境、科技语境、工业语境还是在日常话语语境中，其内涵和外延都远远超越"一种计算机程序"。"横看成岭侧成峰"，要了解它的全貌，需要从不同的视角加以解读。

1. 人工智能的本质

从哲学的视角审视，人工智能的本质到底是什么？是对人类智能的模仿、复制，还是另外一种形式的智能？计算机程序是不是对人类思维过程的模拟？

要理解人工智能，先要弄明白什么是智能。

心理学和计算机科学对智能概念的理解是不同的。

虽然心理学界对智能的看法也不一样，但是，美国心理学家丹尼斯·库恩(Dennis Coon，2004)认为"大卫·韦克斯勒(David Wechsler)对'智能(intelligence)'的一般性描述，是大多数心理学家的共识：智能是理性的思维、有目的的行动以及有效应对环境的能力"。

计算机学界的定义则完全不同。*Computer Science and Communications Dictionary*(《计算机科学与通信词典》)对"Intelligence"词条的解释为："①由不同来源汇集而成的信息；②有使用价值、得到确证、经过处理、具有时效基础的可实现的信息。"这直接将智能定义为信息，体现了在信息技术语境中，"智能"的本质是一种特殊的信息处理形式。①

两个研究领域对概念的理解不同，意味着其所研究的对象也有所差别。这说明人工智能和人类智能中的"智能"并非同一对象。虽然当前人工智能最核心的神经网络深度学习技术声称是模拟生物神经元的工作原理，但是事实上，从生物结构的视角看，人类大脑神经元的复杂结构远远不是目前的计算机所能模拟得了的(乌热，2018)。

陈钟(2017)指出："人工智能作为计算机科学的分支，其研究方法和成果形态都无法与计算割裂，因此其本质就是计算。"

—————————

① Martin H. Weik. Computer Science and Communications Dictionary [M]. Springer：Boston，2001：804-805. 转引自毛航天(2016)。

在人工智能和认知科学领域颇有影响的美国著名哲学家迈克尔·布拉特曼(Michael E. Bratman)指出："由刺激至行为的过程，涉及意图、计划、观念等作用，因此它不可能只是一个映射问题或者简单的形式转换问题，也不仅仅是一个理性计算问题。"①

其实，通俗地说，深度学习只是将各种输入信息(有效的或无效的)通过一定的算法进行处理，通过不断调整参数，输出跟人脑处理接近的结果。因此，与其说人工智能是对人类智能的模拟，不如说是在处理结果的层面，前者在努力与后者进行拟合。

人工智能的先驱艾伦·麦席森·图灵(Alan Mathison Turing)提出过著名的"图灵测试"，用以检验一个系统是否具有智能。其基本思想为：由人向被测试机器系统提问，若机器的回答和反应跟人类的回答与反应无法区别，则判断该系统具有智能(Turing，1950)。图灵测试中提问者是用书面的自然语言进行提问和接收答案的，问题的主题可以涉及任何领域。这其实也是一种结果拟合的基本思路，即只对回答的结果进行判断，至于系统在回答时以何种机制处理自然语言、如何模仿人类的智能则未提及。

2. 人工智能的学科内涵

从学科的角度看，人工智能属于一门新兴的学科。

在人工智能的诸多定义中，有一部分就明确地把它定义为一门学科。比如《中国科技术语》杂志的定义："人工智能是解释和模拟人类智能、智能行为及其规律的学科，主要任务是建立智能信息处理理论，进而设计可展现近似于人类智能行为的计算机系统"(魏星，2019)。

关于该学科的定位，学者们有不同观点。早期的研究一般将其定位为一门交叉学科或者边缘学科(杨祥金，1988)。长期以来，多数研究者将其归为计算机科学中的一个分支，涉及智能机器的研究、设计和应用。近年来趋向于将人工智能作为智能科学(Intelligence Science)的分支，而智能科

---

① Michael E. Bratman. Intentions, Plans, and Practical Reason [M]. Cambridge：Harvard University Press，1987：50. 转引自高新民(2019)。

学和计算机科学是并行的学科(蔡自兴等，2004：2)。最近有新的观点认为，人工智能早已过了萌芽阶段，已经和传统学科深度交叉而进入了腹地，因此不再是一门边缘学科，而是具有自己的研究目标、研究对象、研究问题和研究方法的横断学科(陈·巴特尔、苏明，2019)。

2018 年，教育部发布《高等学校人工智能创新行动计划》，支持高校在计算机相关学科中设置人工智能方向，并进一步建设为一级学科(冯伟，2019)。截至 2019 年 1 月底，我国设立人工智能学院或研究院的高校已达 59 所(方兵等，2019)。

从各高校的培养体系来看，将自然语言处理相关的内容纳入人工智能学科体系建设基本成为共识(杨博雄等，2018；福建省人工智能学会，2018)。

3. 人工智能的技术构成

从技术的角度看，人工智能不是一门单一的技术。其技术体系的构成包括多个方面。

如前文所述，人工智能的本质是计算。算力、算法和数据构成人工智能的核心技术体系。

实现计算的首要条件的算力，即硬件设备的计算能力。人工智能要求机器具有很高的算力，早期的研究往往受到单机算力的限制。近年来，云计算、多核并行计算、图形处理等技术的发展大幅提升了机器的运算速度，降低了算力获取成本，对算力的提升起到了至关重要的作用。算法是指用系统方法解决问题的策略，随着神经网络与深度学习理论的广泛应用，新的算法不断发展。数据是机器学习的基本材料，大部分深度学习算法的训练与优化依赖于大规模数据样本，如语音、文本、图像的识别等。互联网的快速发展催生了大数据技术，大数据技术成为人工智能发展的重要助推剂(吕伟等，2018)。

自然语言数据和针对语言数据的语言学特征价值所设计的算法，是人工智能技术的重要组成部分。

最后，从应用的角度看，多种人工智能技术已经得到广泛应用，逐步深入社会的各个角度，催生了很多新型的产业。有些应用技术，比如图像识别，已经达到甚至超过人类的平均智能水平。

人工智能的应用分为技术应用和产业应用两个层面。技术应用是在"算力—算法—数据"的通用技术框架内，根据不同领域的数据类型，挖掘数据价值，调整算法模型和算力分配，形成具体的应用程序。这些应用程序可以独立运行，也可以封装成技术模块。多种应用技术模块可以根据产业发展需要灵活组合，形成各种产业应用系统。一个成熟的产业应用系统往往包含多种技术应用模块，不同模块之间需要协同工作，以达到最优的系统性能。

人工智能典型的技术应用包括生物识别、环境识别、图像识别、语音识别、自然语言处理等。有些应用技术下面又细分若干子类，比如生物识别又分为生物特征识别(指纹识别、掌纹识别、人脸识别、静脉识别、虹膜识别、视网膜识别、基因识别等)和生物行为特征识别(笔迹识别、声纹识别、步态识别等)；自然语言处理技术包括文字识别、机器翻译、信息检索、信息抽取、信息过滤、信息推荐、自动文摘、自动问答、文本分类与聚类、情感计算等。

人工智能各项技术在产业界应用很广泛，包括管理、金融、贸易、医疗、物流、工农业生产、通信、法律、娱乐等诸多方面。典型的产业应用系统有智慧医疗、智慧教育、智慧交通、自动驾驶、智能投资顾问等。

二、人工智能与人类语言智能

研发、制造具有人类语言能力和思维能力的机器，这是人工智能的终极任务(郑捷，2017：2)。

虽然很多学者宣称人工智能是对自然智能的模拟，但是事实上二者的区别是很大的。模拟也主要是在运行结果层面的模拟，而不是运作机制的模拟。

(一)人工智能的分类

一般认为，智能源于生物的大脑。智能又分为生物个体的智能和群体的智能。个体智能即脑智能，是指在大脑(主要指人的大脑)的宏观层次上表现出来的智能；群体智能又称系统智能或社会智能，是指生物的群体行为中所体现出的智能，如蚁群、蜂群等社会性生物在群居、觅食等活动中表现出的智能行为。群体智能是社会智能或系统智能。这两种智能分属两种不同层次，人工智能模拟因此产生两个分支：符号智能和计算智能，前者模拟脑智能，后者模拟群体智能。它们产生的应用也不同(张国英等，2010)。

计算智能以仿生模拟和生物群体行为模拟为主要研究对象，以数学计算模型为基础，关注的领域包括自然物理现象(如固体退火降温时内部粒子的运动状态)、生物进化机理以及生物的社会行为，从这些自然规律中寻求解决复杂问题的新方法。计算智能具有高效、优化的性能，不依赖求解问题的特殊信息，受到诸多学科领域的热切关注，得到了广泛的应用(葛宏伟，2006)。目前，从这两个方面产生了很多种成熟的计算智能技术，如模拟生命进化的遗传算法、模拟生物免疫机制的免疫算法等仿生算法；以及模拟动物猎食群体行为的果蝇算法(模拟果蝇觅食行为轨迹)、狼群算法(模拟狼群捕猎策略)、蝙蝠算法(模拟蝙蝠猎食行为)、蚁群算法(模拟蚂蚁种群追踪信息素以寻找最短路径)、萤群算法(模拟萤火虫通过光信号进行信息交流)等粒子群优化算法(刘伟等，2016；张勇等，2017；彭业飞等，2017；姜照昶等，2019)。

计算智能的根基是数据计算，以数学计算模型为本，通过分布计算、并行计算、仿生计算等具体算法，来揭示和表征各种智能规则；符号智能的根基是符号处理，以知识库为本，通过对按一定顺序排列的离散符号的逻辑推演，来建立知识表示、知识推理和知识利用的模型(葛宏伟，2006)。本节讨论的机器模拟人类语言智能属于符号智能。

(二)符号智能与人类思维

科学史上，对人类自身奥秘的探索从未停止，跟意识、思维、智能相关的认知科学，更是当今多种学科领域的研究热点。认知心理学和神经生理学在试图解释人脑智能的运作机制时，发现很难清晰地解释人类大脑的工作模式，更谈不上在智能机器的设计上进行模拟和映射了。人脑神经元的数量(100亿~150亿个)、神经元系统的鲁棒性、神经网络连接的高度随机性、海量神经元协同工作的系统性都是当前人工智能系统设计模拟难以逾越的鸿沟(乌热,2018)。

20世纪80年代以来,计算哲学的兴起提供了一种新的问题求解思路。

加拿大认知科学家泽农·W.派利夏恩(Zenon W. Pylyshyn)提出了一个著名的"计算隐喻",指出认知实际上是计算形式的一种。他认为,"人类和别的智能生命本质上是一种认知生灵,是一部计算的机器。对存在于认知系统中的语义内容进行编码,其实质类同于对计算表征的编码"(泽农·W.派利夏恩,2007:2)。泽农·W.派利夏恩的思想反映了认知科学的一个基本假设:心智具有一定的心理表征结构,认知活动是基于该结构的计算操作程序。因此,我们就可以用计算机的数据结构来模拟心智的表征结构,用计算机程序来模拟认知活动的过程。这样一来,早期困扰人工智能界的核心问题"计算机是否具有思维能力"便演化成"思维是否是一种计算过程"的问题了。

"思维就是计算"已经是计算哲学的核心命题,在当前认知科学的基本观念和研究方法中,计算占据主导地位。人们希望借助计算,揭示思维、意识乃至整个大脑的奥秘。从这个思路出发,人工智能(不论是计算智能还是符号智能)都有可能找到操作的问题求解思路(郝宁湘,2003)。

符号智能思想认为,人可以被看作一个智能化的信息处理系统,这个系统可以叫作符号操作系统(Symbol Operation System),或者物理符号系统(Physical Symbol System),其基本任务就是对各种符号进行辨识和区分,找出其实质性差别。一个完善的符号系统应具备六种基本符号的操作功能:输入符号、输出符号、存储符号、复制符号、建立符号结构、条件性迁移①。

---

①　条件性迁移是根据已有符号,继续完成活动的过程。换言之,就是根据存储中的信息和当前输入信息而产生的一系列动作。我们可以用一个形象的例子来说明人类的条件性迁移:给某人下达一条指令"往前走到门口停下来",接受到指令者在执行指令的时候,会边走边判断是否满足"到门口"这个条件,以决定是继续前进还是停下来。简言之,即存在某种条件A,如果条件A("到门口")满足,则执行指令B("停下来")。这是计算机程序设计语言中最经典的"if-then"条件控制语句,该语句赋予了计算机很强的处理能力和灵活性,使机器得以实现各种复杂功能(周挺,2008)。

假设任何一个具有智能的系统必须能够执行这六种功能；或者说，任何具有这六种功能的系统必定能够表现出智能[1]（蔡自兴等，2004：12）。

这个假设就是心理学家赫伯特·西蒙（Herbert Simon）和艾伦·纽厄尔（Allen Newell）提出的物理符号系统假设。[2] 该假设伴随三个推论：

推论①　既然人具有智能，那么人就是一个物理符号系统。

推论②　既然计算机是物理符号系统，那么计算机就能够表现出智能。

推论③　既然人和计算机都是物理符号系统，那么就能够用计算机来模拟人的智能活动。

虽然人和计算机都是物理符号系统，都可以具有智能，但是其原理和活动方式未必相同。因此，计算机可以通过程序进行复杂计算来求解方程式，这种运算并不一定是人类的思维过程的模拟（蔡自兴等，2004：13）。

（三）符号智能与自然语言

如果说计算机是通过计算来实现智能模拟，那么人类智能活动的计算过程就是通过思维来实现的。语言是思维的物质外壳，是实现思维的媒介。人类的智能活动通过语言来实现，同时，自然语言也是表征、记录、再现人类智能的主要工具。因此，语言智能是人类智能的核心，人工智能的实现必然绕不开对语言智能的研究。

自然语言本身就是一套音义结合的符号系统，这是语言学界的基本共识。从符号智能的角度来研究自然语言，就是探讨语言符号的输入、输出、存储、复制、语言符号系统的结构、语言符号系统中条件性迁移的逻辑关系。

---

① 这种智能是指类似人类所具有的智能。

② Newell & Simon（1990），转引自李永鑫等（2007）。

语言符号①的输入：人类借助眼睛、耳朵、手等感觉器官，通过阅读、观看、听触摸(盲文)等感知行为，向大脑输入语言符号。计算机则通过键盘、鼠标、触摸板、扫描识别、麦克风等外部设备向系统中输入语言符号。

语言符号的输出：人类借助发声器官、肢体等，通过说话、写字、手语、肢体语言等方式，输出语言符号。计算机则通过打印设备、显示设备、音响设备输出语言符号。

语言符号的存储：人类通过记忆系统，将语言符号存储在大脑的神经元中。计算机则将语言符号存储在软盘、硬盘、磁带、光盘、闪存等存储设备中。

语言符号的复制：人类通过感知外界的语言符号刺激，复制成为符号表征，存储在神经元中。计算机则通过复制指令，在存储介质之间复制已存储的语言符号。

建立语言符号结构：人类通过学习习得接收语言信息，大脑的语言认知机制对语言符号进行不同的组合加工，建立各种知识之间的联系，形成语言符号的结构系统，并以此为基础建构知识系统。计算机可以通过各种语言符号之间的关系(包括人为定义的关系和机器自动获取的关系)，形成语言符号的计算表达结构。

语言符号的条件性迁移：人类通过语言知识和逻辑思维能力，并结合百科知识和经验，判断输入的语言符号系列中的迁移条件并作出动作迁移决策。计算机则根据程序中设定的条件语句判断输入的语言符号数据中的迁移条件并执行相应的动作指令。

对当前的自然语言处理技术和计算机信息技术而言，符号的输入、输出、存储和复制已经是非常成熟的技术，很容易实现。计算机实现对人类语言智能的模拟，关键难点还在于语言符号的结构和语言符号逻辑(条件

---

① 本节讨论的语言符号包括视觉符号、听觉符号和触觉符号。自然语言是音义结合的符号系统；手语只是视觉符号系统，盲文是视觉+触觉符号系统，虽然没有音响形象，但是它们是跟自然语言的符号系统相对应的，具有跟自然语言等价的交际功能。

性迁移的条件判断与动作指令)规则的形式化表达。

1. 语言符号系统的结构表征

符号的表层结构规则是自然语言计算处理必须解决的核心问题。

自然语言是一个由若干单个语言符号按一定规则组装而成的系统，符号与符号之间具有严格的结构规律。这与符号的任意性并不矛盾。索绪尔(1999：102-104)指出，符号的任意性是指符号的能指(音响形象)与所指(概念)之间的联系是不可论证的。一个语言符号是能指和所指的联合体，是一个单独的符号单位。任意性是语言符号的基本属性，否认任意性就不能揭示语言符号的性质(陈保亚等，2017)。

语言符号的结构主要体现在多个符号之间的聚合和组合关系。这种聚合或组合受语法规则制约，具有严格的语义逻辑理据，并不是任意的。

语言符号的结构性和结构规则体现在不同的层次：语素、词、短语、句子和篇章。传统语言学理论一般认为，语法是语言符号的基本结构规律，而语法单位只包括语素、词、短语和句子四个层级，所以，语法规则的管辖范围最多只到句子层级。句群、段落和篇章是语言的运用单位，即言语单位，而不是语言单位，因此不受语法规则制约(仲崇山，2010)。

事实上，无论是传统语言学研究还是自然语言处理研究，都不能忽视句子之上的语言符号单位的结构性，即篇章的结构性。

篇章也是一个有组织的符号系统，组织性和结构性是任何类型篇章的共同特点(陈勇，2008)。

篇章语言学中有一个核心概念：篇章性(textuality)。Beaugrande 和 Dressler(1981)提出篇章性的七个构成要素，它们分别是：衔接性(cohesion)、连贯性(coherence)、意图性(intentionality)、可接受性(acceptability)、信息性(informativity)、情景性(situationality)、篇际性(intertextuality)。[1]

篇章的结构性可以通过多种语言学手段得以实现，包括有显性符号标

---

① 　R. Beaugrande & Dressler(1981)，转引自单士坤等(2001)。

记的词汇手段和没有显性标记的语义、语用和逻辑手段。比如，衔接性可以通过指称、省略、替代、连接和关联词来实现，连贯性可以通过词汇链实现，信息性、情景性可以通过篇章的事件结构来实现。

总而言之，要对自然语言实现符号层面的计算处理，首先需要对语言系统中的符号单位和符号关系进行全面、系统的描写。到目前为止，语言学界对词、短语和句子层面的结构描写已经有了多种解决方案，并且应用到自然语言处理技术中产生了显著的效益；而对篇章的结构单位和结构关系语言学界尚未形成共识，因此篇章的计算处理依然任重道远。

2. 语言符号系统的逻辑表征

语言逻辑的计算表征是自然语言计算处理，尤其是语义的计算处理面临的另一个核心问题。

逻辑学是一切人文社会学科和自然科学的基础学科，在联合国教科文组织确定的七大基础学科①中位居第二(姚从军，2016)。语言学也不例外。从18世纪逻辑学诞生之日起，就与语言学相互融合。在古希腊亚里士多德时期，人们就已经结合语言去研究逻辑，运用逻辑去研究语言(苏鑫，2019)。

逻辑学是一门关于推理和论证的学问，旨在探索思维的形式和规律，确保思维的过程正确、有效，以便于人类交际能够有效进行，其研究的主要范畴就是思维形式，包括概念、判断、推理和论证等(董志铁，2018)。而语言是人类用来进行思维和表达思维的工具，逻辑则是伴随语言而产生和发展。世界上不同民族的语言虽然都有其自身约定俗成的结构规则，但是，任何自然语言必须遵循基本的逻辑规律。如果摒弃语言中的逻辑，语言信息传递就会受阻，语言就会失去应有的功能(苏鑫，2019)。

因此，自然语言和逻辑的渊源关系与生俱来：一方面，逻辑研究人类思维的规律和推理的效度，而思维则需以自然语言进行表述；另一方面，

---

① 这七大基础学科分别是数学、逻辑学、天文学和天体物理学、地理科学和空间科学、物理学、化学、生命科学。

逻辑是语言的骨架，语言习得和语言结构及意义的探究必须以逻辑为理据（黄华新等，2019）。用自然语言来表达思维的时候，要通过概念描述、判断和推理，在语言系统的各个层面（包括词汇、句法、语义、语用）都需要严密的逻辑结构。"语言逻辑就是用现代逻辑学的方法，研究语言的结构、意义和使用的问题，即自然语言的语形、语义、语用问题，语言学和逻辑学交叉，因而就产生了逻辑语形学、逻辑语义学、逻辑语用学（邹崇理，2000：1；蔡曙山等，2009：40）。"

在逻辑学领域，形式逻辑和数理逻辑都有着结构规范、形式标准的表达方式，比较适合计算。自然语言中的很多逻辑表达并没有规范的形式标记，很多的逻辑结构是通过词汇关联、语法、语义等手段表示，一般不能直接计算，需要通过加工处理。

人工智能中自然语言的计算处理一般需要的三个基本步骤是：（1）将自然语言中的知识用形式化的方法加以描写。（2）将形式化的语言知识表达为某种算法。（3）以算法为基础编写计算程序。也就是说，计算机处理自然语言的关键就是用适合计算机处理的符号数据来表示自然语言，即知识表示（王芳，2015）。因此，语言知识的形式化表达是实现语言智能计算处理的关键。

人工智能中一般用一阶谓词逻辑来表示知识，但事实证明，因为知识表示的不确定性，一阶谓词逻辑很难完全描述现实世界的知识体系。一阶谓词逻辑面向形式语言，用于描写自然语言难免捉襟见肘。与形式语言相比较，自然语言中普遍存在歧义、冗余、省略、隐喻、语境依赖等现象，使得自然语言普遍具有内涵性、模糊性和交互性等特点，这些特点为自然语言的形式化描写带来重重困难（王芳，2015）。如何针对这些特点探索新的自然语言逻辑知识形式化描写技术，成为当今人工智能技术发展的重要课题。

三、人工智能中的自然语言处理技术

人工智能从概念内涵、学科结构到技术和应用的各个层面，无不和自然语言密切相关。

(一)计算机技术与自然语言处理的渊源

在人工智能的萌芽阶段，在讨论如何实现机器智能的时候，对自然语言的处理就被纳入考虑的范畴。1950 年，人工智能之父艾伦·麦席森·图灵发表了《机器能思考吗?》一文，指出"我们可以期待，总有一天机器会同人在一切的智能领域里竞争起来。但是，以哪一点作为竞争的出发点呢?这是一个很难决定的问题。许多人以为可以把下棋之类的极为抽象的活动作为最好的出发点，不过，我更倾向于支持另一种主张，这种主张认为，最好的出发点是制造出一种具有智能的、可用钱买到的机器，然后，教这种机器理解英语并且说英语。这个过程可以仿效小孩子说话的那种办法来进行"①。可见艾伦·麦席森·图灵也曾考虑将模拟人类语言智能作为人工智能的起点。

事实上，计算机自诞生之日起，就被期待用于处理人类的自然语言。1946 年，世界上第一台电子计算机 ENIAC 在美国宾夕法尼亚大学诞生。电子计算机的高速运算能力吸引着学者们考虑语言翻译的技术革新问题。同年，英国工程师 A. D. Booth 在讨论电子计算机的应用范围时，就提出了自动翻译自然语言的设想。1954 年，美国乔治敦大学和 IBM 公司合作，成功实现了俄-英自动翻译②（郑捷，2017：3）。1952 年贝尔实验室就研制出了早期的语音识别系统雏形③。

从自然语言处理技术的发展历史看，其最早的起步和所获得的启发性成果主要在语音识别和机器翻译方面。这两项具有很强应用价值的技术一直贯穿于自然语言处理的始终，技术方案跟随着人工智能技术的发展与时

---

① 转引自：冯志伟.《牛津计算语言学手册》导读［M］. 北京：外语教学与研究出版社，牛津：牛津大学出版社，2009.

② 当时的系统还非常简单，仅实现了 60 多个俄语句子到英语的自动翻译，其中仅包含 6 条语法规则和 250 个单词，但这已经是一项具有重大战略意义的巨大进步。

③ 该系统可以识别由一个单独的说话人说出的 10 个任意的数目字，准确率达到了 97%~99%。

俱进，不断迭代，直到今天。随着与人工智能相关的各学科不断地发展，自然语言处理的其他问题也不断进入学者的视野。

(二)自然语言处理的技术路线：经验主义与理性主义

早期的技术思路主要是通过采用统计算法或随机算法，建立概率模型，来求解语言符号之间的结构规则。这就是后来被称为经验主义的技术路线，与之相对应的是理性主义的技术路线。

经验主义又称统计派，以语料库分析方法为基础，从大规模真实文本中发现知识，抽取语言现象及其统计规律。经验主义方法特别依赖于数学，算法来源于多种数学基础，包括最优化方法、信息论、概率图模型、深度学习、神经网络等。其基本思想是给各种语言事件都赋予一定概率值，根据概率的置信区间来判断某种语言现象是否常见。因此，经验主义注重的是对通过语料库所反映的语言实际使用中的符号结构的规则进行统计描述。

理性主义又称规则派，以生成语法学理论为基础，主要以乔姆斯基的语言学理论为依据，归纳自然语言的结构原则，并用这些规则来描写和解释语言符号层面的组合结构。判断句子正确与否，就看它是否符合原则。理性主义法依赖于对大量的语言现象的研究和规则的归纳，通过人工建构的复杂规则集来实现对自然语言的分析和生成(郑捷，2017：4)。

早期的自然语言处理从经验主义起步。以苏联数学家安德雷·马尔可夫(Андрей Марков)提出的马尔可夫模型(Markov Model)为典型代表的通用统计工具在语音识别、词性自动标注、音字转换、概率文法等领域得到广泛应用，对当今自然语言处理仍然具有深远影响。半个多世纪以来，历经了经验主义与理性主义的反复博弈，经过几代学者的不懈努力，这两种方法在技术上并驾齐驱，各自发展出一系列成熟的算法技术。经验主义的方法主要有隐马尔可夫模型、噪声信道模型、概率上下文无关文法、支持向量机、加权自动机、最小编辑距离算法、A＊解码算法、Viterbi 算法、统计机器翻译模型等。理性主义的技术主要有短语结构文法、依存语法、蒙塔鸠语法、概念依存理论、框架网络、语义网络、一阶谓词演算、合一运算、复杂特征分析法、富田算法、受限转移网络、扩充转移网络、递归转移网络、左角分析法等(冯志伟，2007)。

其实，这两种思路各有利弊，任何一种方法都不是万能的。冯志伟(2007)总结了它们各自的优缺点(见表 1.1)。仅靠其中一种，很难完美解决自然语言处理的所有问题，二者应结合起来，取长补短，互为补充。

表 1.1　　　自然语言处理的理性主义与经验主义技术路线比较

	理性主义	经验主义
优点	1) 语言规则有很强的形式描述和生成能力 2) 可以有效处理长距离依存关系等句法分析中的困难问题 3) 明白易懂，表达清晰，描述明确，可以用语言模型直接、明显地表示语言事实 4) 没有方向性，同一个语言模型可以双向使用，既可用于理解也可用于生成 5) 可以应用于语言知识的不同平面和维度 6) 兼容计算机科学中的一些高效算法 7) 算法具有普适性，适合各种不同语言	1) 语言统计知识从训练的实际语言数据中获得，方便建立语言规则统计模型 2) 处理效果跟训练数据集的规模成正比 3) 与规则有效结合，可以解决约束问题，提高处理效能 4) 可以模拟传统语言学中的模糊逻辑来处理模糊概念
缺点	1) 语言模型较脆弱，鲁棒性差，一些非本质性的、稍微偏离模型的错误会影响整个模型的正常工作 2) 需要语言学家和各方面专家配合，工作强度大，语言模型难以通过机器学习自动获得和自动泛化 3) 系统针对性较强，语言知识庞大复杂，难以改动和升级 4) 实际使用场合受限，规则难以根据实际的语言进行数据调整优化，语言中的局部约束关系很难模拟	1) 运行时间与统计所用的符号类别数量成线性关系，符号类别增加会明显降低系统运行效率 2) 在特殊应用领域训练数据的获取困难，训练效果受语料库质量(规模、准确性、代表性、加工深度等)制约 3) 容易产生数据稀疏的问题，训练语料库规模越大，数据稀疏的问题越严重，需要进行平滑处理

进入 21 世纪以来，基于大数据和神经网络的深度学习技术成为人工智能技术发展的主流方向，作为人工智能核心技术之一的自然语言处理也不可避免地受其影响。很多学者从数据科学的角度出发，认为作为高度抽象符号化系统的自然语言，难以准确度量文本间的各种关系，相关研究高度依赖人工构建特征。而深度学习技术所具备的特征判别和自主学习能力十分适合自然语言大数据维数高、缺乏标签的特点。深度学习方法通过三个步骤来解决自然语言的结构问题：（1）输入原始文本，让机器自主学习获取文本特征的分布式向量。（2）将分布式向量特征输入深度神经网络。（3）针对不同的自然语言处理任务，筛选相应的深度学习模型，对网络权重进行有监督的训练(林奕欧等，2017)。

在自然语言处理短暂的发展历史中，理性主义与经验主义各领风骚数十年。基于经验主义方法所挖掘出的丰富的语言事实，理性主义方法在突破人类自身认知的限制后终将回归前台，为语言本体研究和自然语言处理翻开新的篇章(姜兆梓，2012)。

第二节　生物遗传规律与自然语言

一、全息论视角下的语言研究

全息论最早源于全息图(Hologram)照相技术。1948 年英籍匈牙利物理学家盖伯(Gabor)发现了光学全息现象，发明了全息照相技术，并因此获得诺贝尔物理学奖(严春友等，1988)。全息照片有一个非常神奇的特征：将一幅全息照片任意分割成若干碎片，其中的任何一个碎片都能完整还原整幅照片的影像。也就是说，全息图像的任意组成部分都包含了该图像的所有信息。这就是全息论的核心理论观点：系统的任意组成部分都包含了系统的全部整体信息。

这一发现具有重要的方法论意义，很快从物理学向医学、生物学以及其他学科延伸。1979 年德国学者鲍泊用全息论解释针刺技术(施启良，

1991）；山东大学张颖清教授(1981)结合中医针灸理论发表《生物全息律》，提出生物全息论；1982 年，挪威医学家 Vilhelm Schjelderup 博士发表《医学中的全息术》，总结了全息技术在医学中的各种应用①；1989 年，山东医科大学李莱田教授提出全息医学理论(佘靖，1998)。

20 世纪 70 至 80 年代，全息理论迅速向自然科学和哲学、社会科学领域渗透，全息范式被泛化(施良启，1991)，并上升到哲学高度，由此产生全息哲学(严春友，2008)。

现在，全息论已经成为一门系统科学，其研究的对象既包括哲学层面上的普遍全息理论，也包括应用层面上的各具体科学领域内的全息现象与全息规律。系统全息律是全息论的核心思想：宇宙间各种事物在空间、时间和过程上都呈现出全息关系，形成空间全息结构、时间全息结构和过程全息结构，全息现象的具体表现形式有全息相关、全息相似和全息对应，因此在应用上可以根据全息规律对系统进行全息控制(陈端吕等，2010)。由此可见，全息论和系统论、控制论是密不可分的，它揭示了事物普遍联系的一种新的渠道和机制，为系统论和控制论提供了全新的研究视角和研究方法。

恩格斯指出，"整个自然界是一个体系，是各种物体相互联系的总体。事物是普遍联系的，任何事物都处于与其他事物的相互联系之中，而不是孤立存在的。事物只有处于内、外部的相互联系之中，才能产生、存在和发展。我们面对的客观世界由一系列大小不同、等级有高低、复杂程度有差别、彼此交错重叠并可以互相转化的层次系统所构成，是一个从宏观到微观的非常复杂的多层次系统"②。全息论正好揭示了事物普遍联系的具体机制。全息论有三条基本原则：

(1)全息对应。系统的各个部分都分别和整体或系统的其他部分

———————

① Vilhelm Schjelderup(1982)，转引自李莱田(1989)。
② 马克思恩格斯选集(第 3 卷)[M]．北京：人民出版社，1972：492.

存在对应关系。事物的部分与整体之间、各组成部分互相之间交换信息，将局部与整体的有关信息传给对方，因而任何一个部分都反映了另外的部分和系统整体，从而在部分上都能得到系统整体的信息。

（2）全息同构。系统的组成部分与整个系统或与系统中其他对应的组成部分在形态、结构方面都具有相似性。从局部可以推知整体结构的核心特征，反之亦然。

（3）全息共效。因系统的部分与整体之间、部分与部分之间存在着信息对应与结构同构关系，因而能产生相同的效应（刘承华，1994；陈端吕等，2010）。全息共效是实现全息控制的理论基础。全息控制是研究具有相似结构复杂系统的一个重要思想，它体现了以局部控制整体的控制策略，在各类复杂系统工程自动化控制中具有广泛的应用（张嗣瀛等，1996；王文庆等，2004）。

客观世界空间和时间两个维度都能体现出全息性。在空间的维度上，全息系统中的各个组成部分以及部分与整体之间存在多种联系，这些联系是通过信息来实现的，部分之间以及部分与整体之间都在进行物质、能量、信息的交流（张道民，1995）。在时间的维度上，"现在"是对"过去"的沉淀和保存，是时间在空间中的记录，现实的空间中储存着随时间的流逝而消失了的事物的演化属性，因此现实和历史之间也存在部分和整体的全息关系（侯成亚，2003）。

生物全息论的观点提出后不久，就引起了语言学界的关注。叶眺新、陆丙甫（1994）从语言学的角度解析全息论，认为张颖清的生物全息律只是针对单个生物流程的全息切分，吸收了语言学上的向心切分法。

自然语言作为客观世界的有机组成部分，理应和整个世界，以及世界的其他组成部分之间存在全息关系。在语言系统内部，各语言成分与整个系统之间以及各语言成分相互之间也存在全息关系。从这个角度出发，钱冠连教授（1998；2002（a）；2002（b））提出一种语言学研究的新范式：语言全息论（the theory of language holography）。"语言的全息性指的是语言系统与宇宙之间各个系统以及语言系统内部各个子系统之间的相互全息性(钱冠连，2002(a)：21)。"

语言全息论是在张颖清的生物全息论的基础上提出来的，跟生物全息论一脉相承。钱先生(2002(a)：20)指出，"语言全息论是以生物全息律、宇宙全息律与系统论来解释语言内全息状态与语言外全息状态的语言理论"。

根据钱先生的观点，语言的全息性表现为系统的内部全息性和系统与宇宙之间的外部全息性。

语言内部全息性：指语言内部的各子系统与语言整个系统之间以及各子系统相互之间的整体与部分、部分与部分之间的相互包含、相互体现的规律。这包含三层含义：

(1)语言是一个由词素→词→词组→子句→句子→语篇构成的层级系统，层级中的每个部分与整体全息。

(2)每个层级的部分与部分之间包含着相同的信息。

(3)语言系统中的一个全息元(子系统)都分别在整体上和其他全息元上有对应的部位或相似的信息。

以词典中对词的释义为例。词典中对某个单词 A 的释义，可能需要用到更多的单词 B、C、D……而要理解 B、C 或 D，又要用到单词 E、F、G、H……来释义；要继续解释 E、F、G、H，则又需要用到更多的单词：I、J、K、L、M……如此一级一级推演下去，可以穷尽整部词典。

不仅如此，词典释义不是用孤零零的单词就能完成的，还需要将单词组成句子，在保证语法无误的前提下，还可以描写、限定、充实和补充下去，带上各种各样的从属小句，带上分词独立句、形容词独立句、名词独立句，等等，如此节外生枝、枝外生节地无限地延伸下去，直至穷尽整个语言系统的全部信息。这就体现了语言系统内部部分与整体的全息性(钱冠连，2002(b))。

语言外部全息性：指语言结构与宇宙结构同构、相似、相套，语言与宇宙这个大系统中的各个子系统之间存在着全息关系(钱冠连，2002(a)：

145）。这可以从四个方面加以论证：

（1）语言的各种性质都可以向外找到它与宇宙结构的和谐一致性，例如语言任意性、语言离散性、语言递归性、语言模糊性、语言节奏性、语言线条性、语言层级性、语言有机性等。

（2）某些语言理论成功地向外找到和谐一致的根源，如索绪尔语言理论、语言意义的整体性质原则、配价语法、语言系统观、系统语法、认知语法、序位语言学等理论。

（3）语言能够印证宇宙全息律，如宇宙靠语言阐明、宇宙原型与语言模型、宇宙与语言各自依次蕴涵、生物与语言都存在高层级包含低层级属性、宇宙自返律与自相缠绕话语、哥德尔数学怪圈与句子怪圈，等等。

（4）语言与文化具有全息关系：语言与文化现实之间、语言与文化协同进化、语言结构里压缩了文化视觉（钱冠连，2002（b））。

语言全息理论将语言的结构和宇宙万物联系起来互相印证，具有重要的方法论意义，体现出鲜明的哲学特征（曾利沙，2005）。赵彦春（2004）指出：哲学是语言学的出发点和归宿。[①] 西方哲学在经历了本体论和认识论两个阶段的发展后，在20世纪初发生了语言转向，进入语言哲学时代。美国著名技术哲学家阿尔伯特·鲍尔格曼（Albert Borgmann）指出：语言哲学在20世纪占据了第一哲学的地位（张能为，2019）。

语言全息论的提出为东方的语言哲学研究提供了一种新的视野和思路（陈全献，2009），为语言学研究提供了一个全新的视角，也为人类认识和讨论自然语言的结构规律提供了新的范式。

二、自然语言语义的遗传学隐喻

隐喻是人类认知世界的重要工具。古希腊哲学家亚里士多德认为：隐喻的主要功能是将人们未知的对象转换为已知的知识来表达与传播，间接地通过一个对象来理解或把握另一对象，隐喻的对象和被隐喻的对象之间

---

① 转引自陈全献（2009）。

存在着对应的关系。这种思想和全息论中的全息对应其实是异曲同工的。

隐喻在日常生活中普遍存在，不仅仅存在于语言之中，在日常思维与行动中也普遍存在。可以说我们赖以思维与行动的日常概念系统，其本质上就是隐喻性的(Lakoff & Johnsen，2003：4)。"作为一种人类特殊的概念方式和认知工具，隐喻是观察世界的新途径、看待事物的新视角，是从已知向未知过渡，从而结识、了悟未知的桥梁和媒介(孙毅，2019)。"这和宇宙全息律也是相吻合的。前文所述泽农·W.派利夏恩提出的计算隐喻，实际上也体现了人类的认知和属性计算之间所存在的全息对应关系。

跟生物全息理论一脉相承的语言全息论发现语言结构和生物结构的多种全息对应关系。研究发现，自然语言的语义运作机制和遗传学中的生物遗传规律之间也存在多个方面的全息对应或相关关系。① 遗传学理论经过几个世纪的发展，已经比较成熟，参照人们对遗传学的已有知识来观察和表述语义的运作机制，符合隐喻认知的基本逻辑规律。因此，我们不妨将其称为自然语言语义的遗传学隐喻。

遗传学是研究遗传的科学，试图解释在有亲缘关系的生物体之间出现的相似性和差异性(Snustad，2011：3)。

公元前5世纪，西方医学的奠基人、被后世尊为西方医学之父的希腊医师希波克拉底(Hippocrates)提出了第一个遗传理论，他认为子代具有亲代的特性是因为胚胎里集中了来自身体各部分的微小代表元素，因此后天获得的性状是可以遗传的。100年后，亚里士多德(Aristotle)发现存在亲代残缺、子代并不残缺的现象，因而他认为生物的遗传不是通过身体各部分"样本"的传递，而是个体胚胎发育所需的"信息"传递。

到了17世纪，各种遗传学说百花齐放、百家争鸣。其中较有影响的有：

1809年，法国生物学家J.B.拉马克(J.B.Lamarck)提出了"用进废退"的进化论观点(徐晋麟等，2001：1)。

――――――――――――

① 本书后续各章将系统论述这种关系。

1866 年，奥地利修士格里高·约翰·孟德尔（Gregor Johann Mendel）发表其不朽名作《植物杂交实验》，首次提出分离定律（law of segregation）和自由组合定律（law of independent assortment），奠定了现代遗传学的基础，该文当时并未引起重视，被埋没了近半个世纪（徐晋麟等，2001：2；贺林等，2013：2）。

1868 年达尔文（C. Darwin）提出了泛生论（hypothesis of pangenesis）。

1885 年，德国的生物学家 A. Weismann 提出种质论（germplasm theory）。他认为多细胞生物可分为种质（germplasm）和体质（somatoplasm）两部分。种质是独立的、连续的，能产生后代的种质和体质。体质是不连续的，不能产生种质。种质的变异将导致遗传的变异，而环境引起的体质的变异是不遗传的（徐晋麟等，2001：1-2）。

直到 1900 年，荷兰的 H. 德弗里斯（H. de Vries）、奥地利的 E. 冯·切尔马克（E. von Tschermark）、德国的 C. E. 科伦斯（C. E. Correns）三位植物学家又分别重新发现了孟德尔遗传定律。1910 年，美国遗传学家托马斯·亨特·摩尔根（Thomas Hunt Morgan）又提出了连锁交换定律（law of linkage & crossover）。至此，现代遗传学理论体系基本建立，基因分离律、基因自由组合律、连锁交换律被并称为遗传学三大经典定律（贺林等，2013：2）。

基因分离律：在细胞中，虽然不同遗传因子可以互相结合，但它们并不互相混杂，而是各自独立，可以分离。亲代的遗传性状可以通过同源染色体上等位基因的分离，被分裂成不同的部分，分别遗传给子代的不同个体。分离定律在生物界具有普遍性，它从本质上阐明了遗传变异的机制，论证了基因和生物性状之间存在对应关系（雷子宸，2018；贺林等，2013：2-3）。

基因自由组合律：非同源染色体之间是相互独立的，位于非同源染色体上的非等位基因互不干扰，可以随机组合，可分可合。生物性状遗传发生的过程首先是亲代的同源染色体等位基因分离，随后非同源染色体非等位基因之间自由组合，形成子代。自由组合律在分离律的基础上进一步揭示了基因之间的组合规律，不同基因自由组合是生物发生变异和生物界多样性形成的重要原因(雷子宸，2018；贺林等，2013：2-3)。

连锁交换律：染色体是生物遗传的基因物质载体，不同的生物体内染色体的数量也不同。每条染色体上都承载有一定数量的基因，呈线性排列。同一条染色体上的基因彼此间总是联系在一起遗传的，构成一个连锁群。同源染色体上的基因连锁群并非固定不变，同源染色体在配对联合时，等位基因会互相交换，使基因连锁群发生重组，以表达新的生物性状连锁是生命延续的基础，交换和重组则使得基因的组合产生无穷的变化，从而产生生物的个体差异性，是生物多样化的基础(贺林等，2013：3；Snustad，2011：152)。

自然语言语义(尤其是词汇语义)的形成机制，跟遗传学中的基因组合规律高度相似。在词汇系统内部的词义的层级树上，上下位词之间存在词义遗传关系，其遗传的机制也跟生物界的遗传定律相吻合。

传统语言学认为："义素是构成词义的最小意义单位，也就是词义的区别特征(黄伯荣等，2008：237)。"①义素分析法也是传统语言学中词义分析的基本工具。按照这个观点，词义结构中的义素类似于生物体结构中的基因。基因承载的是生物体的性状信息，可以遗传给下一代；义素承载的是词义的特征信息，也可以遗传给下位词。

下面我们以一个简单的"书写工具"语义场为例加以说明。

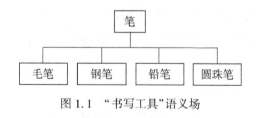

图 1.1 "书写工具"语义场

在这个语义场中，"笔"为上位词，相当于生物界一个家族中的亲代；

----

① 本书认为，义素并不是最小的词义结构单位，还可以进一步细分。下文将展开详细论述。

"毛笔""钢笔""铅笔""圆珠笔"为四个下位词，相当于该生物家族的四个同辈子代。按照义素分析法，这个语义场中的五个词的词义可描写如下：

笔：[工具][用于写字或画图]

毛笔：[写字或画图工具][笔头用毛制成][用墨汁书写]

钢笔：[写字或画图工具][笔头用金属制成][用墨水书写]

铅笔：[写字或画图工具][笔芯用石墨或彩色黏土制成][用笔芯材料书写]

圆珠笔：[写字或画图工具][笔尖是小圆钢珠][用油墨书写]

显然，这个语义场中所有的词都包含[工具][用于写字或画图]这两个义素。如果把义素看做语义遗传中的基因的话，这两个共同义素是该语义场中上位词"笔"所具有的语义基因，所有下位词所拥有的这两个基因都是从上位词遗传获得的。并且，在语义遗传过程中，这两个基因结合成一个连锁群[写字或画图工具]进行整体遗传。在四个同辈下位词中，这个连锁群再跟其他语义基因(义素)进行自由组合，从而形成了各个下位词各自不同的语义特征。这个过程跟生物体遗传的基因连锁交换律和基因自由组合律是相吻合的。

上述讨论只涉及了三大遗传定律中的两条，这是因为在由上下位词构成的语义场中，上位词的语义会完整地被下位词继承，遗传过程中一般不会发生语义基因分离。但是这并不意味着语义遗传中基因不会分离，事实上，词义基因遗传存在多种复杂的情况，语义场中的遗传只是其中的一种。我们再以词的义项演化和合成词构词中语素的语义变化来说明词义遗传中的基因的分离现象。

义项是对词的意义的分项说明，原本是词典、词典学中使用的术语(符淮青，1995)，现在语义学中也常把它作为一个语义单位。单义词只有一个义项，多义词可以有两个或两个以上的义项。对有多个义项的词而言，义项之间的地位并不平等，其中至少有一个义项是基本的、常用的，叫做基本义；其他义项一般是由基本义直接或间接地发展转化来的，叫做转义。转义主要是通过引申和比喻产生，分别叫做引申义和比喻义(黄伯荣等，2008：235）。我们把从基本义到转义的发展称为义项演化。

词典对义项的划分受词典编撰者主观认识的影响，存在着很大的主观性。因此对同一个词，不同词典义项划分往往存在一定的差异。

以动词"吃"为例。符淮青（1998）考察了《现代汉语词典》《汉语大词典》《汉语大字典》，发现这三部词典对"吃"分别立有八个、十六个（其中五个非现代汉语义）和九个义项，差异较大。综合几部词典的义项划分和释义，我们取该词的前几个较常用的义项为例来分析。

《现代汉语词典（第 7 版）》（以下简称《现汉 7》）：

义项①：把食物等放到嘴里经过咀嚼咽下去（包括吸、喝）：~饭｜~奶｜~药（下面记为 A）

《汉语大词典》：

义项①：把食物等放入嘴中经咀嚼咽下：（例略）（下面记为 B）

义项②：饮，喝：~茶，~酒（下面记为 C）

义项③：吸，吸收：~烟，宣纸~墨

其实义项③还应该继续分为"吸"（下面记为 D）和"吸收"（下面记为 E）两个义项，E 其实是 D 的引申义①。

从历时的角度考察，动词"吃"最早并没有"进食"义，《说文解字》释为"吃，言蹇难也"，指说话不利索，相当于现代汉语的"口吃"。其"进食"义源于中古以后对"喫"（《说文解字》："喫，食也"）的替代。动词"喝"表"饮食"义比"吃"晚得多，宋代以后才见诸文献（谢晓明，2008；吕鹤，2010）。由此可见，"吃"最早作动词用是涵盖"喝"的语义的，相当于A（但不含"吸"的语义）。后分化为"咀嚼吞咽"和"喝"两个义项，相当于 B和 C。义项 D 是近现代的用法。这是一个义项的历时演化过程。

用义素分析法分析 A、B、C、D 如下：

A：［人或动物］［用嘴］［咀嚼吞咽或者吸入］［食物等］

B：［人或动物］［用嘴］［吞咽］［固体食物等］

---

① E 义项涉及语义遗传变异，此处暂不作讨论。

C：[人或动物][用嘴][吞咽][液体或流质食物]

D：[人或动物][用嘴][吸入][气体]

以"吃"为语素构成新词（或短语）"吃饭、吃酒、吃烟"的过程中，"吃"的义素就遗传给了新词（或短语）。其中义素[咀嚼吞咽或者吸入]在遗传中发生分离，分解为[咀嚼吞咽]、[吞咽]、[吸入]三个义素，分别遗传给"吃饭""吃酒""吃烟"。这个义素分离的过程就跟生物遗传中的基因分离律相吻合。

以上分析只是对自然语言语义遗传学隐喻一个比较笼统的描述。事实上，词的义素并不能跟生物的基因真正类比。义素有随意性、不确定性、单位过大等问题，词义遗传分析需要更精确的单位。词义的遗传在遵循生物遗传定律的前提下，还有自己独特的系统性规律。我们将在后续的章节中深入探讨这些规律。

第三节　本书的研究

作为人工智能核心问题之一的自然语言智能，本质上是一种符号智能。那么，探讨语言符号及其结构规则、语言符号的聚合与组合规则、语言符号逻辑的规则，并以合乎计算处理要求的形式化方法对这些知识进行表征，是实现自然语言智能计算的基础。本书以现代汉语词义系统的形式化描写为研究对象，旨在探索自然语言词汇系统的语义微观结构与语义系统运作的动态规律，为语义知识的智能处理寻找新的、更为精确的计算表征的理论、方法与技术。

跟以往的词汇语义学与计算词汇学不同，本书借鉴全息理论和生物遗传理论的研究方法，以经典遗传定律为基础，构建语义基因遗传理论体系。结合全息论、生物遗传理论、语言全息论、生物语言学等研究成果，我们可以形成如下逻辑推论：

推论1：客观世界的任意组成部分能够反映客观世界的整体结构，自然语言是客观世界的组成部分（既是物质的也是精神的），所以自然语言的结构能够反映客观世界的整体结构。

推论 2：客观世界的任意组成部分能够反映客观世界的整体结构，生物体是客观世界的组成部分，所以生物体的结构能够反映客观世界的整体结构。

推论 3：系统的不同组成部分之间存在着互为映射的相关、相似或同构关系，自然语言和生物体同为客观世界的不同组成部分，所以自然语言的结构规律和生物体的结构规律之间存在着相关、相似或同构关系。

这三个推论是本书所提出的自然语言词汇语义遗传机制的基本前提。本书以此为基础，探讨自然语言词汇语义系统的计算表征模型。

第二章　词义构成与结构分析

自然语言是人类表达意义的工具，因此语义是语言系统的重要组成部分。有学者提出，语言研究的重点应该不是语言形式，而是语言的意义，所谓建立语言结构的规律就是对语言片段进行语义解释（沈阳，2001：13）。

第一节　词义构成的类型与性质

一、什么是语义

传统语言学把语言系统的构成要素分成"语音""语汇"和"语法"三块，现代语言学把语言系统的构成要素分成"语音""语义"和"语法"三块（沈阳，2005：206）。现在，大部分研究倾向于合并这两种观点，习惯于从"语音""语汇""语法"和"语义"四个方面讨论语言系统的构成要素。[①]

语义就是语言的意义，是语言形式所表达的内容。语义是客观事物现象在人们头脑中的反映，即人们对客观事物现象的认识，这种认识用语言形式表现出来，就是语义。因此，语义与客观世界、主观世界、语言世界都有密切的联系（邢福义等，2002：103）。这是语言学界普遍认可的。

然而，语义是语言系统中最复杂的要素。意义到底是指哪些内容？语

---

　① 按一般的习惯，计算语言学界不用"语汇"这个术语，多用"词"，实际上包含语言学中的"词"和"语"。本书沿用这一习惯，用"词"。本书所指称"词义""词汇意义"以语言学中的"词汇意义"为主，也包括部分"语汇（短语）意义"。

义的本质究竟是什么？关于这些问题，哲学界和语言学界依然有很多争议。在 Ogden 和 Richards（1923：186-187）的语义学经典名著 *The Meaning of Meaning* 中归纳出不同学者给出的多达二十二种"意义"的定义：

（1）An intrinsic property（一种内在的特征）

（2）A unique unanalysable relation to other things（一种与其他事物不可分析的独特关系）

（3）The other words annexed to a word in the dictionary（词典上附属在一个词之后的其他词）

（4）The connotation of a word（一个词的内涵）

（5）An essence（一种本质）

（6）An activity projected into an object（投射到客观对象中的一种活动）

（7）An event intended or a volition（期望的事件或某种意志）

（8）The place of anything in a system（任何事物在某体系中所处的位置）

（9）The practical consequences of a thing in our future experience（某一事物在我们未来经历中的实际后果）

（10）The theoretical consequences involved in or implied by a statement（一个陈述所包含或暗示的理论结果）

（11）Emotion aroused by anything（任何事物所引起的情感）

（12）That which is actually related to a sign by a chosen relation（通过被挑选出来的某种关系与某个符号实际相关的事物）

（13）The mnemic effects of a stimulus/associations acquired（刺激的记忆效果/所获得的联想）

（14）Some other occurrence to which the mnemic effects of any occurrence are appropriate（对任何出现的事物的记忆效果都合适的某种其他事物）

（15）That which a sign is interpreted as being of（符号被解释成其所属的事物）

（16）What anything suggests（任何使人产生联想的事物）

（17）In the case of symbols, that to which the user of a symbol actually refs（从符号的角度而言，符号使用者实际所指的事物）

（18）That to which the user of a symbol ought to be referring（符号使用者应指的事物）

（19）That to which the user of a symbol believes himself to be referring（符号使用者自认为所指的事物）

（20）That to which the interpreter of a symbol refers（符号解释者所指的事物）

（21）That to which the interpreter of a symbol believes himself to be referring（符号解释者自认为所指的事物）

（22）That to which the interpreter of a symbol believes the user to be referring（符号解释者自认为符号使用者所指的事物）

Ogden 和 Richards 把这二十二种定义分为三组，其实代表的是三种不同的分析视角：

第一组：定义（1）~（2），所指对象视角。

第一组：定义（3）~（11），符号视角。

第一组：定义（12）~（22），符号使用者视角。

国内学者对语义的认识和定义多源自国外的理论。邢福义、吴振国（2002：104-106）归纳了三种最有代表性的语义理论。

1. 指称论

指称论源于古希腊哲学家柏拉图（Plato）的古代传统哲学思想，有朴素指称论和精致指称论之分。前者把词语的意义与其所指称的对象等同起来，后者则认为词语的意义就是词语与其所指事物的关系。这种认识有着明显的缺陷：

第一，词义并不具备其所指称的客观对象的物理性质，因而无法等同。比如，"咖啡"作为一种饮料，具有可饮用等性质，人们说"喝咖啡"，喝下去的是"咖啡"这种具体的物质对象，而不是这个词的语义。

第二，每个词都有意义，但是不一定所有的词都有具体的指称对象，很多表示想象或神话传说中概念的词语其指称对象在客观世界中并不存在，比如"鬼魂""玄武"等。

第三，词义具有相对性，有些词语所指称的对象并不是固定的，而是根据其所处的不同语境而改变，比如"敌人""父亲"等，在不同场合所指称的对象不同，但这些词语的意义并没有因此而不同。

第四，相同的对象可以用不同的词语来指称，而这些词语的意义却并不相同。比如"莫言"和"中国首位诺贝尔文学奖获得者"指的是同一个人，"阿堵物""孔方兄""钱"指的是同一种对象，但这些词的意义显然不同。

正因为存在这些问题，所以现在指称论的观点并没有很多人坚持。

2. 观念论

观念论源于 17 世纪英国哲学家约翰·洛克(John Locke)。他在其代表作《人类理解论》(1983：386)中指出"词语的功用就在于能明显地标记出各种观念(Ideas)；并且，它们所代表的那些观念便是它们所固有的和直接的意义"。观念论没有把意义等同于客观实体，因而克服了指称论的一些弊端。但是，观念论本身也存在问题，最关键的是"观念"的含义比较空泛，具体是什么难以定义。约翰·洛克试图对此作出说明，将"观念"解释为在意识中通过内省而可区别的东西，即"感觉和精神意象(Mental Image)"。但是，如果细加考究，我们就会发现这种说法和语言事实之间存在诸多矛盾：

第一，许多意义较为抽象的词语，特别是一些只有语法意义而没有词汇意义的虚词，如介词"对于""依照""为了"、副词"很""仅仅""果然"等，很难在说话人和听话人心中产生具体的意象。即便是实词，也有很多并不表示具体事物的词，如抽象名词"状态""性质""程度"、虚义动词"进行""从事""加以"、形容词"坏""难""含糊"等，这些词也难以和某种具体的意象相对应。

第二，因个体经验的差异，同一个词对不同的人而言，在头脑中产生的意象可能存在着很大的差异。约翰·洛克自己也举例说，"黄金"一词，在小孩的头脑中产生的意象可能只是"辉煌的黄色"这个颜色意象；在其他不同的人看来，则可能产生"黄金很重""黄金可熔化""黄金可延展"等观念。或许每一个人对同一个词都可能产生不同的观念，其中有共性的部分，但绝不会所有人的观念都完全一致。而事实上，词义却是一个相对稳定、客观实在的存在，不应该因人而异。即便是大多数人的共性观念，也不等同于词的意义。

第三，当人们在谈论同一个话题对象的时候，可以用意义完全不同的词语来表达。比如，一个狗咬人事件的多位目击者事后在谈到该事件的时候，可能用"狗""藏獒""凶犬""恶狗"等不同的词语，这些词的意义显然是不等同的，但是它们在这些说话者和听话者头脑中产生的意象却是基本一致的。

第四，观念、感觉和意象是属于主观精神世界的，看不见也摸不着，如果不通过某种具体形式表现出来，别人是无法完全了解的。

观念论的主要问题在于它将观念加了一些限制，试图使之更具体、更明确，而结果适得其反，出现了更多问题。

3. 用法论

用法论源于犹太哲学家、现代分析哲学和语言哲学的开创者之一路德维希·约瑟夫·约翰·维特根斯坦(Ludwig Josef Johann Wittgenstein)所提出来的语言游戏说(Language Game)。他认为，一个词的意义存在于它在语言中的用法。他把词与银币进行类比。词有自己的功能，就好比银币可以用来购买东西。无论是词的"意义"还是银币的"价值"，都存在于"用法"中(杨佑文，2011)。他还把语言比作下棋，语言中的词语类似于棋盘中的棋子。棋手对弈时不必关注棋子本身的意义(什么是相什么是车)，而只关需注棋子的走法。同样，在语言使用中也不必追究词语的意义，只要关注词语的用法。一个词有多种用法，相当于一个棋子有多种走法。这个观点和索绪尔的符号学说异曲同工。

相对于指称论和观念论，用法论确实具有更强的解释力。我们只要考察一下语言习得和语言运用的一般情况就会发现，对一个词语的意义的了解，就是通过对其用法的观察而得来的。但是，用法论也不是完美的，还存在一些瑕疵。

首先，对词语的用法定义不明确。从路德维希·约瑟夫·约翰·维特根斯坦所举的例子来看，所谓词语的用法，就是指词语的使用规则。但是他在其他地方又把词语的使用规则说成语法。这就把语义与语法混为一谈了。

其次，他认为语言是自足的，语义不需要通过实在(客观世界)或思维(主观世界)来解释，只需要在语言世界内部解释即可。这种观点是片面的。语言并不能跟外部世界相割裂，思维规律、社会文化因素等都会对词语的用法有制约。比如我们只能说"长短""父子"却不能说"短长""子父"，类似这样的用法规则显然并非全部由语义制约。

另外，即使在语言系统内部讨论，用法或使用规则也不能等同于意义。词语的使用规则受很多因素的影响，比如音节。我们可以说"攀岩""登山""攀登高山"，却不能说"攀登岩""攀登山""攀高山"；可以说"种树""植树""种植树木"，却不能说"种植树""种树木""植树木"。这里词语的搭配规则制约主要受音节韵律影响，语义不是主要因素。

虽然如此，用法论毕竟解决了指称论和观念论所不能解决的问题。不是任何词语都有指称对象或表示某种观念，但任何词语都有它的用法。所以用法论能解释任何词语的意义，而其他两种理论做不到这一点。因此，用法论成为当代影响最大的意义理论。

束定芳(2000：26-29)在谈到语义学研究方法的时候，也归纳了五种主要的理论：

1. 指示论

指示论是英国哲学家伯特兰·阿瑟·威廉·罗素(Bertrand Arthur William Russell)1903 年在 *The Principles of Mathematics*(《数学原理》)一书、1905 年在 *On Denoting*(《论指示》)一文中提出的，核心观点为：所有的词语作为代表自身以外的某种东西的符号，在这种简单的含义上它们是有意义的。

2. 意义证实论

意义证实论是以德国哲学家弗里德里希·阿尔伯特·莫里茨·石里克

(Friedrich Albert Moritz Schlick)为代表的逻辑实证主义者提出的。弗里德里希·阿尔伯特·莫里茨·石里克在 1936 年发表于 *The Philosophical Review*（《哲学评论》）上的论文"Meaning and Verification"（《意义与实证》）中指出：陈述一个句子的意义，就等于陈述使用这个句子的规则，这也就是证实（或否证）这个句子的方式。一个命题的意义，就是证实它的方法。①

3. 意义行为论

美国结构主义语言学派的先驱莱昂纳德·布龙菲尔德（Leonard Bloomfield）于 1933 年在其最有影响力的著作 *Language*（《语言论》）中，将语言的意义定义为：说话人发出语言形式所处的情景和这个形式在听话人那里所引起的反应。他强调的是说话人所处的情景，更多的人强调的是听话人作出的反应。

4. 语言使用论

语言使用论由路德维希·约瑟夫·约翰·维特根斯坦提出，跟邢福义、吴振国（2002）所归纳的"用法论"相同。

5. 言语行为论

英国哲学家约翰·朗肖·奥斯丁（John Langshaw Austin）于 20 世纪 50 年代提出言语行为论，把语言的意义与言语行为等同起来。美国哲学家约翰·罗杰斯·希尔勒（John Rogers Searle）进一步发展了该理论，他在 1969 年出版的著作 *Speech Acts*（《言语行为》）一书中指出：研究语句的意义在原则上与研究言语行为没有区别，它们属于同一种研究。因为每个有意义的语句借助其意义可用来施行一种特定的或一系列的言语行为。在合适的说话语境内，每一种可能的言语行为原则上可以在一个或若干个语句中得到表述，因此语句意义的研究和言语行为的研究是从不同角度进行的同一种研究。

---

① 转引自洪谦（1982：39）。束定芳原文标注为"Schlick 在其《逻辑经验主义》（上卷：39）一书中指出：……"，该标注有误。此处的《逻辑经验主义》一书并非由石里克所写，而是由洪谦主编的文集，由商务印书馆 1982 年出版，其中第 37-68 页收录有石里克的《意义与实证》一文。

除了上述比较有影响的理论外，哲学家和语言学界关于意义的论述还有很多不同的观点，比如真值条件论、境况论等。由此可见，人类对于自然语言语义的理解还远远没有达成共识。这些百家争鸣的理论基础固然给语义的研究带来了百花齐放的繁荣局面，但是，另一方面，也为自然语言语义的计算处理造成了很大的困惑，理论的选择决定了不同的计算模型，从而影响了计算的效果。

其实，在当今各学科之间纷纷打破边界、深度融合的学术背景下，对"语义"这个概念的理解，可有狭义和广义之分。狭义的"语义"是语言学中所指的自然语言的意义，哲学、逻辑学等相关学科中也经常会用到。广义的"语义"被其他学科借用，指的是各种信息。比如计算机和人工智能科学中的"图像语义"，指的是图像的各种特征信息，包括底层特征信息(颜色、纹理、形状、亮度、对比度、噪声、清晰度等)和高层特征信息(分类特征、情感特征等)(王哲等，2019；王晓红等，2020)。测绘学和地理学中的"地图语义"，是指地图符号所代表的信息含义，反映地图符号与制图对象之间的关系(杨凯，2016)。生物信息学中的"基因语义"则指的是基因所表达的生物学信息(吴柏华，2014)。

本书的研究目的旨在解决人工智能中自然语言的词义计算表征问题，从本质上讲是一个信息处理的问题。因此，我们抛开关于意义本质的一切哲学讨论，仅从信息处理的角度出发，将语义定义为语言符号所承载的人类思维、认知世界和互相交流所需的信息。

二、词义的类型

传统的语义研究，一般分为"语汇意义"(下面简称"词义")和"句子意义"两个部分。意义的构成是很复杂的，可以分为很多种不同类型。

Grice 把意义先分为自然意义(Natural Sense)和非自然意义(Non-natural Sense)，自然意义涉及两个事物之间的联系，与说话人的意图无关；非自然意义涉及语言符号和所指对象之间的联系，这种联系是由说话人或语言共同体所确立的(李光程，2010)。然后又从话语使用的角度，把非自然意义分为四种：脱时意义（Timeless Meaning）、具体化脱时意义（Speified Timeless Meaning）、场合意义（Occasion Meaning）和说话者场合意义（Utterer's Occasion Meaning）（韩仲谦，2009）。

Kittay 则把意义分为第一级意义（First-order Meaning）与第二级意义（Second-order Meaning）。前者是指话语在默认语境下的意义，即字面意义；后者是指在特定的语境中话语的第一级意义不恰当或者无效时，所做出的另一种选择。第二级意义是通过一个特定的函数从第一级意义中获得的（徐慈华，2008）。比如句子"他就是个老古董"的字面意义（第一级意义）是解释不通的，"古董"是指"珍贵罕见的古老物件"，人不可能是物件。这里用到了隐喻，用"古董"来比喻人"因循守旧、刻板"，这就是第二级意义。喻体词"老古董"的比喻意义（第二级意义），是通过"隐喻"这个函数，从其字面意义（第一级意义）获得的。

这些意义分类理论都涉及句子和话语，而不能仅在词汇意义的层面讨论。

现代哲学界对词义不太关注，仅有的一些研究遭到了以威拉德·冯·奥曼·奎因（Willard van Orman Quine，20世纪美国最重要的哲学家、逻辑学家之一）为代表的怀疑论者的批评。语文学界历来对词义感兴趣，可是传统语文学家的兴趣主要在于考证个别词意义的演变。这种零星考据既不属于逻辑，也不属于科学，所以一般不把它们看作语义学研究。语言学研究语言符号的意义一般以词作为基本单位（叶蜚声、徐通锵，1993：126）。现代语言学中词义研究方面的研究成果主要来自结构主义语言学派（徐烈炯，1995：111）。本书的讨论限定在词义的范围内，较少涉及句子意义。

词义成分的性质不是单一的，可以分为多种类型。关于词义的分类，国内外学者有很多研究，这里解释几种比较有代表性的学说。

（一）杰弗里·利奇的分类法

关于意义的分类，影响最大的当属英国语言学家杰弗里·利奇（Geoffrey Leech）的七分法。杰弗里·利奇认为，对意义的研究不能限制于逻辑意义或概念意义，从最广义的角度可以把意义分为七种类型（Leech，1987：13-29；伍光谦，1992：135-162；张春泉，2016）。

（1）概念意义（Conceptual Meaning）：又称外延意义（Denotative Meaning）或认知意义（Cognitive Meaning），是语言交际的核心因素，表达词的区别性特征，对语言基本功能而言必不可少，这是其余六种意义所替代不了的。概念意义具有如下特征：

①概念意义是在语言交际中所表达出来的词语的基本意义，不和客观世界中的具体对象发生直接的联系。概念意义相对稳定①，对概念意义的理解不会因人而异。比如，"牛"是"一种反刍哺乳动物"，这是它的概念意义，这个意义是不变的，它也不指称现实世界中某一头具体的牛，而是泛指这一类的动物。

②概念意义可以分解成若干个"语义成分"（类似于义素分析）。

③概念意义是客观事物的反映或概括，随客观事物的发展变化而改变。比如"火箭"，古代指"用引火物附在箭头上射到敌阵引起焚烧的一种箭矢"，现代则指"利用反冲力推进的飞行装置，用以发射人造卫星、人造行星、宇宙飞船等，也可装上弹头制成导弹"。（《汉语大词典》）

④多义词可以有多个不同的概念意义。

（2）内涵意义（Connotative Meaning）：附加在概念意义上的意义，凭借词所指的内容而具有的交际价值。社会、阶级、阶层、集团或个人都可以给一个词附加上内涵意义。内涵意义具有如下特征：

①依附于概念意义，不能单独存在，也不是固定不变的，词在使用中的内涵意义可因使用者的个体差异（年龄、身份、性别、地位等）、社会文化差异、国家民族差异或时代差异而不同。比如，"牛"在中国农耕历史中一直是作为一种役使动物，在汉语文化中有"力气大、可供役使"的内涵意义。西班牙流行斗牛文化，西班牙语中的"toro（牛）"则有"可供斗牛用"的

① 在历时层面，因社会变迁，旧的事物消亡、新的事物产生而导致的词义变化除外。

内涵意义。中国人和西班牙人都吃牛肉，所以汉语和西班牙语中"牛"还有"可供食用"的内涵意义。

②在不同的语言中，某些词可以有相同的内涵意义。比如英语中的"fox"和汉语中的"狐狸"，都有"狡猾"的内涵意义；英语中的"lamb"和汉语中的"羔羊"，都有"弱小、温顺"的内涵意义。

③因受多种认知因素的影响，内涵意义是不稳定的，在共时和历时层面上都可以逐渐地、无限地增加，也可以在历时层面上失去旧的内涵意义，增加新的内涵意义。比如汉语中"先生""小姐""同志"等社会称谓词的内涵意义都发生了一定的变迁。

（3）社会意义（Social Meaning）：又称风格意义（Stylistic Meaning）[1]，是指词语由于所使用的社会场合不同而在交际中所表达出来的不同的语体风格意义。杰弗里·利奇引用了大卫·克里斯托（David Crystal）和得里德·戴维（Dered Davy）所著的《英语文体探究》（*Investigating English Style*）一书的观点，将产生语体风格意义变异的社会因素分为**方言**、**时间**、**使用域**（如法律语言、广告语言、科学语言等）、**层次**（如礼貌语、口语、俚语等）、**场合**（如便函、演讲、笑话等）、**个性风格**（如狄更斯风格、海明威风格等）等几个方面。社会意义具有如下特征：

①有的社会意义是相对持久、不以人们的意志为转移的，如方言、不同历史时期的语言、个性风格；有些是暂时性的，往往受使用者主观能动性的影响，如使用域、层次、场合。

②因交际方式（如口头语、书面语）、交际手段（独白、对话）的差异而产生的篇章风格差异，会形成不同的社会意义。

③有些词具有相同的概念意义（同义词），差异只在于其社会意义不同。如"父亲"和"爸爸"（书面语和口语的差异）、"小孩"和"伢"（通用语和方言的差异）、"同学"和"同窗"（普通用语和雅称的差异）。

---

① 见伍光谦（1992：138）。杰弗里·利奇原文所用术语为 Social Meaning，国内大部分学者译为"社会意义"，伍光谦译作"风格意义"并标注术语为 Stylistic Meaning。

④有时候社会意义不是通过个别词语体现的，而是表现在整个句子中。

(4)情感意义(Affective Meaning)：表达说话者某种特定感情或态度的意义。一般来说，情感意义也不能独立存在，而需要依附于其他意义范畴，或者是其他的语言成分。情感意义具有如下特征：

①情感意义可通过概念意义来表达，如："你这个自私、贪婪又凶残的家伙，我讨厌你!"这里"自私""贪婪""凶残"三个词清楚地表达了说话者的情感和态度，通过这些词的概念意义，表达出"讨厌"的情感意义。

②情感意义可通过内涵意义来表达，如："那家伙就是个老狐狸。""这是王家的小公主。"这里"狐狸"和"公主"分别有"狡猾""尊贵"的内涵意义，这两个句子就是通过这两个词的内涵意义来表达说话者的情感意义的。

③情感意义可通过社会意义来表达，比如演讲的开场白一般会说"女士们、先生们……"，这是演讲这种特定社会活动的语体风格，演讲者通过这种社会意义来表达"尊重"的情感意义。

④语音手段，比如音调和音色经常用于表达情感意义，甚至语言学中一般不研究的语音的物理性质，比如音量(悄悄说话)也可以用于表达情感意义。

⑤虽然大多数情况下情感意义不是独立的，但是语言中有一类特殊的词——感叹词，它们并没有概念意义，就是用来表达情感和态度的，因而可以独立使用来表达情感意义。

(5)反映意义(Reflected Meaning)：不同的概念、词汇之间往往存在着某种意义上的关联，当人们听到或者读到某些词时，脑海里总会联想起别的东西或事情。词语的这种能引起听者或读者产生某种联想意义的特征就是词的反映意义。反映意义具有如下特征：

①如果一个词存在多重理性意义，当其中的一种意义构成我们对这个词的另一种意义的反映时，便产生反映意义。这个特征经常被用来构成双关，产生意想不到的修辞效果。比如，金猴皮鞋的广告语"金猴皮鞋，令足下生辉"中，"足下"一词的理性意义包含"脚底下""同辈之间或下对上

的称谓敬语"。作为皮鞋的广告，虽然表面上使用的是"脚底下"这个义项，但是很自然地会让读者或听众联想到第二个义项，从而达到很好的修辞效果。

②某些同音词的巧妙使用也会产生联想意义，这也是实现双关修辞的另一种常用手段。① 比如刘禹锡的《竹枝词》中的名句"东边日出西边雨，道是无晴却有晴"就是最为经典的例子。通过"晴"的谐音，跟"情"产生联想，从而形成反映意义。

③上述①、②两项是说者有意使用双关手段让话语产生反映意义，可称之为"主动反映意义"，还有一种"被动反映意义"，即说者在表达时并不希望或者并未想到话语可以产生反映意义，但是因为历史、文化、社会环境等因素的影响，而让听者产生联想，而使得反映意义被动产生。例如"同志"一词，本指"志趣相同，为共同理想和事业奋斗的人"，是 20 世纪下半叶中国大陆语言交际系统中的一个高频的常用称谓词（胡范铸、胡玉华，2000），可是因为社会文化原因，该词在 20 世纪 80 年代末被赋予新的义项——"同性恋（者）"②，现在人们将该词作为普通社会称谓词时，则常常会产生"同性恋"的反映意义。

④语言中存在一类禁忌词（Taboo Words），容易让听众或读者产生不好的联想，有些语言学家将这种现象称为禁忌语污染（Taboo Contamination）。这些词往往跟性、排泄、名讳、死亡、歧视、辱骂、身体隐私等方面的意义相关。人们往往避免使用这些词语，而以委婉语（Euphemisms）代替，以免产生负面的反映意义。比如，用"洗手间"代替"厕所"，用"安息""长眠""逝世""作古"等词代替"死亡"。

（6）搭配意义（Collocative Meaning）：适合用在某个特定上下文中的意

---

① 双关一般通过同词多义或谐音词实现。

② 据张颖（2017）考证，1989 年，中国香港同性恋运动积极分子林奕华将自己筹划的首届同性恋电影节命名为"香港同志电影节"，这是"同志"一词产生"同性恋"这一义项的开端。其后中国台湾、新加坡、马来西亚等其他中文地区也逐渐开始使用这一义项。《两岸通用词典》与《全球华语词典》均收录了这一义项，现在中国大陆的网络语言中该义较为活跃。

义。有些同义词尽管有共同的基本意义，但搭配能力不同，因而意义也有所不同。例如，我们常说"美丽的姑娘""英俊的小伙子"，而一般不说"美丽的小伙子""英俊的姑娘"；一个正面人物死了，一般用"逝世"，而反面人物死了，一般直接用"死"，或者"上西天""见阎王""翘辫子"等，反过来用就不行。严格来讲，杰弗里·利奇所说的"搭配意义"称为"搭配限制"，因为这并不是因为搭配而产生的新的意义，而是因为词的社会意义不同限制了搭配组合的协调性。

其实，因搭配不同而使词语产生新的意义的语言现象是存在的，这就是语料库语言学中所说的"语义韵（Semantic Prosody）"，是指"蕴含在词项中说话人或作者的态度和交际意图，是共选的词语交互影响意义的结果"（李文中，2019）。按照 Stubbs（1996：71）对词语搭配形成的语义韵的分类，语义韵主要分为消极语义韵、中性语义韵和积极语义韵三类（转引自刘鹏，2019）。一些原本没有褒贬色彩的中性词，在句子中受其前后搭配词的影响，而产生了褒贬意。例如，在"他千方百计为群众排忧解难"和"美国千方百计地阻扰中国进入联合国"这两个句子中，成语"千方百计"本为中性词，但是，在前一个句子中，其所搭配的短语"排忧解难"是褒义的，因而也有了褒义色彩；后一个句子中，"阻扰"是贬义的，受其影响，"千方百计"也凸显了贬义色彩。

归纳起来，搭配意义具有如下特征：

①具有相同概念意义的同义词会因社会意义不同，而制约跟其组合搭配的其他词。

②受语义韵的影响，词语在句子中可因其所搭配的其他词的影响而产生新的搭配意义。

③受语义韵影响产生的词语搭配意义是临时性的，因语境而异。

④搭配意义主要归属于社会意义、情感意义和反映意义范畴，不会影响到词语的概念意义。

（7）主位意义（Thematic Meaning）：也译作"主题意义"，是表述者借助语序、强调手段、信息焦点的安排等信息组织的方式来传递的意义。比如内容相同的主动句和被动句，其所表达的主位意义是不同的。主位意义是借助句法手段，通过整个句子的结构来体现的，不单独发生在词汇层面，不是本书讨论的重点。

在这七种类型的意义中，杰弗里·利奇又把内涵意义、社会意义、情感意义、反映意义和搭配意义这五种归入一个大类，统称为联想意义（Associative Meaning）。他认为，跟概念意义相比，这五种意义之间具有更多的共同点，它们都是非限定、可变化的，都能进行程度和范围的分析，而不是像概念意义那样非此即彼。

（二）约翰·莱昂斯的分类法

英国当代语言学家约翰·莱昂斯（John Lyons）分别从语义功能和语言单位两个方面将词义划分为三种类型（Lyons，1977；符淮青，1996：26-30）：

（1）语义功能角度的意义三分。言语（verbal）和非言语（non-verbal）手段（动作、表情等）有三种交际功能——传递实际信息、表达说话者态度和个性、建立和维持社会联系。据此可将语义分为三类：

①描述意义（Descriptive Information or Descriptive Meaning）。陈述一个事实，可以得到客观核实，可以对其进行肯定和否定。例如："他是个医生。"

②表情意义（Expressive Information or Expressive Meaning）。表示说话人感情、态度和个性等个人特征的意义。比如："你走吧。""你可以走了！""你给我滚蛋！"这三个句子的概念意义是一样的，但表达了说话人三种不同的情感态度。

③社会意义（Social Information or Social Meaning）。言语中用于建立和维持某种社会关系的意义。比如语言中的寒暄用语："吃饭了吗？""你去哪啊？""今天天气不错。"说话者和听话者所关注的并不是其字面的意义，这些问候语的主要功能只是用来传递说话者的友好态度，以实现建立和维持双方社会关系的交际功能。

约翰·莱昂斯把表情意义和社会意义又统称为人际关系信息（Interpersonal Information），并指出这种信息（意义）经常用手势、眼神、表情等副语言现象(Paralinguistic Phenomena)和音强、音高、语调等非韵律语音现象(Non-prosodic Vocal Phenomena)来表示。

（2）语言单位角度的意义三分。Lyons 把语言单位区分为词位(Lexmes)、词形(Forms)和词语(Expression)。在屈折语中，代表一个词汇单位的单词原形，比如英语中的动词 see 是一个词位；它的曲折变化形式，比如过去式 saw 和过去分词 seen 是具体的词形，词形在具体的上下文中的使用就是应用中的词语。从这个角度，又可把描述意义分为三类：

①意义(Sense)。词位和应用中的词语所具有的意义。

②所指(Reference)。应用中词语所指示的具体个体。

③指称(Denotation)。词位指示的客观存在的某种对象。

描述意义具有如下特征：

①词位和词语有意义(Sense)和指称的客观存在的对象(Denotation)，词位没有具体所指(Reference)，应用词语才有具体所指。比如，英语中的词位"pencil"进入句子"Give me the pencil"后，成了应用中的词语。作为词位和进入句子后，它们都有概念意义和指称的客观对象(即"铅笔"这种东西)，但是作为词位，"pencil"并不指示某一支具体的铅笔，在句子中成为应用中的词语后，它的所指意义就跟客观世界中的个体对应起来了，说话者和听话者都明确是具体的哪一支。

②应用中的词语可以有相同的意义(Sense)而具体所指(Reference)不同。例如在句子"Tom have a pencil, I have a pencil, too"中，两个"pencil"的意义是相同的，但是它们指的并不是同一支笔，而是两个不同的具体个体。

③应用中的词语可以意义不同，而具体所指(Reference)相同。例如，"鲁迅"和"《狂人日记》的作者"意义是不同的，但是指的是同一个人。

④有些词位有意义(Sense)，但是没有具体的指称对象，比如"玄武"。[①]但是，画家可以根据"玄武"这个词的意思，把它的形象画成一幅画，那么这个画像也可以表示这个词指示的客观对象。这可称为"次位指称

---

① 参见前文所述"指称论"。

(Secondary Denotation)"。专有名词没有意义(Sense),而有指示的客观对象。

⑤词位指称的客观存在的对象(Denotation)对应用中的词语的具体所指(Reference)有部分的制约作用。后者决定于语境,但前者也限制了它的范围。比如:"老王抓到了一个鬼。"这个句子的语境决定了老王可以抓到某个具体的东西,但是这个东西却不可能是"一个鬼",因为"鬼"的指称(Denotation)意义在客观世界中是不存在的。

显然,约翰·莱昂斯的意义理论并不局限于词汇,其中很多部分已经超越了词汇甚至句子和语篇的层面了。

(三)戈罗文的分类法

"横看成岭侧成峰",同一个词义从不同角度看,可以同时分属不同类型。对这个问题,苏联语言学家戈罗文(Борис Николаевич Головин)的考察堪称史上最为细致。他分别从四个层次划分出十一组词义类型对,总数达二十二种之多(符淮青,1996:32-36)。

第一层次:按照词义与现实世界的事物与想象的联系分为三组。

(1)指名义和指号义:指名义是词语指称事物名称的意义,给物命名,使词有所指,让读者或听者能够借以区分此物和彼物。指号义是词语标志对象,使之成为对象的一种指号的意义。一般只有实词才有指名义,虚词的意义是指号义(符淮青,2002)。

(2)直接义和转义:直接义是直接反映词语所指对象的意义,转义则通过词语中某些意义成分的中介而间接反映其他对象的意义。比如在"拿白菜喂猪"中"猪"和"白菜"的意义都是直接义,而在"好白菜都让猪拱了"中,"猪"和"白菜"的意义是转义。

(3)具体义和抽象义:具体义是可以同单个确定的事物发生联系的意义,如"桌子""红色""跑"等;抽象义则是不能同单个确定的事物发生联系的意义,如"性质""刺激""辛苦"等。

第二层次:按照词义和意识、思维的关系分为三组。

(1)术语义和一般义：术语义是词在日常使用中的意义，跟词典概念义趋于一致，反映事物的本质属性，增进人们对事物的科学了解；而一般义可能反映人们对事物的本质属性的认识，也可能反映对非本质属性的认识(田明明，2016)。有些词语只有术语义，比如"甲苯""圆周率"等；有的词语只有一般义，比如"食物""草坪"等。有的词既有术语义又有一般义，如"鲸鱼"是大型海洋哺乳动物，并非鱼类(鱼不是哺乳动物)，作为术语义，"哺乳动物"是它的本质属性，但是很多人并不了解该属性，而把"鲸鱼"误认作鱼类，这种错误的认知并不会影响这个词作为一般用语的交际功能。随着社会的发展和科学知识的普及，很多原本只有术语义的词语逐渐进入人们的日常语言交际中，从而具有一般义。术语义体现了对科学性、本质性的追求，因而是相对稳定的，而一般义出于各种交际目的，会随着社会的发展而变化。

(2)形象义和非形象义：形象义是与事物的表象特征相联系的意义，非形象义则是只反映事物本质特征，不跟表象相联系的意义。比如，"花"是"种子植物的有性繁殖器官"，这是它的非形象意义；同时，"花"有"美丽、芬芳"的形象意义。我们说"鸟语花香"，传递的是"花"的形象意义，而"花是植物"则是非形象意义。

(3)感情义和非感情义：感情义是跟人的主观情感、愿望相联系的意义，非感情义则是不与人的情感和愿望发生联系的意义。比如"教师""学生"只有非感情义，"恩师""高足"则带有感情义。

第三层次：按照词汇系统内部词与词之间的语义关系分为四组。

(1)同义义和反义义：同义义是指同义词之间相同或相近的意义，反义义是反义词之间相反或相斥的意义。

(2)多义词义和同音词义：多义词义是一个词的多个意义，它们互相之间有联系；同音词义是指语音形式相同而意义不同的词。需要注意的是，有些词同音又同形，容易与多义词混淆，比如英语中的 bank(银行、河岸)、汉语中的"房东"(房子的主人、房子的东边)，这些词意义和词源上都没有联系，不是同义词。

（3）无理据义和有理据义：语言符号具有任意性，是指最初的语音符号和其所指称的意义之间没有关联，是任意的，这种意义就是无理据义。这种音义联系是约定的，意义无法从符号本身或借助符号的其他意义成分来理解。有理据义是指可以依据符号的其他意义成分加以理解，可以溯源。比如"桌子"的意义是无理据义，音义之间没有关联，其意义不能从符号的其他意义部分推知；"桌面"是有理据的，可以从其构成的意义成分（语素）"桌"和"面"推知。无理据义和有理据义可以同时出现在一个词的词义中，比如有些多义词，其第一个义项是无理据义，其他义项跟该义项之间存在理据性关联。

（4）原义和派生义：原义是能派生出其他新词新义的意义，派生义是从本词的原义派生出的其他词的词义。比如，"蒸发"有两个意义（义项）：①在液体表面转化为气体，②很快或突然消失。第①个是原义，第②个是派生义。"作家"的词义是从"写作"的词义派生出来的。

第四层次：根据词语在运用中意义的固定程度，可分为语言义和言语义。语言义是词语固有的、不依赖于语境、能被使用该语言的集体成员共同理解和认知的意义。言语义依赖于语境，是在一定上下文中临时产生的意义。比如在句子"老王是个大喇叭"中，"喇叭"的语言义是"扩大声音的一种器具"，这个意义是固定的；但是在这个句子中的意义是说老王藏不住话，喜欢到处传播消息，这个意义就是言语义，离开句子的语境就不再存在。

（四）伏敏娜的分类法

俄罗斯学者伏敏娜（Маргарита Ивановна Фомина）也从不同的角度对词义进行了划分（符淮青，1996：36-39）。

（1）直接义和转义：这是从词义和客观现实世界的联系的角度来划分的。直接义也称基本义，是直接指示事物、现象、行为、性状的意义。转义则是由直接义从指示某一对象转换到指示另一对象时产生的意义，受联想和比较的制约。这一点和戈罗文的观点是类似的。相比于词的其他意义，直接义更少受结合能力的限制，它主要制约词汇的聚合关系。词的直接义是共时层面的，只能从当时的词汇系统中确定，在历时的层面会发生演变。转义有的会保留其直接义原有的形象性，有的则会失去这种形象性。比如"墙"的直接义是"房屋、院落、城邑等的四围，多为土筑或砖砌而成，垂直于地面"[1]。在"铜墙铁壁""人墙"等词语中，"墙"是转义，保留了其直接义的形象性；而在"防火墙"（网络技术术语，指在网络之间边界上由软硬件构建而成的保护网络安全的屏障）中，则失去了直接义原有的形象性。

（2）派生义和非派生义：与戈罗文的"原义和派生义"类似，不同的是，伏敏娜所说的派生义是指不同词语之间的语义关系，不包括同一个词内部不同意义之间的派生关系。

（3）自由义和非自由义：这是从不同词语之间的相互组合搭配关系角度划分的。自由义是指词语按其所属词类而自由充当句子成分的意义，大部分词的基本义都属于这种情况。非自由义不能自由运用，受多种组合条件制约。伏敏娜归纳了三种情况：

①同熟语联系的意义。有些词的某种意义仅体现于熟语中，一般并不能自由出现于其他语境。成语中这种现象较为常见。比如"厉兵秣马""短兵相接"中的"兵"是兵器的意思，"上兵伐谋""兵不厌诈"中的"兵"是"兵法"的意思，这些意义一般不能出现在现代汉语的其他语境中。当然，从严格意义上来讲，这些语义并非完全是在特定组合中产生的，很多成语是从古代沿用而来，这只是它们历时语义的传承。这种现象在熟语的共时层面也存在。比如谚语"宁为鸡口，不为牛后"中的"后"是"肛门"的意思，这个意义在古代汉语中没有，在现代汉语中也不出现于其他语境。

②受句法制约的意义。有些词按其所属的词类，本应该能充当某种句子成分（比如名词可以作主语和宾语），而在实际运用中却不能。例如，名词"肺腑"，意思是"人的内心"，可用作宾语，却不能作主语。我们可以说

---

① 　见《汉语大词典》释义。

"他的话感人肺腑"，而不能说"人们的肺腑很感动"；名词"标本"的"枝节和根本"义[1]，只能作主语，却不能作宾语。我们可以说"标本兼治"，却不能说"治理标本"。

③受结构限制的意义。某些词义只能出现在特定的结构中。比如副词"断断""万万"表示"一定、绝对、无论如何"[2]，现代汉语只能用于否定结构，我们可以说"断断不可""万万使不得"，却不能说"断断可以""万万使得"；动词"见得"表示"看得出来、能确定"[3]，只能用于否定和疑问结构"不见得""何以见得"。

（4）一般指名义和带情感色彩的指名义。一般指名义是指词语给事物现象命名的意义，带情感色彩的指名义是指给事物命名的同时带有某种感情色彩。如"教师"是一般指名义，"老师"是带褒义色彩的指名义，"教书匠"是带贬义色彩的指名义。

伏敏娜的词义分类研究明显受苏联最权威的词汇学家维诺格拉托夫（Виктор Владимирович Виноградов）院士的影响，特别是关于自由义和非自由义的区分，是在维诺格拉托夫 20 世纪 50 年代提出的"习用范围受限制的词义、句法作用受限制的词义、搭配方式受限制的词义"观点的基础上发展而来。这种观点在我国语言学界影响很大，受此启发，武占坤、王勤分析了汉语多义词的自由义和非自由义，1993 年戚雨村主编的《语言学百科词典》也收录了自由义和非自由义这对术语（王惠，2006）。

（五）国内学者的分类法

国内学者对词义的类型提出了很多不同观点，主要有以下几种。

（1）周祖谟（1959）的二分说：词义和修辞色彩。

（2）吕叔湘（1981）的二分说：基本意义（概念意义）和附加意义。

（3）刘叔新（1995）的三分说：理性意义和感性意义（表达色彩）、词汇意义和语法意义、模糊意义和确定意义。表达色彩又细分为感情色彩、态度色彩、评价色彩、形象色彩、语体色彩、风格色彩、格调色彩、语气色

---

① 见《现汉 7》释义。

② 见《辞海》《现汉 7》释义。

彩、阶级色彩九种。

（4）符淮青（1996）的二分说：概念义和附属义（形象色彩、感情色彩、语体色彩）。

（5）詹人凤（1997）的七分说：理性义、伴随义、感情色彩、语体色彩、形象色彩、时间地域色彩、言语社团色彩。

（6）张志毅、张庆云（2001）的三分说：以义位（义项）为核心，提出义位结构论、义位定性论、义位语境论、义位演变论四大理论，可以从这些论述中归纳出其意义三分说：语义意义（基义和陪义）、语用意义（组合意义、语境意义）、语法意义（范畴意义、结构意义和功能意义）。

（7）葛本仪（2001）的三分说：词汇意义、语法意义和色彩意义。

（8）邢福义、吴振国（2002）的二分论：概念意义和附加意义（评价意义、形象意义、文化意义、语体意义）。

（9）曹炜（2001）的词义结构与词义类型论：曹炜（2001：14）认为，大多数词义的研究混淆了"词义类型"和"词义构成"这两个概念。"词义类型"关注的是整个词义的类属、特征，属于词义的归类，是词义"向外看"的结果；而"词义构成"关注的是词义内部所包含的各种意义成分，属于词义的分解，是词义"向内看"的结果。他把现代汉语词义结构归纳为五种意义成分：理性义、色彩义、结构义、文化义和联想义，而把词义的类型分为四组：本义和派生义、历史义和现存义、基本义和一般义、贮存义和使用义。

综上所述，国内外关于词义分类的研究众说纷纭，至今未有统一的认识。词义分类视角的差异一方面反映了对词义结构认识的分歧，另一方面有利于我们全面认识词义的性质，为我们对词义进行计算描写提供了多角度的参考。

第二节　词义构成与成分分析

一、词义的构成单位

词义研究首先面临词义的组成结构与词义单位的切分问题。

作为一种音、形、义"三位一体"的符号系统，语言符号以及符号组合都是语音和语义的结合体(石安石、詹人凤，1988：62)。语形则是指字词等语言的建筑材料按照一定的语法关系构成了语言形态(高圣林，2000)。语形学中对语形的研究，一般以语言的书写形式为表达载体。① 构成语言系统的各种符号单位，很多都具有语义价值。有的单位本身携载有语义，比如音节、词素、词语和句子；有的单位虽然本身没有明确的语义，但是却有区别意义的功能，比如音位、汉语的声调、汉字的偏旁。

语音和语形都有具体的物理载体，因此切分相对比较容易。而语义则主要是精神层面的对象，是无形的，并不具备物质形态，所以语义的切分更为困难。即使是切分到最小的那些语音和语形单位，它们所携载的意义单位不一定是最小的，还可以进一步切分。比如，"人"这个语言单位，它既是一个词，是一个最小的可独立运用的音义结合单位，也是一个语素，可以和其他的语素组合构成新词，比如"男人""女人""人民"等。从形态上它已经是最小的单位了，不可进一步切分，但是它的语义却不是最小的。按《现汉7》的释义，对其进行义素分析的话，可以分出更多的语义单位：

人：[高等][动物][能制造工具][会使用工具][能劳动]

即便如此分析，所得到的各个语义单位依然不是最小的，其中有些单位甚至比原单位"人"更大，语义更丰富，还可以进一步分割，甚至会陷入无穷循环，直至穷尽一部语言词典中的所有词汇。这就是语义切分所面临的技术上的巨大难题。

现代汉语的语义学研究中，关于语义单位的切分，多从词义单位开始。下面介绍几种主要的观点。

---

① 当然，语言最早产生的时候没有书写系统，是音义结合的符号系统，文字产生后才有了语形。人类社会至今依然存在一些没有自己文字系统的语言，但是我们也可以借用其他语言的书写系统来记录它们。

（一）詹人凤（1997：56-64）：义项和义素

义项是指从语言单位的内容中分析出来的语义项。主要用于分析词义，也可以用于分析其他语言单位的语义。语言单位的内容繁简不一，有的只有一项，如单义词的词义，有的可以分成相互联系的若干项，如多义词的各项词义。

义素是义项的构成成分，又叫语义成素或语义构成成分，它是构成语义的最小单位。义项可以进一步分解，分到最后得出的最小单位便是义素。

义素不同于义项，义项是对词的整体意义进行分解，得出各个相对独立、互为补充的部分，共同构成整个词的意义。词的每个义项都独立解释处于一定语境中的词的意义。义素则不能单独运用于语境，只是义项的进一步分析的结果。

（二）邢福义、吴振国（2002：114-117）：义项、义素、义丛、表述

（1）义项：又称义位，是由语汇形式表示的、独立的、概括的、固定的语义单位。义项具有以下基本性质。

①义项是由语汇形式表示的，包括语素、词和固定短语。一个语汇形式表示的一种意义，就是一个义项。多义词的每一种意义都是一个义项。义项一般多指的意义，但语素和固定短语的意义一般也被看作义项。需要注意的是，有些短语既可作固定短语，也可作自由短语，比如"墙头草""捅马蜂窝""醋坛子"等。作为固定短语时是一个义项，作为自由短语时是多个义项的组合。

②义项是能独立运用的语义单位。义项包括概念意义和各种附着于概念意义的附加意义。附加意义不能和概念意义剥离，一般不能独立运用，因此附着在概念意义上的附加意义不能单独构成义项。有些特殊词类，不表示具体概念，只有感情意义或语法意义。如感叹词"哼""哎呀"等只表示

感情意义；助词"着""了""过"、语气词"呢""吧""吗"等只表示语法意义。这些词的感情意义或语法意义并非附着于其他概念意义，而是本就单独存在、可以独立运用的，因此它们也是义项。

③义项是概括的固定的语义单位。义项是从词语的各种用法中概括出来的一般的、固有的、概括的意义，不包括在特定的语言环境中的具体所指对象和临时的语境意义。在由上下位词构成的语义场中，可以用上位词笼统指称下位词。比如"车"，它的下位词包括"卡车""客车""轿车""越野车"等。在具体语境中可能各有所指。比如"私家车"一般指"轿车"或"越野车"，"乘校车上班"一般指"客车"，"拉了两车水泥"一般指"货车"，而"禁止酒后开车"则包括各种车。这些意义都不是"车"的义项，它们都只能归结到一个义项"有轮子的陆上运输工具"①。

（2）义素：又叫语义成分、语义特征、语义标示、语义原子等，是构成义项的语义成分，是从一组相关的词语中抽象出来的区别性语义特征。传统语言学分析词语的意义一般到义项为止，现代语言学则进一步把义项分析为若干义素的组合。义素具有如下特征：

①义素是通过对一组相关词语的语义进行比较分析得出来的、标志着词与词之间相互区别的语义特征。

②义素是一种没有特定语音形式的抽象意义单位，义素与它们所构成的词之间没有特定的语音形式联系。比如"笔"的义素包括[工具][写字][画画]，它们之间没有语音形式联系。

③义素不等于语素的意义，语素的意义是与语素的语音形式相联系的。

（3）义丛是指由若干义项组合而成的、通过一般短语表示的语义单位。有些短语具有多种意义，每一种意义就是一个义丛。比如"招待好朋友"，可以表示把朋友招待好，也可以表示招待关系好的朋友，这是两个不同的义丛。多义短语的义丛就相当于多义词的义项。义丛具有如下特征：

---

① 参见《现汉 7》释义。

①义丛是由义项按一定规则组合起来的，所以义丛的意义等于构成义丛的各个成分词的义项加上其所赖以组合的特定关系所体现的语义。如"看电影"的意义就是"看"的意义加上"电影"的意义，再加上"动作—受事"组合关系的关系义。

②固定短语的意义一般不是其成分意义的简单组合，而是一个整体意义。所以固定短语的意义是一个义项，而不是义丛。比如"开绿灯""拖后腿""穿小鞋""挖墙脚"等。

③义丛一般指不成句的短语表示的意义，成句的短语表示的是句子意义，一般不叫义丛。

(4)表述是由句子表示的语义单位。一个句子表示的一种意义，就是一个表述。跟义丛类似，有歧义的句子所表示的多种意义，每一种意义就是一个表述。表述有如下特征：

①一个表述的意义不等于句子中各个词义的简单相加，其中还包括各种复杂的句法关系语义。

②如果一个句子变成了另外一个句子的句法成分，那么它就失去了成句的独立性，其意义也相应地变成了一个义丛，而不再是表述。比如，"他来了"是一个句子，其意义单位是一个表述；而在"我听说他来了"这个句子中，"他来了"充当了动词"听说"的宾语，不再单独成句，其意义单位就变成一个义丛。

(三)张志毅、张庆云(2001)：义位、义素、语素义、义丛

(1)义位：关于义位有大、中、小三种概念。①指一个词所有的义项。②指一个词的一个义项。③指一个词的语义成分，相当于义素。其中第二种为介于宏观和微观之间的中观概念，为通说。

(2)义素是结构主义语义学用来描写语义的最小的意义单位，是义位的组成成分，也叫区别性语义特征。义位是由义值和义域构成的，义值是义位的值，即质义素，义域是义位的量，即量义素。

(3)语素义是构词的基本单位，同其他稳定性和确定性的单位在聚合

和组合两个方面形成类别、位置、层级，并按相互制约、相互依存、分层级的结构关系网络组成一个有序的整体。语素义分自由语素义和非自由语素义。

（4）义丛是义位的组合，相当于短语的意义。

张志毅、张庆云虽然提出了四种词义的单位，但并没有专门论述除"义位"之外的另外三种单位。他们指出，四个单位中以义位为主，义位是最基本的，它是最容易为常识所认同的自然的较小的语义单位。所以他们立足于义位，提出义位结构论、义位定性论、义位语用论、意义演变论四种理论，以研究义位的系统性为主，不是研究单个的义位。

（四）贾彦德（1992：20-23）：义位、义素、语素义、义丛、句义、言语作品义、附加义

（1）义位。大致相当于义项的语义单位。语义学着重研究实词的词义，而实词又有单义词与多义词之分，单义词只有一个义项，而多义词却包含若干个义项，所以讲到语义单位时，用词义这个术语就不大方便。考虑到义项是词典用语，受词典编纂的制约，所以采用义位这一术语。

（2）义素是义位的组成成分，是分解义位得到的。义素不能直接依附在可以感知的语音形式上，不容易被觉察到。

（3）语素义是构成实词的语素（词根、词缀）的意义。语素和词、词组、句子一样，既是语法单位，也包含一定的语义片断。单纯词只由一个词根形成，其义位等于词根的语素义。复合词和派生词的义位不是组成它们的语素的意义构成的，但是这些语素义却也起着明显的不可忽视的作用。它们或者提示义位，或是添加一些附加语义。

（4）义丛是指词组的意义方面。义丛是由义位组合而成的，这同义位和义素、语素义的关系都不一样。与词组中的固定词组、自由词组相应，义丛也分固定义丛与临时组合义丛（即自由义丛）两种。

（5）句义。句子的意义方面也是语义单位，这就是句义，是语义系统中最大的单位。它是由义位、自由义丛组合而成的。句义的内容是交际中

最小、意义相对完整的片断，属于言语。除了巧合和套语(如"你好!""谢谢!"等)，句义一般是千差万别、各不相同的。

(6)言语作品义。指某一言语作品的意义，例如一席话、一篇文章、一本书的意义或者某作家全部著作的意义。这种单位属于言语，是句义的上一级的单位，也是言语中最大的语义单位。

(7)附加义。某些义位、句义和言语作品义有附加成分，这也是一种语义单位，叫作附加义。一个义位或句义的附加义可以不止一个。例如"妻子""老婆"这两个词的义位相同，但后者还有附加义。"你家里人都好吗?"这句话既有问听话人家人情况这一句义的基本义，又带有向听话人表示友好这一句义的附加义。

跟词义类型理论相比，学界对语义构成单位的认识分歧较小。上述论述中，有些是超越词和短语的意义部分，包括邢福义先生、吴振国先生所说的"表述"和贾彦德先生所说的"句义""言语作品义"，都不属于词义研究的部分。此外，贾彦德先生所说的"附加义"值得商榷。所谓语义单位，是可以用于分析语义构成部分的一种衡量标准，本质上属于语义分析所用的元语言系统。比如义项可以用于描写整个词的意义构成部分，义素可以用于描写义项的构成部分。附加义只是意义的一种构成类型，可以用其他的语义单位来分析，而它本身并不能用于描写其他的语义部分，因此不适合作为语义单位。

除开这些，"义项(义位)""义素""义丛"是大家能基本达成共识的部分。当然，对这几个单位更具体的微观认识，还是存在一些细微的分歧:

(1)义项是否等于义位?

邢福义、吴振国和贾彦德都认为它们大致是相同的。张志毅、张庆云虽然在定义义位时采用了中观说"指一个词的一个义项"，但是他们并未使用"义项"这个术语，并且论证了"义项"并不能等同于"义位"。他们指出，"不自由的语素义，在字词典里算是一个义项，但是不能称为义位"(张志毅、张庆云，2001:16)，并以《现代汉语词典》里对"家"所列的十二个义项进行了分析，其中第④、⑤、⑥、⑧、⑨、⑩义项不属于义位。它们分

别是:

④经营某种行业的人家或具有某种身份的人:农~|厂~|渔~|
船~|行~。

⑤掌握某种专门学识或从事某种专门活动的人:水稻专~|政
治~|科学~|艺术~|社会活动~。

⑥学术流派:儒~|法~|百~争鸣|一~之言。

⑧谦辞,用于对别人称比自己的辈分高或年纪大的亲属:~
父|~兄。

⑨饲养的(跟"野"相对):~畜|~禽|~兔。

⑩<方>饲养后驯服:这只小鸟已经养~了,放了它也不会飞走。

这些义项所列的,都是"家"作为语素的构词义,并不能单独运用,因
此不能算作"义位"。邢福义、吴振国(2002:114)明确提出"义项是能独立
运用的语义单位",也跟上述语言事实是相悖的。

大部分学者都认可"义项"是词典学术语,"义位"是语义学术语。鉴于
此,我们认为把"义位"当作一个语义单位是合适的。

(2)义丛包不包括固定短语的意义?

邢福义、吴振国认为"义丛"仅指一般短语的意义,固定短语相当于一
个词,它们的意义当归属"义项";贾彦德根据一般短语和固定短语的意
义,区分了"自由义丛"和"固定义丛";张志毅、张庆云没有具体论述"义
丛",仅指出"义丛是义位的组合,相当于短语的意义"。詹人凤没有提及
"义丛"。综合各家观点,我们认为可以把"义丛"作为一般短语的意义单
位,固定短语的意义单位是一个"义位"。

(3)语素义要不要单列?

詹人凤和邢福义、吴振国没有提及"语素义"。贾彦德则只关心构成实
词的语素的意义。其实语素也包括虚语素,能够构成虚词。比如"然",常
用作形容词或副词后缀,表示某种状态,如"豁然""恍然""浑然""哗然"

等。结合张志毅、张庆云的论述，我们认为"语素义"也是一种语义单位，且不限于实词。

本书对词义的描写，将以义项、义位、义素、语素义、义丛五种结构单位为基础，进一步分析词义的微观结构与计算表达。

二、词义成分分析

(一)词义成分分析的早期思想

词义成分分析的思想和方法来源可以上溯到西方古典哲学。据莱昂斯（Lyons，1968：472；1977：317-330)考证，分析语义构成成分历史悠久，分析方法跟古典哲学中把事物由大到小的多层分类方法密切相关，理论思想跟戈特弗里德·威廉·莱布尼茨(Gottfried Wilhelm Leibniz)的"普遍符号语言理论"也有关联。语言学界最早和最有影响的研究是哥本哈根学派(丹麦)的代表人物路易斯·叶尔姆斯列夫(Louis Hjelmslev)和莫斯科语言学会的创始人雅各布逊(Роман Якобсон)所倡导的构成成分分析(componential analysis)。他们都提倡把布拉格学派领头人物特鲁别茨柯依(Николай Трубецкой)的语音学的原则和方法扩大到语法和语义学中去。路易斯·叶尔姆斯列夫运用特鲁别茨柯依的音系学理论中的部分对立关系(correlation of proportional oppositions)对一组英语单词的语义进行了分析(符淮青，1996：50)：

D1 = boy/girl = man/woman = bull/cow

D2 = boy/man = girl/woman

D3 = boy/bull = girl/cow

分析发现，这里面某一组词对之间的意义对立成分，比如"boy/girl"在替换成其他词对，比如"man/woman""bull/cow"时，依然存在。根据这一点，就可以概括出一个意义的区别性特征(distinctive feature)，记为 D1。这样一直分析下去，就可以继续得到更多的区别性特征 D2、D3……Dn。这些区别性特征的意义也可以解析出来：D1 代表"male/female(男/女)"，D2 代表"young/adult(未成年/成年)"，D1 代表"human/animal(人类/动物)"。

路易斯·叶尔姆斯列夫把语言成分分为"内容"和"表达"两个平面，这两个平面又各自分为"形式"和"实质"两层。他赞成索绪尔关于"语言是形式而不是实质"的观点，认为语言学只研究形式即结构关系。"形式"包括内容形式和表达形式，这两种形式各有自己的最小要素，内容形式的最小要素是语义特征，表达形式的最小要素是音位或音位特征。把对比替换的结构分析法引入语义学研究，这可以看作义素分析理论的最早萌芽(胡惮，2014：16)。

(二)义素分析法的产生与发展

美国结构主义语言学派也独立发展了类似的语义成分分析法，它最早是由人类学家弗洛伊德·格伦·朗斯伯里(Floyd Glenn Lounsbury)和沃德·亨特·古德纳夫(Ward Hunt Goodenough)所提出来的一种用于描写和比较语言中亲属称谓词的方法。他们在20世纪50年代考察了印第安语中的亲属称谓，通过分析15个亲属称谓词，提取出了一组区分亲属称谓关系的关键性语义成分。利奇指出："构成成分的确定，类似音位学上归纳音位时互补原则的运用。如果两个或更多的语言成分形式相同，在功能上互相不对立，则它们不是不同的成分，而是同一成分的不同变体(Leech，1987：245)。"

弗洛伊德·格伦·朗斯伯里和珍妮特·狄恩·古德纳夫的研究被语言学家普遍认为是义素分析法的发端。20世纪60年代初期美国语言学家杰罗德·卡茨(Jerrold Katz)和珍妮特·狄恩·福德尔(Janet Dean Fodor)用此分析法为转换生成语法提供语义特征，受到当时语义学界和语法学界的广泛关注(安华林，2003)。

义素分析法自诞生以来一直深得语言学界重视，被列入欧美现代语义学的基本方法之一，并在世界各国的语言学界迅速推广，在各语种词汇语义学研究中得到广泛应用。"实践证明义素分析的效用，不仅在于它能够揭示个体的词义结构，给我们提供精细的词义解释手段，而且在于它有利于展现语汇中词间的语义关系，可帮助我们认识与解释各种词义聚合(刘桂芳，1995)。"

"义素"的概念最早是由高名凯先生介绍到国内的。1963年他在《语言论》一书中，首次采用了"义位""义素"的术语。他认为"语言中的最小的语义单位叫义位，其变体叫义素"（伍铁平，1979）。虽然这跟我们现在所通用的"义素"概念并不对应，但是这标志着它作为词义的单位首次进入了中国语言学界（岳园，2009）。

义素分析理论被正式引入我国是在 20 世纪 80 年代。贾彦德（1982）在《语义成分分析法的程序问题》中对汉语义素分析程序进行探讨。后来出现了一系列相关的研究，我国学者开始将义素理论广泛运用于汉语语义分析，义素分析法在我国逐渐兴起。经过 20 多年的研究，义素分析理论取得了重大进展（胡惮，2014：45）。

第三节　义素分析法

一、义素分析的程序与方法

贾彦德（1999：47）指出："义素分析是一种聚合分析。义素分析法就是通过对不同的义位的对比，找出它们包含的义素的方法。"他提出了义素分析的四个程序，并进一步对分析方法进行了详细介绍（贾彦德，1999：48-118）。

（一）确定语义场

无论是对某一个义位或某些义位进行义素分析，都需要在适当的范围内即适当的语义场内进行比较。语义场是有层次的，义素分析要从最小子场开始，否则就会漏掉那些只出现在最小子场中的差异和共同点，有的义素或义素变体就比不出来。将义位置于最小语义场中观察，就便于切分并描写出最小的语义成分。所以正确的分析应从某一最小子场开始。

（二）比较

通过确定语义场限定分析范围后，在语义场内通过比较找出义素，找出某一义位的由若干义素组成的结构式。比较的方法有三种：

（1）列图表进行比较。图表便于分析最小语义场中的多个义位，但这些义位所包含的义素数目必须较少，义素间的语义关系比较简单，否则图表无法将复杂的义素清晰地展现出来。

（2）通过上下文进行比较。语境可以显示义位的含义，通过变换义位出现的语境，考察义位之间相同和不同的意义因素，以此来确定不同义位的互补分配关系，从而提取义素。

（3）与词典的释义进行比较。通过多种权威的语文词典的互相参照，从词典的释义中提取义素。通过比较，可以提取名词性义位表事物、对象的本质属性、实质、类别等方面的义素，提取形容词性义位表性质、状态、程度、极性、形象、情感等方面的义素，提取动词性义位表动作、行为、变化、存在、意愿、运动等方面的义位。

（三）扩大比较

第二步的比较是在一个最小语义场内进行，完成一个最小子场的义素提取后，寻找跟其临近的同级最小子场进一步比较分析，找出隐含的、可能遗漏的义素。同级子场比较完后继续比较上级义场，照此持续进行比较分析，直至整个语义场的义素提取。

（四）检验

通过以上程序和方法提取义素，得到词的义位结构式的时候，往往难免有疏忽与不妥之处，因此必要的检验是义素提取的质量保证措施。检验有以下两种途径。

（1）语境检验：把义位置于适当的语境（包含有关义位、义素的上下文）来检验。既然义位由一束义素组成，那么分别指出某义位包含这一义素、包含那一义素的语句便应该成立。而这种语句是否成立，便能检验从某一义位分析出来的义素是否合适。这种方法只能检验出不合理的义素，而无法察觉遗漏的义素。

（2）词典释义检验：通过图表比较和上下文比较得到的义素，可以用语文词典的释义来检验。当然，由于目前编纂词典所用的理论和方法还是传统语义学的，这就影响到释义，我们如果发现词典在释义上有什么缺点，要加以甄别。如果检验的结果发现词典的释义与相应的义位结构式子存在不一致的地方，只要这些地方并不说明结构式子有什么不妥当，那就证明式子是恰当的，没有必要迁就词典。

当然，因为提取义素的方法不同，检验也需交叉进行。如果前面的义素分析方法本身是基于词典释义比较得到的，那么再用词典检验就没有意义，这时候可以使用语境检验。

在贾彦德研究的基础上，其他学者根据各自的研究做了一些局部的调整，例如在义素比较和检验中引入语料库语言学方法进行量化分析，以求使得义素分析结果更为科学合理（周洋，2011）。但是整体而言，这些方法和步骤均大同小异（胡惮，2014：46）。

二、义素分析法的意义与价值

义素分析理论在语言学界具有划时代的意义，尤其是对汉语的语义研究影响深远。在人工智能时代，随着自然语言语义分析与计算精度要求的不断提高，义素分析的理论思想对于我们揭示和描写词义的内部微观符号结构、构建面向语义计算的大规模词汇语义知识库无疑具有十分重要的借鉴意义。

（一）原子主义的分析思想

义素一般被定义为词义的最小构成单位，反映词在意义空间的维度特征。

义位可以进行内部原子主义的分析，正如音位一样。不同义位之间存在意义差异，是因为它们的内部构成成分不同。这种内部构成成分的差异，便是义位之间相互区别的标志、特征（曹炜，2001：86）。在这之前的研究中，人们往往把词义当作一个整体来对待，很少关注词义内部的微观结构成分。高名凯先生曾说过："语音和语义是休戚相关地结合在一起的，互相依存，但这并不妨碍我们对语义和语音分别进行独立的研究(转引自刘桂芳，1995)。"汉语传统的词汇语义研究——训诂学，是将音义捆绑于一体，缺乏这种分别与独立的观念。受此传统影响，现代汉语的语义研究曾在较长时间内把语素作为最小的语义单位。这种观念不利于我们深入词义内部考察其微观结构，导致词义知识的描写粒度过于粗糙。

"义素"概念的提出反映了"原子论"的哲学思想，标志着词义的研究从宏观走向微观。这正是人工智能对自然语言的处理中语义精确计算所需要的。

(二)意义实体化的分析策略

义素分析法将意义实体化，可清晰揭示词义的结构，全面描述词在意义空间各个维度的特征属性。

词是概念在语言空间的投射，是概念作为思维单位在物质世界符号化的手段。一个概念拥有多个维度的特征属性，反映人脑对客观世界对象不同层面、不同角度的认知。词作为概念的符号载体，其意义就是由分别描述这些特征的不同语义粒子构成的。

通过义素分析可以揭示概念在每个维度上的特征，为词义相似度、词义距离等语义计算开辟全新的处理思路。

(三)聚类对比的分析方法

义素分析采用词汇聚类对比的方法提取和分析义素。"强调从一群词、一组词当中去提炼词义的构成成分，它启发人们一个词的意义在同别的有关词的比较中会更加准确全面地暴露出来，传统的词典释义尽可能在大的范围中收集例句，然后在例句中概括词的意义，并不把比较一群词、一组词的意义异同作为必要条件(符淮青，1988)。"

词义聚类是语义计算中的重要问题，用统计的方法得到的结果差强人意。而在对词义微观结构进行原子化描写的基础上进行语义聚类计算，不但算法更简单、具有可解释性①，而且精确度将得到有效提高。

（四）词义组合限制的描写能力

对词义结构进行义素描写，不但可以揭示词义聚类的规律，而且可以通过对比词与词之间义素的共性，揭示词义组合的限制条件。

从形式上讲，语言符号是按照一定的规则通过线性关系组合成符号序列来实现意义表达的。从词到短语，再到句子，再到段落、篇章，就是一个线性组合不断递归扩展的过程。语言符号的组合不是任意的，必须遵循一定语法规则和语义组合限制条件。词义的聚合和组合遵循一个普遍的公理：能聚合在一个语义场内的一组词，它们必须具有相同的语义成分；能组合成一个有意义的线性序列的一组词，它们必须具有相容的语义成分。例如，可以说"我们午餐吃鱼，晚餐吃青菜"，却不能说"我们午餐吃桌子，晚餐吃椅子"。这里"吃鱼""吃青菜""吃桌子""吃椅子"，语法结构一样，但是在现实世界中（童话、神话等作品中的虚拟语境除外），"吃桌子"和"吃椅子"的语义是不成立的。这是因为"鱼"和"青菜"的词义成分中都包含义素"可供食用"，而"吃"的词义成分中包含义素"［吞咽］［食物］"，因此它们的概念意义是相容的。"桌子"和"椅子"没有这个义素，因而受语义组合限制，不能和"吃"搭配。

目前，自然语言处理技术中，对语言符号组合的可能性主要是通过计算大规模文本数据中语言符号搭配的概率来进行分析的，缺乏充足的语言学理据。而通过语义成分的相容度来分析语言符号线性组合的规律，可以赋予语义计算语言学理性，提高算法的可解释性。而且，通过词义结构成分的微观分析，计算机就能准确、高效地识别语义搭配不当的错误表达。

---

① 当前广泛采用特征统计的人工智能算法，在特征维度的取舍、特征权重的赋值等方面难以给出具有理据性的解释，形成"算法黑箱"，成为人工智能发展面临的巨大危机。

三、义素分析法的问题与不足

当然，因为自然语言语义系统的复杂性，义素分析理论并非完美，依然存在着不少的问题。在它被迅速推广的过程中，批评和质疑的声音也一直不断。比如，英国语言学家约翰·莱昂斯曾对此提出过四点批评：（1）义素和词的概念义之间并不能很好地区别开来，一个词的概念义在另一个词里充当义素，这有循环论证的嫌疑。（2）对同一个词位可以提出几个同样有理由的分析，这和义素是最小的意义成分的观点相左。（3）用肯定、否定某个义素存在的二分法来说明一些词的意义有时行不通。（4）构成一个词义的诸义素并不是一个无结构的序列（叶斌、谢国剑，2007）。

义素分析的理论和方法虽然能为语义的计算处理提供借鉴，但是它毕竟不是为语义计算而生的。作为一项面向人类读者的人际语言研究，它无法回避因自然语言本身的特点而造成的诸多困惑，比如，自然语言中普遍存在歧义、冗余、省略、隐喻、语境依赖等现象。从符号智能的角度看，要实现自然语言的计算处理，首先面临的是符号的形式化描写问题。自然语言语义普遍具有的内涵性、模糊性和交互性为自然语言的形式化描写带来重重困难，其中尤以语义的符号化、形式化为甚。我们从这个角度对义素分析法中存在的问题抽丝剥茧，以期扬其长，避其短。

（一）义素定义不统一

符号系统中的符号应该具有简明性、确定性。每个符号的性质和意义不能存在歧义，符号的组合结构可模型化。而义素分析法中，对于作为基本语义符号的义素的性质认定差异巨大。周一民（1995）将义素分为显性义素和隐形义素、范畴义素和特征义素、中心义素和修饰义素、支配义素和从属义素、聚合义素和组合义素、同一义素和区别义素、固定义素和临时义素等。王宁（1996：210）将义素分为类义素、表义素、核义素。刘道英（2002）认为要区分理性义素和附加义素。张双棣等（2002：134）提出了指称义素（中心义素）、区别性义素（限定性义素）、遗传义素的概念。苏宝荣

(2000：209)提出了表义素（实义素）和隐义素（虚义素）的说法。王军（2005：155）也类似地提出了隐义素的说法，王军（2005：154-161）把义素主要分为规约义素和隐含义素，还提出有标记义素和无标记义素，并将有标记义素分为实标义素、失标义素、虚标义素、错标义素。刘桂芳（2006）将义素分为词汇性义素和语法性义素，词汇性义素又分为理性义素和色彩义素，理性义素又分为概念义素和附属义素，色彩义素又分为感情色彩义素、形象色彩义素和语体色彩义素。张廷远（2007）则把义素主要分为理性义素和隐含义素。曹炜（2001：88）认为义素可分成三大块：范围义素、特征义素和限制义素。这些对义素性质的不同分类缺乏整体的、大致统一的哲学思想，使得认识在义素的分析方面的描写框架五花八门，其分析结果难以转化成可计算的形式化描述。同时，不同学者对词义内部义素的组合结构缺乏统一的描述框架，没有提供标准、通用的义素结构模式，难以实现数据的形式化处理。

（二）义素提取主观随意

符号系统需要标准性、客观性、稳定性，而义素分析具有较大的主观随意性，缺乏统一的标准和操作程序，难以保证系统的一致性。不同的人对同一个词的分析，得到的结果可能大相径庭。例如：

父亲：+［有子女］+［成年］+［男人］（徐思益，1984）

父亲：+［男性］+［直系亲属］+［长辈］（王德春，1983：143）

父亲：［+人+男性+亲属+直系+长辈］（岑运强，1994）

父亲：（亲属）→（生育关系）+（男性）（贾彦德，1992：98）①

造成这种现象的原因是不同的分析者对词义认知的角度不同。对"父亲"一词语义成分的理解，徐思益关注有无子女的状况，王德春关注亲属

---

① 大多数情况下，义素分析普遍使用"［］、+、−"这类符号标注义素。贾彦德先生另创了一套分析符号，包括：x 表示动作、行为、运动、变化，fa 表示方式，↑、↓表示它们标的对象的不同是由比较而来的，其中↑趋向强，↓趋向弱，→表示行为、动作的趋向或顺序的关系，等等。具体参见贾彦德的《汉语语义学》。

关系的远近及辈分，贾彦德关注人物之间的关系。对于自然语言处理而言，这种主观随意性和不稳定性会让语义计算程序无所适从。

（三）义素数量不可控

符号系统所采用的符号集应该具有有限性、可控性，而义素分析所采用的义素集是开放的，因而其数量不可控，甚至我们都不能确切地说存在这么一个义素集可供分析使用。

义素分析的初衷是想用有限的义素去表达无限的词义，因而我们首先需要找出一个相对固定的义素集来分析整个词汇系统的词义。然而，这个问题存在着两个难点：

（1）一种语言中到底需要多少义素才能完整地描写整个词义系统并无定论，很多的观点仅仅是一种假设，未经实证检验。比如，王德春（1983：97）提出："一种语言中义素的数量……一般只有一千左右，常用义素不到两百。"杨升初（1982）则认为："《现代汉语词典》中所收条目一共才五万三千多条，除掉单字和成语、熟语等，合成词的数目也不过三万多条。所以如果能描写五万个合成词的意义结构，那就足够了。组成五万个合成词的字才四千八百个，那么到底语素数目也不会超过这个数字。为了留有余地，我们按每个语素平均包含九个义素来计算其分析结果也不过四万多个义素。所以从数目上看，对语素意义进行义素分析是可能的，也是比较'经济'的。"这两种观点，其预估的义素数量之悬殊，可谓天壤之别。更多人对此持悲观论调，认为要得到这个义素集是非常困难甚至是不可能的。

（2）对义素的提取不加控制导致整个义素数量完全失控。虽然大多数学者同意"义素是最小的词义单位"这个基本论断，可是在实际的分析过程中根本不是这回事，完全没有严格遵循这个定义。比如，上面的例子中，"有子女""成年""男人""男性""直系亲属""长辈""亲属""生育关系"等，都不是最小的词义成分，因为它们本身还能进一步分解。随便翻开论述义素分析的任何一部著作或任何一篇论文，这样随意指定义素的问题俯拾皆是。如果按照这个思路来提取义素，那么义素集是完全开放的，其数量根本无法控制，所以也就不可能建立起这个义素集。而且，在分析过程中，词与词互为义素、循环论证的问题更是随处可见。

(四)义素关系描写单一

符号系统中的符号组合具有多元逻辑性、可计算性，而不是单一的逻辑"与"关系。义素分析法普遍对义素关系的认知比较单一，不能区分语义成分在词义结构中的主次地位，忽视语义成分的不同性质及其相互之间的复杂逻辑关系。

目前在义素分析的操作中，对义素结构的表达人们大抵采用两种方式：一维的结构表达式和二维的义素矩阵。例如，"哥哥""姐姐""弟弟""妹妹"这四个词，用义素结构式可表示为(张万有，2001)：

哥哥：[男性、年长、同胞、亲属]或者[+男性→年长↔同胞+亲属]

姐姐：[女性、年长、同胞、亲属]或者[−男性→年长↔同胞+亲属]

弟弟：[男性、年幼、同胞、亲属]或者[+男性←年长↔同胞+亲属]

妹妹：[女性、年幼、同胞、亲属]或者[−男性←年长↔同胞+亲属]

也可用义素矩阵来表示(见表2.1)。

表2.1 　　　　　　　　　　义 素 矩 阵

义位 ＼ 义素	男性	年长	同胞关系	亲属
哥哥	+	+	+	+
姐姐	−	+	+	+
弟弟	+	−	+	+
妹妹	−	−	+	+

无论哪种方法，主要是以二分(+或−)的形式来表示一个词是否具有某个义素，或者再辅以其他的一些符号，来说明某些义素所表达的对象的性质、状态或状态变化的趋势，而对于义素之间的关系，以及每个义素在整

个语义结构中的地位，都缺乏应有的描述。按照这种思路，每个义素都是平行的关系，但事实并非如此。比如"亲属"和"同胞关系"这两个义素，实际上是词在意义空间同某一个维度上的属性及其取值，是一种函数关系。"亲属关系"是一个属性函数 $f(x)$，变量 x 有若干种取值，"同胞"只是 x 的一个具体取值，它还可以取"长辈""晚辈""姻亲"等值。而且，对于大多数词而言，词义结构成分的地位是不等同的，有的居于核心地位，有的处于从属地位，具有不同权重。义素分析法没有对此作出区别，不利于在语义计算中对具体义素权重赋值。

（五）词义描写欠缺普适性

作为学科元语言的符号系统具有普适性，应该适用于其所面对的所有对象。义素分析法回避对抽象概念的描写，只局限于一小部分内涵、外延相对清晰的名词、动词、形容词。义素分析法诞生之初，其研究对象就是一些系统性强、内部义位排列严整的语义场，如美国人类学家所研究的亲属词语语义场和贾彦德研究的汉语军衔词语义场。贾彦德（1992：47）曾明确指出，义素分析法只针对实词，不研究虚词。众所周知，虚词数量虽然不如实词多，但它们却是语言符号系统的重要组成部分，缺少了这一部分的词义描写，会给语义计算带来很多问题。

综上所述，义素分析作为语言研究中对词义内部的微观结构进行分析和描写的开拓性工作，是语义学发展中的一个重要里程碑。虽然义素分析法也存在一些问题，但是只要我们针对这些问题研究合理的解决方案，其所秉承的原子主义思想和它所采用的对比分析法，无疑为我们建构面向人工智能的词义计算资源提供了有益的思路。

第四节　词义作为符号智能处理对象的计算属性

一、语言研究的价值取向与方法选择

语言研究的不同目标与价值取向决定了研究方法的不同选择。萧国政

（2001：240-241）提出了语言研究的两层空间：人际语法研究与人机语法研究。他指出："语言不只是静态的符号系统，语法①也不限于静态结构语法，还有进入人与人交际后具有的规则与规律和人与机器交互中显示出来的规则与规律。因此全量的语法研究应该包括人际语法研究和人机语法研究。人际研究是语法的使用对象及研究成果的客户设定为人的研究。人机研究是语法的使用对象及研究成果的客户设定为机器的研究。这种研究之所以被称为人机研究，是由于这种研究是为了让机器协助人工作，并且其最终目的是实现人机对话。"

其实，随着人工智能技术的发展和应用的普及，无人工干预的自然语言处理的需求日益增加，机器根据人类的需要自动处理自然语言的数据、机器与机器之间交换以自然语言为载体的信息等，都是语言学研究需要关注的问题。所以，人机语言研究的目的不仅仅是要解决人机对话的问题，还需要解决人类语言智能在符号智能的计算处理中语言符号的计算表达与计算模型。

乔姆斯基提出的"观察充分、描写充分、解释充分"的标准，是理论语言学界的金科玉律，可是对人机语言研究来说，应该是"观察充分、描写穷尽、不必解释"。人际研究重视逻辑的完美性，而人机研究重视理论的实用性（胡悦，2011：6）。解释充分是方便人类读者理解语言的规律，对机器而言，只需告知其然，即给它操作指令，而不需解释其所以然。

二、词义空间的特征维度

我们在第一章已经讨论，电脑对人类语言智能的模拟实际上并非对语言思维过程的完全模拟，而是对运行结果的模拟。人脑和机器处理自然语言的过程实际上是完全不同的。这个性质决定了面向机器的自然语言研究需采用跟面向人的自然语言研究不同的理论和方法，前者要求对语言事实

---

①　这里所说的"语法"，是指"语言的法则"，是广义的概念，并不是传统意义上和"语义""语用"相对的狭义概念。参见萧国政（2001：27-31）。

的描写要满足机器计算的需要。从这个角度出发,我们需要以新的视角来观察、定义和描写词义。

(一)词义是词在意义空间中各个维度的特征集合

我们谈到词义的类型与性质,以及词义成分的义素分析,其实本质上是在讨论词在意义层面是表现出来的多个维度的特征。

任何一个事物,它的特征维度(包括区别性特征与非区别性特征)是无穷多的,词义亦是如此。所以,上述各种词义分类的理论,都是学者们从不同角度观察和提取到的词义的某一个方面的特征,对我们的研究都是有参考价值的。

词义分析需要解决四个问题:

(1)一个词的意义可以划分为多少个义位?

(2)每个义位可以划分为多少个维度?

(3)每个维度代表哪个方面的语义特征?

(4)每个维度具体的语义特征是什么?

词的每一个义位都是一个单独的被分析对象,构成一个相对独立的多维意义空间。可简单图示如下(见图2.1):

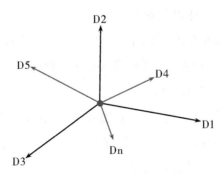

图2.1 义位语义特征维度示意图(D代表维度)

按此方法,我们来分析几个词(根据《现汉7》释义):

【狗】哺乳动物，嗅觉和听觉都很灵敏，舌长而薄，可散热，毛有黄、白、黑等颜色。是人类最早驯化的家畜，种类很多，有的可以训练成警犬，有的用来帮助打猎、牧羊等。也叫犬。

【猫】❶哺乳动物，面部略圆，躯干长，耳壳短小，眼大，瞳孔大小随光线强弱而变化，四肢较短，掌部有肉垫，行动敏捷，善跳跃，能捕鼠，毛柔软，有黑、白、黄、灰褐等色。❷蹲；蹲伏。指闲待或躲藏：～冬｜～在家里不敢出来。①

【乌鸦】鸟，嘴大而直，全身羽毛黑色，翅膀有绿光。多群居在树林中或田野间，以谷物、果实、昆虫等为食物。有的地区叫老鸹、老鸦。

【火烈鸟】鸟，外形像鹤，嘴弯曲，颈部很长，羽毛白色微红，趾间有蹼。以鱼、蛤蜊、昆虫和水草为食物。多产在地中海沿岸。

分析如下：

【狗】D1. 类属特征维度：哺乳动物

　　D2. 体貌特征(个性化)维度：舌长而薄 and 舌可散热

　　D3. 体貌特征(颜色)维度：黄 or 白 or 黑

　　D4. 能力特征维度：嗅觉灵敏 and 听觉灵敏

　　D5. 功能特征维度：打猎 or 牧羊 or 警用

　　D6. 别名特征维度：犬

【猫】D1. 类属特征维度：哺乳动物

　　D2. 体貌特征(个性化)维度：脸圆 and 躯干长 and 四肢较短 and 耳壳短小 and 眼大 and 瞳孔大小可变化(条件：光线强弱) and 掌部有肉垫 and 毛柔软

　　D3. 体貌特征(颜色)维度：黑 or 白 or 黄 or 灰褐

　　D4. 能力特征维度：行动敏捷 and 善跳跃

　　D5. 功能特征维度：捕鼠

【乌鸦】D1. 类属特征维度：鸟

---

① 此处暂时只分析义项①。

D2. 体貌特征(个性化)维度：嘴大而直 and 翅膀有绿光

D3. 体貌特征(颜色)维度：黑

D4. 栖居地特征维度：树林中 or 田野间

D5. 食物特征维度：谷物 and 果实 and 昆虫

D6. 别名特征维度：老鸹 and 老鸦

【火烈鸟】D1. 类属特征维度：鸟

D2. 体貌特征(个性化)维度：外形像鹤 and 嘴弯曲 and 颈部很长 and 趾间有蹼

D3. 体貌特征(颜色)维度：白色微红

D4. 栖居地特征维度：地中海沿岸

D5. 食物特征维度：鱼 and 蛤蜊 and 昆虫 and 水草

这是以词典释义为维度对义位进行的词义描写。可以看出，不同类型的词，词典所关注的维度是有区别的。比如对"猫""狗"有功能特征维度的释义，对"乌鸦""火烈鸟"有栖居地和食物特征维度。不同词类的具体词义分析维度模式将在后文讨论。

(二)词义维度的取舍与权重

权威语文词典的释义是我们进行词义分析的主要依据，但是也不一定要完全照搬。词典释义的取舍可参考以下两种情况：

(1)有些方面的释义，对大多数同类词而言，并不具备区别性特征。比如，生物多样性决定，很多的动物都包括很多亚种。无论是"猫""狗"，还是"乌鸦""火烈鸟"，所包含的种类很多。但是词典中唯有"狗"的释义有"种类很多"这个成分，我们认为这个成分不是"狗"的区别性特征，所以不予采用。

(2)词的意义会随着社会的变迁而产生变化，所以词典的释义也需要不断修正。比如"狗"的释义有"是人类最早驯化的家畜"这一项。中华人民共和国农业农村部 2020 年 4 月 8 日发布"关于《国家畜禽遗传资源目录》公开征求意见的通知"①，该通知的说明附件中指出"随着人类文明进步和公众对动物保护的关注及偏爱，狗已从传统家畜特化为伴侣动物，国际上普遍不作为畜禽，我国不宜列入畜禽管理"。因此我们在"狗"的词义描写维度中舍弃关于"家畜"的相关解释。

词义的区别性特征和非区别性特征是相对的，其他事物也一样。例如，我们比较"猫"和"鸟"的时候，"哺乳动物"就是一个区别性特征，而比较"猫"和"狗"的时候，它就是非区别性特征；"颜色"对"乌鸦"和"火烈鸟"而言是一个区别性特征，而对"乌鸦"和"八哥"而言则不是。区别性特征具有更大的权重，但是我们在分析时并不宜直接给每个特征权重赋值，而只区分不同的特征维度，在具体的计算应用中，可根据应用的目的和领域来决定权重的赋值。

在人类实际使用语言的过程中，一个词的词义是作为一个笼统的、模糊的整体对象来对待的②，并不会将它分解为不同的特征。而对计算机而言，我们则需要尽可能全面地描写词义的各个特征，以适应不同的应用场合。

最后，虽然特征是无穷的，但是在描写和运用的时候需要有所取舍。即使为了满足各种计算场合的应用要求而对在作为计算资源的词义数据库中的词进行了完善的描写，在实际计算应用中也不可能全部用到。因为在人工智能的机器学习算法中，数据的特征一般被表示为向量空间的一个维度。随着维数的增加，计算量会呈指数倍增，太多的维度会导致维数灾难（Curse of Dimensionality），而且，维度过多还会产生数据噪音，影响拟合的效果，降低计算模型的泛化能力，因此需要降维。在具体的计算场合，数据的不同维度具有不同的权重，权重高的维度显然会得到优先应用。

---

　　① 　见中华人民共和国农业农村部官方网站 http：//www. moa. gov. cn/hd/zqyj/202004/t20200408_6341067. htm。

　　② 　在言语中，实际上只是使用了词的一个义项。但是在形式上（包括语音和书写形式），它依然以一个整体的符号形象出现。从词义的层面，这里所指的是词的一个义项。

三、词义特征维度的函数表示

根据以上分析，我们可以从符号计算的角度对词义及其类型作出新的定义。

词义的不同类型是词在意义空间某个维度上的一个特征函数，可表示为 $f(x)$。任何一个特征都是由特征属性和特征值构成的，比如"乌鸦"的黑色特征和"火烈鸟"的红色特征，属于同一种属性的特征，即"颜色"属性，特征值一个是"黑色"，一个是"红色"。

在表示为函数的时候，f 是具体的函数名，代表的是特征的属性维度，x 为该函数的变量，可以取不同的值。比如，词义函数 C(黑)①代表"乌鸦"的颜色特征，C(红)代表"火烈鸟"的颜色特征。对不同的词义函数而言，变量 x 的取值类型不同。有的是一个数(据)，有的是数组，有的是一个逻辑表达式。比如上面的颜色函数 C 中，"乌鸦"和"火烈鸟"的词义颜色函数变量 x 取值是一个数，而"银环蛇"的颜色属性是"白黑相间"的，所以它的词义颜色函数变量 x 取值是一个逻辑表达式(黑∧白)。"笔"的意义中包含"用于写字和画画"，这个语义特征说明的是"笔"的词义的功能维度函数名称为 F，变量 x 则是一个数(据)组(写字，画画)，整个函数表示为：F(写字，画画)。

在数学中，不同函数类型代表不同的算法，比如一元一次函数 $f(x) = kx+b$（k、b 是常数，$k \neq 0$），二元一次函数 $f(x, y) = kx+by$（k、b 是常数，$k \neq 0$）。上面所举词义函数"颜色""功能"的例子，类似于一元函数。在表示动词词义的时候，往往涉及"施事"和"受事"这两个特征。比如"吃"，施事是"人或动物"，受事是"食物"，我们可以表示为两个一元函数 A(人∨动物)、P(食物)，也可以表示为一个二元函数 APS(人∨动物：食物)。②

---

① 函数名称 C 代表"颜色"。数学中常用小写字母表示函数名称，比如 sin，log 等。本书为了方便表述，一律用大写字母。

② 函数名称 A 代表"施事"，P 代表"受事"，APS 代表"施受结构"。具体的符号体系将在下文"词义基因描写的元语言系统"部分统一定义。

一个词的词义所包含的特征是很复杂的，往往涉及多个维度。因此，我们可以进一步把词义定义为词在意义空间中各个维度的特征函数集，可表示为一个方程式：$S=\{f_1, f_2, f_3, \cdots\cdots f_n\}$。这只是一个粗略的模型，事实上，词的各个特征之间不完全是简单的组合，很多情况下，多个特征之间还存在各种语义逻辑关系，这些关系也是需要描写的。而且，不同的词类，其语义结构模式是不一样的。因此，词义方程式会有若干的变体。

需要说明的是，按照语义特征维度的思路，把词义构成类型与构成成分表示为函数，知识表示的颗粒度比传统语言学的词义类型研究要细，有的语义类型可以表示为一个单个的函数，比如色彩意义、语体色彩等，有的意义类型包含多个特征维度，比如概念意义、文化意义、联想意义等，则需要分解为多个函数。本书在分析词义的时候不局限于某一种词义类型理论，而是博采众长，在综合各位学界前贤观点的基础上，尽可能全面地归纳词义的特征维度。

第三章 词义基因与词义计算描写元语言系统

第一节 语义研究的元语言思想

语言学中寻求用可控的语言单位对词汇系统甚至整个语言系统的意义进行解析的研究，除了结构主义学派的义素分析外，认知语言学和词典学的语义基元研究都属于语言学中的元语言研究。

一、语言研究中的元语言的理论

（一）什么是元语言

元语言（Metalanguage）概念源于现代逻辑哲学，是 20 世纪初以来人文社会科学中的重要关键词，在哲学、逻辑学、语言学、文学、艺术学、人工智能学科研究中广受关注。

《哲学大辞典》对它的定义为："元语言是用来研究和讲述对象语言的语言。与'对象语言'相对。对象语言是用来谈论外界对象的性质及其相互关系的语言，它的词汇主要包括指称外界对象的名称以及指称外界对象的性质和关系的谓词，是第一层次的语言。元语言是用来谈论对象语言的语言，它的词汇包括指称对象语言的名称以及指称对象性质的谓词（"真"或"假"），是比对象语言高一个层次的语言（冯契，2001：1879）。"

（二）元语言思想的逻辑哲学起源

元语言思想在哲学界有悠久的历史，其早期的萌芽可回溯到公元前 4
世纪的古希腊时期。柏拉图在探讨定义的性质时，认为"颜色是什么"之类
的问题有正确的和错误的两种回答。若对"颜色"这个词的构成方式进行回
答是不对的，而应该回答"颜色"指称什么。他把词项分成许多所指称的
"型式"，如动、静、异、同等，那么要定义的是这些型式和一些存在于许
多个别事物里的共同的性质。这实际上反映了柏拉图主张对词本身和它所
指称的概念或实体进行区分。中世纪唯心主义哲学家、逻辑学家波菲利
（Porphyry）提出了第一版名称和第二版名称的区别，前者是指称语言外实
体的名称，后者是指称其他名称的名称。另一个逻辑学家鲍依修斯
（Boethius）指出"第二版名称是语法家著作的某种特征，因为他说使用第二
版名称特别是同讨论第一版名称的形状联系在一起的"。这里所区分的层
次已经比柏拉图更进一步，明确语法学所使用的语言不同于指称实体的语
言，并且前者是用来讨论后者的。这已经很接近元语言和对象语言的区分
了。美国现代逻辑学家阿尔弗雷德·塔斯基（Alfred Tarski）在讨论语义性真
理概念的时候提到，他采用了中世纪的两个术语，即他指表词（suppositio
formalis）和自指表词，后者即语言指称本身，有此基础语言便可以自己谈
论自己了。由此可见，中世纪虽然还没有提出元语言的概念，但已产生了
这种思想实质（李子荣，2006：29）。

17 世纪早期，法国哲学家、数学家笛卡尔（René Descartes）创立了解
析几何，数学的方法不但可以用来进行哲学思考，而且可以用来研究几何
学。笛卡尔提出"通用语言"的构想，通过通用符号把数学和几何学联系起
来。同一时期，德国数学家、哲学家戈特弗里德·威廉·莱布尼茨
（Gottfried Wilhelm Leibniz）秉承笛卡尔的思想，提出数理逻辑理论设想，认
为"根据事物的数理和逻辑特征，可用简明而严密的数字、符号代表少数
初始概念，与组合规则一起构建'通用语言'，作为逻辑分析的工具，通过
它们来表述那些在有限逻辑系统中用语言不易表达的复杂概念，以消除现

有语言的局限性和不规则性"(蒲冬梅，2009)。

1921年，英国哲学家、数学家、逻辑学家伯特兰·阿瑟·威廉·罗素（Bertrand Arthur William Russell）在为维特根斯坦的著作《逻辑哲学论》所作的序中指出："每种语言都有一个结构，在那种语言里，对它是什么也不能说的，但是可以有另一种语言处理前一种语言的结构，且自身又有一种新的结构，语言的这种层次是无限的。"这里的"另一种语言"从涵义上看就是指元语言，并指出了元语言的层级在理论上是无穷的。罗素的理论被后人转述的时候，就很自然地以"元语言"概念来阐释了（李子荣，2006：32)。

(三)语言学研究中的元语言

从以上讨论可以看出，哲学家和逻辑学家在探讨元语言的时候，都不可避免地提到自然语言本身。自然语言是哲学、逻辑学、语言学共同的主要研究对象，元语言思想是哲学家和逻辑学家在以自然语言为工具讨论语言哲学和语言逻辑时陷入困境而提出的解决方案。可以说元语言理论从萌芽时起就是跟自然语言相辅相成的，是在跟自然语言相对照的基础上产生的。受哲学和逻辑学的影响，语言学研究无可避免地会关注元语言理论。

上文所引的《哲学大辞典》对元语言的定义中，也谈到了语言研究中的元语言："在研究语言的形式结构时以及逻辑演算中证明的语法有效性时，使用的是语法元语言；而在研究语言的意义或解释时，使用的是语义元语言(冯契，2001：1879)。"

诸多的语言学词典也都收录了"元语言"这一术语，具体如下。

R. R. K. 哈特曼（R. R. K. Hartmann 和 F. C. 斯托克（F. C. Stork）编的《语言与语言学词典》：

【Metalanguage(元语言，纯理语言)】指用来分析和描写另一种语言（被观察的语言）或目的语(Object Language)的语言或一套符号，如用来解释另一个词的词或外语教学中的本族语。可替换术语：second-order language(第二级语言)(Hartmann & Stork，1981：213)。[①]

---

① 该词典中 Metalanguage 还收有第二个义项：人工语言(Artificial Language)，此处不讨论该义项。

杰克·理查兹(Jack Richard)和约翰·普兰特(John Platt)等编的《朗曼语言学词典》：

【Meta-language(元语言，纯理语言)】用来分析和描述某种语言的语言，比如"在英语中，音位/b/是双浊塞音"这句话就是元语言，其意思是：发英语的/b/时要振动声带，并且用双唇阻塞发自肺部的气流(Richards & Jack，1993：204)。

大卫·克里斯特尔(David Crystal)编的《现代语言学词典》：

【Metalanguage(元语言)】语言学跟其他学科相似，也用此术语指用以描写研究对象(即"对象语言")的一种较高层次的语言——这里的研究对象是语言自身，即各种语言样品、语感等，它们构成我们的语言经验(Crystal，2000：221)。

王宗炎主编的《英汉应用语言学词典》：

【Meta-language(元语言)】指用以分析和描述语言的语言。例如 *In English，a sentence normally contains one independent clause with a finite verb.* 这个句子用语言来说明句子结构，其中有术语 independent clause，finite verb，都不是一般日常生活中的话，这就是元语言。"meta"是超越、高层的意思，meta-language 是高一层的语言(王宗炎，1988：232)。

还有其他各种语言学专业词典，它们对元语言的释义大致类同，这里就不一一列举了。

语言研究中所使用的元语言归纳起来有四种类型：

(1)自然语言本身。

这种情况一般用在双语词典编撰中。在双语词典中，我们用 A 语言去解释 B 语言，A 语言是元语言，B 语言是对象语言。这个时候所使用的 A 语言大部分就是自然语言。

(2)自然语言和元语言的混合。

这种情况最普遍，主要用在语言学的研究和词典的编撰中。这种混合语言采用自然语言的语法结构，但是其中会大量地使用到语言学术语，这些术语属于语言学的专业元语言。比如："音位""音节"，"词根""词干"

"词缀""单纯词""复合词""名词""动词""形容词"，"主语""谓语""宾语""单句""复句"，"义位""义素""施事""受事""配价""依存"，等等。这一类术语一般用于语言学研究与语言教学中，在其他的交际场合一般很少使用。还有一类术语是语言学直接从通用词汇系统里借鉴的，比如"否定""肯定""祈使""转折""范畴""焦点"等，这类术语在语言学中有其特定的学科内涵，也属于常用的语言学专业元语言。词典编撰中常用一些缩写形式来表示这些术语，比如英语词典中的 *adj.*、*v.*、*prep.*、*n.*，汉语词典中的 形、动、名、介（分别表示形容词、动词、名词、介词）等缩写符号，也是词典学元语言的一部分。需要说明的是，有些双语词典是由单语词典全文翻译为另一种语言的，其中也会大量使用这些元语言。

除了这些术语缩写符号外，有些学者还引用了一些特定的符号，比如义素分析中常用到的符号"[ ]（表示一个义素的边界）""+（表示义位具有某个义素）""−（表示义位不具有某个义素）"，以及贾彦德先生另创的一套分析符号，如"x（表示动作、行为、运动、变化）""fa（表示方式）""↑、↓（表示它们标的对象的不同是由比较而来的，其中↑趋向强，↓趋向弱）""→（表示行为、动作的趋向或顺的关系）"等。

（3）直接借用数学和逻辑学的元语言系统。

这种情况在数理语言学、计量语言学、形式句法学、逻辑语义学研究中普遍使用。[①] 跟第 1、2 类元语言不同，数学和逻辑学的元语言系统是人工语言，有自己独特的、完全不同于自然语言的语法和词汇系统。例如：

计量语言学中的计算定律。例如，Piotrowski-Altmann 定律：语言的所有变化都可归结为新、旧形式相互作用的结果。用数学公式可表示为：

$$\mathrm{d}p_t = k_t p_t (\mathrm{C} - p_t) \mathrm{d}_t$$

其中 p_t 表示新形式所占的比，k_t 是时间函数或常量，C 是产生变化的区间，t 表示时间（$t > 0$），$\mathrm{d}p_t$ 为比例的变化（刘海涛、黄伟，2012）。

---

① 计量语言学、形式句法学、逻辑语义学各有其侧重点，早期都纳入数理语言学的研究范围，现在又逐渐分开。

①形式句法中对句法规则的描写。例如，一个基本的汉语句子可以用以下规则来描写其结构：

I. Sentence→NP+VP

II. NP→N

III. VP→V+NP

IV. N→{牛，草，水……}

V. V→{吃，喝，买……}

其中 Sentence 表示句子，NP 表示名词短语，VP 表示动词短语，N 表示名词，V 表示动词(石定栩，2002：17)。

②形式语义学中对句子意义的描写。例如如下两个句子：

A. A dog runs.

B. Everydog runs.

它们的语义可描写为：

A'. $\exists u[\text{dog}' * (u) \wedge \text{run}' * (u)]$(表示存在某只狗，并且它在奔跑)

B'. $\forall u[\text{dog}' * (u) \rightarrow \text{run}' * (u)]$(表示所有的狗都奔跑)(张韧弦、刘乃实，2004)

(4)自然语言处理中，有些学者专门设计了面向计算处理的语义和语法的元语言系统。比如，黄曾阳先生创立的概念层次网络(HNC)理论所使用的符号系统是其中最有代表性的一种：

①HNC 理论中概念空间的四层级符号表示体系

HNC1：概念基元表示式

CESE：：=CP：(ICPl，BCP2；ICP2，BCP2…)

ICP⌢m//n，ekm//ekn，cmn//dmn，−0

BCP⌢t=x，\ k=x，i=3//7

HNC2：语句表示式

SC=GBKl+EK+GBKm(m=2-4)

SCR=SC+fKm

HNC3：语境单元表示式

SGUN =（DOM；SIT；BACE；BACA）

SGUD =（8y│；SIT；BACE；BACA）

$\qquad$ SIT = SCD（A，B，C）

HNC4：语境表示式

ABS =（BCN//BCD；XYN，XYD，PT，RS；BACEm；BACAm）

（晋耀红，2010）

②HNC 句子类型表示式①

基本作用句：XJ = A+X+B

基本过程句：PJ = PB+P

基本状态句：SJ = SB+S

一般转移句：T0J = TA+TO+TB+TC

一般效应句：Y0J = YB+Y+YC

作用效应句：XYJ = A+XY+B+YC，YC =（E）+EC

基本主从关系句：Rml0J = RBl+Rm10+RB2

简明判断句：D1J = DBC+Dl

一般反应句：X2B+X2+XBC

主动反应句：X2A+X21+XBC

信息转移句：TA+T3+TB+T3C（司联合，2003；苗传江，2006；蒋严、苗传江等，2013）

　　在语言哲学和逻辑哲学的影响下，结合语言学自身研究的需要，语言学家们也对元语言开展了多视角研究。然而，语言学界尚未完成自己独立的元语言系统的建构，有学者指出"自塔尔斯基和卡尔纳普提出元语言理论以来，元语言一直是逻辑学和哲学研究的婢女。语言学界虽然借用元语

---

　　① HNC 理论中，归纳出句子的语义结构类型（简称句类）共有 57 种，此处仅列出一部分。

言概念，但未脱逻辑学的藩篱，既未从语言学的立场对元语言进行独立的系统的研究，更未从学科建设的高度认真探讨元语言学的系统建构，结果只能是人云亦云"（安华林，2005）。国内外学者意识到了这个问题，尝试从学科的高度建设语言学自己的元语言体系。比如，南京大学李葆嘉（2002）先生指出："从语言学立场出发探索元语言，势必形成逻辑学元语言和语言学元语言的分野。语言学的元语言是对象语的解释性符号系统，与之相对的对象语可以是语言系统，也可以是同一系统的部分语符。依据所处语言层面和应用功能，存在词汇元语言、释义元语言和语义元语言三种。"他提出了汉语元语言系统建构的理论框架和研究方法，并开展了一系列的理论与实践研究。

二、自然语义元语言理论

跟结构主义语言学的义素分析法探索词义内部构成的方法不同，自然语义元语言（Natural Semantic Metalanguage，简称 NSM）理论致力于寻找自然语言交际中最基本的概念集，以期通过这些概念来表达整个自然语言的语义，表达这些基本概念的成分被称为语义基元（Semantic Primitives）。从本质上讲，这些被称为"语义基元"的元语言，既不是语义学专门的术语，也不是其他人工语言，其本身的形式就是自然语言符号系统的一部分。

虽然有不少学者把这一类的研究也归结为原子主义哲学思想，将其纳入"新结构主义"，但是事实上，从理论渊源来讲，自然语义元语言理论秉承了莫斯科语义学派的博古斯拉夫斯基（Игорь Михайлович Богуславский）的普遍成分语义理论和苏联学者朱可夫斯基（А. К. Жуковский）的语义原语理论。其基本哲学的思想并不属于结构主义（邱雪玫、李葆嘉，2016）。

（一）自然语义元语言理论的提出

自然语义元语言理论是 20 世纪后半叶波兰语义学派创始人安娜·威尔兹彼卡（Anna Wierzbicka）提出来的，"是当代语义学研究的一种新范式，具有理性主义哲学基础"（李炯英，2011）。

因为自然语言语义的主观性、复杂性，人们在交流的时候，往往无法知道说者与听者之间表达同样思想的时候是否会用同样的语词，尤其是在跨文化、跨语言研究中，由于语言符号意义的不等值以及不同文化因素的影响，这一问题尤为突出。如何正确分析人类认知、交往以及文化的意义仍是现代语言学家所面临的难题。20 世纪 60 至 70 年代安娜·威尔兹彼卡在跨文化比较不同语言的认知模式的研究中意识到了这个问题的重要性，开始尝试对意义确定、互通的语词及其组合规则进行研究，以便探索对对象语言进行描写的通用方法(蒲冬梅，2009)，从而提出自然语义元语言理论思想。

安娜·威尔兹彼卡认为，语言源自思维，不同语言的使用者用不同的概念范畴来进行思考，这些概念范畴在不同语言中往往无法完全匹配。但是，大部分概念可以用词汇来表达，否则交际就难以进行。概念是依附于语言的，不同语言的特征可以通过概念的差异得以体现。语义能影响思维方式，因此描写语义不得不考虑语言与人脑的关系。语义既是对客观现实的反映，也跟主观认知密不可分，是主、客观世界互动的产物。从这个角度看，自然语义元语言理论更符合"认知语言学"的特点(李炯英、李葆嘉，2007)。

(二)自然语义元语言理论的基本内容

NSM 理论的基本观点认为，在分析和解释语义过程中，对语义复杂的词应尽量用意义简单的基元来描述。这些语义基元(Semantic Primitives)难以界定，它们单独地构成一套微语言(Mini-language)，具有跟自然语言相同的解释力和表达力。要克服释义不准确、模糊性、循环释义等问题，唯一的途径是寻求适合所有语言的、可表达最简意义的语义共核(李炯英、李葆嘉，2007)。

安娜·威尔兹彼卡认为，对任何一种自然语言进行深入分析，都可找出其语义基元，因为基元对人类认知的基本概念具有普适性，在任何特定语言中都可得到体现。可以用于解释和定义其他词的意义的元素，其自身不可被定义，它们只能被当作语义基元(Wierzbicka，1996：10)。她指出：

不可定义的词存在于任何语言的语文词典中，它们自成体系，数量不多，其基本功能是用来作为其他词的定义原语。不同语言中，这些不可定义的词各有差异，但可以相互对应，它们的语义等价，可被视为"普遍词汇"（苏新春，2003）。基于这种普遍词汇的思想，安娜·威尔兹彼卡最初提取了 14 个非任意性的普遍语义基元，分别是：

I（我）、YOU（你）、SOMEONE（某人）、SOMETHING（某事）、PART（部分）、LIVE（活）、THIS（这）、SAY（说）、GOOD（好）、HAPPEN（发生）、WANT（想要）、FEEL（感觉）、NOT（否）、IMAGINE（想象）（Wierzbicka，1972）。

这些基元也被称为"概念基元"（Conceptual Primes），是可用于释义的最简词汇（Wierzbicka，2004）。它们可以是词或者短语成分（Phraseme）、粘着语素（Bound Morpheme）等其他语言形式。语义基元作为语义分析描写的元语言工具，具有普适性（Universality）、不可定义性（Indefinability）和可验证性（Testability）等特点（李炯英，2005）。

后来，经过 NSM 理论历代研究者们的不懈努力，这个基元集逐渐扩大，现在已经达到 60 多个，形成一套语义分析工具，为多种语言中的词、语法结构以及文化脚本建立"化简释义（Reductive Paraphrase）"的描写框架（李炯英、刘鹏辉、丁洁，2014）。这些基元列举如下。

（1）Substantives（实体词）：I（我）、YOU（你）、SOMEBODY/PERSON（某人/个人）、PEOPLE（人）。

（2）Relational Substantives（关系实体词）：SOMETHING/THING（某事/事物）、BODY（躯体）、KIND（种类）、PART（部分）。

（3）Determiners（限定词）：THIS（这）、THE SAME（同一个）、OTHER（其他）。

（4）Quantifiers（数量词）：ONE（一）、TWO（二）、SOME（一些）、ALL（所有）、MANY/MUCH（很多）。

（5）Evaluators（评价词）：GOOD（好）、BAD（坏）。

（6）Descriptors（描写词）：BIG（大）、SMALL（小）。

（7）Mental/Experiential Predicates（心理/体验谓词）：THINK（思考）、KNOW（知道）、WANT（想要）、FEEL（感觉）、SEE（看到）、HEAR（听到）。

（8）Speech（言语词）：SAY（说）、WORDS（话语）、TRUE（真）。

（9）Actions & Events（行动和事件）：DO（做）、HAPPEN（发生）、MOVE（移动）。

（10）Existence & Possession（存在和拥有）：THERE IS/EXIST（有/存在）、HAVE（拥有）。

（11）Life & Death（生与死）：LIVE（生）、DIE（死）。

（12）Time（时间）：WHEN/TIME（何时/时间）、NOW（现在）、BEFORE（从前）、AFTER（以后）、A LONG TIME（长时间）、A SHORT TIME（短时间）、FOR SOME TIME（一段时间）、MOMENT（时刻）。

（13）Space（空间）：WHERE/PLACE（何处/地点）、HERE（这里）、ABOVE（上面）、BELOW（下面）、FAR（远）、NEAR（近）、SIDE（面）、INSIDE（里面）、TOUCHING/CONTACT（触及/接触）。

（14）Logical Concepts（逻辑概念）：NOT（否）、MAYBE（可能）、CAN（能）、BECAUSE（因为）、IF（假如）。

（15）Intensifier & Augmentor（强调词）：VERY（很）、MORE（更多）。

（16）Taxonomy & Partonomy（分类和结构）：KIND OF（……的种类）、PART OF（……的部分）。

（17）Similarity（相似性）：SIMILARITY（相似）、LIKE/WAY（像/方式）（Goddard & Wierzbicka，2002）。

归纳起来，自然语义元语言理论的主要观点可概括为："如果没有一套语义基元，就不能描述词汇的意义。复杂的、模棱两可的意义必须通过简单的、不解自明的意义来界定。这些不可界定的、意义简单的语义基元构成了一套微型语言（mini-language），但与完整的自然语言具有相同的表达能力和解释能力。为了克服释义过程中的循环性、模糊性和不准确性等问题，唯一的办法就是寻找出在各种语言中均能表达最简单意义的义核（李炯英，2006）。"

三、概念语义学中的语义基元

跟安娜·威尔兹彼卡同年代的美国认知语言学家雷·杰肯道夫（Ray Jackendoff）也从概念认知出发，提出了语义基元（Semantic Primitives）的理论。雷·杰肯道夫是最早（20 世纪 80 年代）考察语言的意义与客观世界的认知关系的语言学家之一（Jackendoff，1983）。其后，其讨论进一步扩大到了语义、语法和世界的认知关系。以生成语言学的基本思想为基础，他提出"概念语义学"（Conceptual Semantics）理论，"概念语义学"以空间概念和认知研究为基础，成为一个独立的语法学派（Jackendoff，1997）。

概念语义学建立在概念结构和空间结构的基础上，概念结构由语义基元构成，语义基元是人脑内在天生的，它们按一定的规则构成概念结构，再投射到句子中生成句法结构，所有意义都能在概念结构中体现，但是只选择性地投射在句法结构中（刘晓林，2006）。比如，动词 leave（离开）可分解为两个语义基元：GO（走）和 OUT（出去），GO 在事件 leave 的概念结构中是一个基本的语义基元，OUT 则是 PATH（路径）基元。

雷·杰肯道夫认为语义基元就是表达无穷概念的有限的概念原成分（Primitives），他提出了一套概念范畴，包括 THING（事物）、EVENT（事件）、STATE（状态）、PLACE（地点）、ACTION（行为）、PATH（路径）、DIRECTION（方向）、PROPERTY（性质）、MANNER（方式）和 AMOUNT（数量）。这些概念范畴可以细化为具体的函数题元结构（Function Argument Organization），即动词和介词的内部概念结构。例如，事件范畴可以细化为函数 GO 和 STAY，而介词 to，from，away 则是路径范畴的典型例子。雷·杰肯道夫将概念分为五种范畴，分别可通过如下图式表示（Jackendoff，1990：43）：

(1) [PLACE]→[$_{Place}$PLACE-FUNCTION([THING])]

　　　　[地点]→[_(地点)地点函数([事物])]

(2)[PATH]→[_(Path)(TO，FROM，TOWARD，AWAY，VIA)([THING]

　　　　[PLACE])]

　　　　[路径]→[_(路径)(到，从，朝着，离开，经由)([事物][地点])]

(3)[EVENT]→[_(Event)GO([THING]，[PATH])]

　　　　　　　　[_(Event)STAY([THING]，[PLACE])]

　　　　[事件]→[_(事件)去([事物]，[路径])]

　　　　[_(事件)留([事物]，[地点])]

(4)[STATE]→[_(State)BE([THING]，[PLACE])]

　　　　[_(State)ORIENT([THING]，[PATH])]

　　　　[_(State)EXIT([THING]，[PATH])]

　　　　[状态]→[_(状态)存在([事物]，[地点])]

　　　　[_(状态)朝向([事物]，[路径])]

　　　　[_(状态)退出([事物]，[路径])]

(5)[EVENT]→[CAUSE([THING，EVENT]，[EVENT])]

　　　　[事件]→[致使([事物，事件]，[事件])](李炯英，2006；刘晓
林，2006)

　　这种思想跟我们在第二章中讨论的把词义看作词在意义空间不同维度的
特征函数是类似的。不同的是，我们将词义分解为若干个维度函数，雷·杰
肯道夫以概念为单位，一个概念的整体意义结构是一个函数。例如：

　　概念基元(1)PLACE(地点)的函数名为 PLACE-FUNCTION(地点函
数)，变量为 THING(事物)。比如，短语 on the desk(在桌上)是一个地点
函数，desk(桌子)是变量 THING 的具体取值，即论元，on(在……上面)
是功能算子。

　　概念基元(2)PATH(路径)可细分为 TO(去)、FROM(从)、TOWARD
(朝着)、AWAY(离开)、VIA(经由)五个函数，函数结构都一样，有两个
变量 THING(事物)、PLACE(地点)。比如，短语 from Wuhan to Beijing(从

武汉到北京)包含两个路径函数：$_{Path}$FROM 和$_{Path}$TO。第一个函数的变量 THING(事物)空缺，第二个变量 PLACE(地点)取值为 Wuhan(武汉)；第二个函数的变量 THING(事物)也空缺，第二个变量 PLACE(地点)取值为 Beijing(北京)。这个空缺的变量会在具体语境中补齐，比如谁或什么东西从武汉到北京，这个对象就是变量 THING 的取值。

概念基元(3)EVENT(事件)分两个子函数$_{Event}$GO 和$_{Event}$STAY，各有两个变量，分别为 THING(事物)、PATH(路径)和 THING(事物)、PLACE(地点)。比如，句子 The birds fly to the south(鸟飞去南方)包含$_{Event}$GO 函数，函项是$_{Event}$GO(fly)，第一个变量 THING(事物)取值为 bird(鸟)，第二个变量 PATH(路径)取值为 to the south(去南方)。这里 PATH 本身又可以表示为一个路径函数(即以函数作为变量)。

概念基元(5)也被定义为 EVENT(事件)函项为 CAUSE(致使)变量，带两个变量，第一个为 THING(事物)或者 EVENT(事件)，第二个为 EVENT(事件)。这个基元和第(3)个不同，虽然被定义为事件，但是这个是一个复合事件，其两个变量中都可包含其他事件。

这种方法可以用来分析词义。比如 drink(喝)可分析为：

$$Drink = [_{Event}CAUSE([THING]i, {}_{Event}GO([THING\ liquid]j, {}_{Path}TO([PLACE\ [N([THING\ mouth\ of]([THING]\ i))])])])] (Goddard, 1998:67)$$

这个语义结构式变量嵌套很复杂，阅读起来比较困难。大致可以翻译成自然语言：Drinking is an event in which something i causes liquid j to go into its own mouth.(喝水是一个事件，在该事件中，某物 i 致使液体 j 进入其自身口腔。)

可以看出，雷·杰肯道夫和安娜·威尔兹彼卡的语义基元研究是不一样的。虽然他们的研究都属于认知语言学的范畴，但是他们对语义基元的观察和研究视角并不相同。

安娜·威尔兹彼卡是为了寻求词义、语法和文化脚本普适性的描写框架，寻找语义基元共核来提高语言之间的可译性；雷·杰肯道夫则试图探求词义背后所隐藏的概念(李炯英，2006)。他认为，"语言所表达的思想是由一种叫作概念结构的认知机制所建构的。概念结构不是语言的一部分，而是思想的一部分"(Jackendoff，2002：123)。因此，"词项概念可以分解为数目有限的一组(最小的)元语言成分。这些元语言成分组成的概念本身又有内部结构。所谓词的内部结构就是动词和介词相应的原成分可派生出的概念短语"(程琪龙，1997)。他所说的语义基元其实是概念基元(Conceptual Primitives)。

二者也有共同的地方，表现在他们所讨论的某些语义基元可以在彼此的系统中得到印证(李炯英，2006)。如表 3.1 所示：

表 3.1　　　　　　自然语言元语言和概念语义学中的基元对应

安娜·威尔兹彼卡语义基元词	雷·杰肯道夫概念结构基元
DO/HAPPEN	$[_{\text{Event}}X]$(某事件)
THERE IS	$[_{\text{State}}BE]$(状态存在)
MOVE	$[_{\text{Event}}GO]$(事件去)
INSIDE	$[_{\text{Place}}IN]$(地点在……里面)

四、词典释义元语言

(一)词义研究中循环释义的困局

词义训释是中国传统训诂学的主要研究内容。王宁(1988)指出："我国古代的词义训释，就其训释方式看，分直训和义界两大类。直训是以单词训释单词，又分单训和互训两种。互训的被训词可以两两互易位置或辗转互易位置。"[①]

[①] 关于训释的方法，有多种不同的看法。如许威汉(1987：99)认为有三种：互训，推源，义界。此外，还有同训、递训等说法，直训和互训的关系也存在争议。本节仅讨论互训问题，不展开论述其他。

《说文解字》中互训的例子俯拾皆是，例如：

(1) 追，逐也；逐，追也。

继，续也；续，继也。

根，木株也；株，木根也。

销，铄金也；铄，销金也。

枯，槀也；槀，木枯也。

骇，惊也；惊，马骇也。

传统训诂学是把词义当作一个整体，用一个词直接去解释另一个词的词义，出现大量互训的情况自然难以避免，这种释义方法显然不利于对词义的理解。著名词典学家黄建华教授在《词典论》中阐述了词典释义的几条基本原则，其中第一条就是"避免循环互训"（黄建华，2001：84）。但是，这种现象在现代词典编撰中依然广泛存在。随便翻开一本权威的语文词典，循环释义的现象依然比比皆是。比如《现代汉语词典(第5版)》：

(2)【流行】动 广泛传布，**盛行**：~色丨~性感冒丨这首民歌在我们家乡很~。

【盛行】动 广泛**流行**：~一时。

(3)【工具】名①进行生产劳动时所使用的**器具**，如锯、刨、犁、锄。

【器具】名 用具；**工具**

【用具】名 日常生活、生产等所使用的**器具**：炊事~

如果说这词条在循环释义的时候还用到了其他的词句，几个词之间互相参照的话，能大致理解它们的意义，那么，像下面这样极端的例子就比较麻烦了：

（4）【似乎】副 仿佛；好像：他~了解了这个字的意思，但是又讲不出来。

　　【仿佛】①副 似乎；好像：他干起活儿来~不知道什么是疲倦。

　　【好像】②副 似乎；仿佛：他低着头不作声，~在想什么事。

　　这三个词的释义完全在转着圈地说车轱辘话，基本达不到释义的效果。对于需要借助词典理解词义的初级学习者，比如小学生或母语非汉语者，在对这三个词都没有认知的情况下，词典的这种释义显然会让他们无所适从。当然，词典编撰者也是在不断地修订释义的方法，在《现汉7》中，"好像"的第二个义项副词义已改为"表示不十分确定的判断或感觉"。

　　这种现象在各种语言的词典中是普遍的，并非汉语词典所独有。比如在词典界声名卓著的《牛津高阶英语学习词典》（*Oxford Advanced Learner's Dictionary of Current English*，下面简称《牛津》）、《朗文当代英语词典》（*Longman Dictionary of Contemporary English*，下面简称《朗文》）①中也是如此。例如：

（5）**anxious**：feeling anxiety；*worried*；uneasy

　　worry：be *anxious*（about sb., difficulties, the future, etc.）（《牛津》）

　　anxious：*worried* about something

　　worry：be *anxious*（《朗文》）

（6）**correct**：true；*right*；accurate

　　right：true or *correct*（《牛津》）

　　correct：having no mistakes＝*right*

　　right：true/*correct*（《朗文》）

　　跟汉语有所不同的是，英语有屈折变化。在释义的时候所用词形会有

---

① 在各种"世界最权威词典"的排列中，这两部词典一直高居榜首。

所改变(如"worry"和"worried"),但是它们还是属于同一个词位,因此也是循环释义。

由此可见,循环释义是语文词典的通病,是长期存在于词典学界和语言学界的困局。造成这一问题的根本原因是由语文词典的性质来决定的。语文词典是供人查阅,为语言学习和语言研究者提供参考之用的,它们的读者对象是人类,所以主要只能用一般人都能读懂的自然语言,并辅以少量的元语言符号来进行释义。在词典中,同一种自然语言既是表述的工具语言,也是被表述的对象语言。从逻辑学的角度看,这种释义方式明显存着缺陷,正如维特根斯坦在《逻辑哲学论》中所言:"任何命题都不能言说自身,因为表达命题的符号不能包含在这些符号自身之中。"(Wittgenstein,1985:35)巴黎符号学派语言学家阿尔吉达斯·朱利安·格雷马斯(Algirdas Julien Greimas)在《结构语义学》中从语言学的角度阐述过这个问题:"语义学为自己确定的目标是汇集必要而又足够的概念手段,以描写任何一种被视为表意集的自然语言,比如法语。这一描写所遇到的主要困难,人们已经看到,来自诸自然语言的特殊性。一般说来,对画作的描写可以理解为把绘画语言翻译成法语。但是,从同一个角度看,对法语的描写只能是把法语翻译成法语。如此,研究的对象就混同于该研究的工具,就像被告同时是预审法官一样。"(Greimas,2001:12-13)

如果说词典的循环释义方法对人类读者而言尚差强人意的话,那么在面对语义计算的时候就更加捉襟见肘了。建立机器词典或词汇语义知识库的目的,本来是为了通过以方便电脑计算的结构化数据的形式对词义进行形式化描写,以赋予电脑足够多的先验语言知识,从而实现电脑对非结构化的自然语言文本的自动理解。而假如词义先验知识本身用这种非结构化的自然语言来描写,这显然又陷入了另一个循环论证的逻辑怪圈。(胡惮,2011:70)

(二)释义元语言研究的来源与发展

那么,词义到底能不能定义?或者该如何科学地定义每一个词的词义呢?

17 世纪中期法国著名哲学家、逻辑学家安托万·阿尔诺（Antoine Arnauld）提出过一个悲观的论调：

> "要定义每一个词是不可能的，因为如果要定义一个词，则必须用其他词清楚地指出跟我们所要定义词相联系的概念。而如果我们希望进一步定义那些用来解释该词的词语，则我们仍然需要更多其他词，以此类推，以至无穷。最终我们不得不停留在一些不可定义的基元上（Robins，1997：30）。"

其实，安托万·阿尔诺在提出这个问题的时候，已经暗示了解决问题的思路，即追溯词义直至"不可定义的基元"。这个思想其实正是后来很多学者在语义研究和词典释义研究中所做的工作，成为词典释义元语言的主要研究对象。

国外释义元语言研究起步较早，从 20 世纪 20 年代末就已经开始了"基础词表"的定量研制和用限量词释义的语言教学词典的编纂实践。

1928 年，英国语言学家、教育家查尔斯·凯·奥格登（Charles Kay Ogden）和艾·阿·瑞恰兹（Ivor Armstrong Richards）提出基础英语（Basic English）词汇表，包含 850 个词，并于 1932 年出版《基础英语词典》（*The Basic Dictionary*），用这 850 个基础词解释了 20000 个英语单词。这是用限量词集作为词典释义基元词的最早尝试。

1935 年，迈克尔·韦斯特（Michael West）提出含有 1490 个词的"定义词表"（*Definition Vocabulary*），并与詹姆士·加雷斯·艾迪科特（James Gareth Endicott）合作编写出第一部英语教学词典《新方法英语词典》（*New Method English Dictionary*），用这 1490 个定义词解释了 24000 多个英语单词（安华林，2013）。

1978 年出版的第一版《朗文》只用了 2000 个基本词汇解释了 56000 多个义项，其后 1987 年、1995 年出版的第二版、第三版对这些释义词元做了细微调整。后来陆续出版的各版本一直有所调整和优化，但释义所用词元总数一直保持在 2000 个左右，堪称词典释义的典范。《朗文》的释义词表建立在迈克尔·韦斯特的《定义词表》基础之上，并与从英语国家语料库(*British National Corpus*)中提取的高频常用词表相对照，保持二者 85%以上的词词根一致(白丽芳，2006)。

1995 年版的《柯林斯 COBUILD 英语词典》(*COBUILD English Dictionary*)基于英语语料库(*The Bank of English*)编纂，也只采用了 2000 多个常用词元解释了 75000 个词条。

2000 年出版的《牛津》采用 3000 个基本释义词元。

2002 年出版的《麦克米伦高阶英语词典》(*Macmillan English Dictionary for Advanced Learners*)采用 2500 个基本释义词元。

目前，各大世界知名英语学习词典(包括《朗文》《牛津》《柯林斯》在内)都纷纷推出了自己的释义用词限量词表，成为当今词典编纂中的主流趋势(安华林，2005)。

在国内，汉语释义基元词的研究起步还不久，语言学界、词典学界、计算语言学界都开始关注这一问题，并从各个角度开展研究，目前也取得了丰硕的成果。但是，这些成果尚处于理论研究和统计分析阶段，没有实质性地应用在词典编纂实践中，到目前为止尚没有一本完全用释义基元词编纂的汉语词典。即便是最权威的《现代汉语词典》，解释 6 万余条字、词，所用释义词元仍多达 36000 多个(安华林，2005)。

国内最早的汉语释义基元词提取的系统性研究成果不是来自语言学界，而是由清华大学的计算机专家黄昌宁教授团队 1996 年完成的。他们将权威语文词典的文本输入电脑，通过统计模型来计算释义词与被释词之间的语义关系，得到一个汉语释义元语言集，包含 3857 个词。他们以《同义词词林》为唯一依据，对义类的分布进行调查并对统计结果进行评价(张津、黄昌宁，1997；苏新春，2003)。

李葆嘉(2002)等国内学者们在逐渐关注汉语元语言理论探讨的同时，也开始对汉语释义基元词进行艰苦细致的提取工作。

苏新春(2005)通过计量分析并跟《同义词词林》义类进行对比，提取了

4324 个汉语释义基元词。安华林(2005)通过多种词表对比以及释义验证等多道程序，最终确定 2878 个汉语释义基元词。

张津、黄昌宁的研究采用的是纯统计的方法，缺乏对语言事实深入的人工观察与分析，而且其义类划分所依据的《同义词词林》收词太过芜杂，精选程度不够，所以他们所得到的结果跟语言事实还存在着相当的距离。他们提取出来的很多词作为释义基元的资格尚需商榷，比如"板块学说""飞行半径""不变价格""保护贸易""法定人数""初等教育""报告文学""八国联军"等一大批词。因此，可以说，这项工作作为国内最早开展的释义元语言研究，其示范作用远远大于其实际应用价值。

苏新春和安华林的研究在统计的基础上更加关注对语言事实的研究，所提取的基元词更加具有说服力。但是，这些成果基本还停留在理论探讨和词元提取阶段，缺乏对每个释义基元词的音、形、义各方面的界定，因此还需要得到更大规模的释义验证才能检验其效度。至于将释义基元词全面用于汉语学习词典或语文词典编纂的实践以实现进一步的成果转化工作尚未真正起步(安华林，2013)。

第二节 中文信息处理中的意义基元研究

目前，国内在中文信息处理领域对语义进行原子主义的切分并进行形式化描写的研究，主要是黄曾阳先生创立的概念层次网络(Hierarchical Network of Concepts，简称 HNC)理论和董振东先生开发的知网(HowNet)，他们分别提出了"概念基元"和"义原"①的概念。

一、概念层次网络(HNC)理论中的意义基元与词义描写

(一)概念层次网络理论概要

HNC 理论以概念化、层次化、网络化的语义表达为基础，把人脑认知

---

① 在董振东先生的早期文献中也被称作"义元"。

结构分为局部和全局两类联想脉络，认为对联想脉络的表达是语言深层（即语言的语义层面）的根本问题。局部联想指词汇层面的联想，全局联想指语句及篇章层面的联想。HNC 理论的出发点就是运用两类联想脉络来帮助计算机理解自然语言（萧国政、胡惮，2007）。

HNC 理论已经为语言概念空间设计了一个四层级的数字符号体系：概念基元表示式、语句表示式、语境单元表示式和语境表示式，分别对应于自然语言中的词语和短语、语句和语义块、句群以及篇章（黄曾阳，2004）。通过这些表述体系，HNC 理论试图用有限的符号和规则表述无限的语言单位：用有限的概念基元表述无限的概念、用有限的句子类型表述无限的语句、用有限的语境单元表述无限的语境。而且，HNC 完整地构建和发现了这三个有限集：有限的概念基元约 20000 个，有限的句子类型有 57 种，有限的语境单元约 15000 种。概念基元形成层次化、网络化的系统，从高层到低层分为 18 个概念范畴、101 个概念群和 456 个概念树，这是 HNC 建立概念联想脉络的核心和基础（苗传江、刘智颖，2010）。作为为其他应用模块提供支持的基础资源，这些知识被纳入 HNC 系统的三个知识库中：概念知识库、词语知识库、常识及专用知识库（晋耀红，2010）。

HNC 词语知识库（语言知识库的主体）是 HNC 知识库的核心部分。该知识库对知识进行了提纲挈领式的表示，从概念和语言两个层面对语法、语义、语用和世界知识进行综合、抽象、提炼，对概念之间存在的关联关系有清晰的描述。它是用概念化、数字化的元语言系统对知识进行表示，而不是用自然语言描述自然语言（萧国政、胡惮，2007）。HNC 汉语词语知识库包含 20 多个知识项，除了概念类别、音调、义项总数、义项的使用频度等级、重叠形式、能否分离、相邻搭配等词汇的语义语法信息外，还包含句类知识（苗传江，2005）。

HNC 的句类是句子的语义类型，与句子的语法结构无关。HNC 发现，自然语言的语句有 57 种基本句类，并写出了它们的表示式。这 57 种基本句类是句子语义的基元类型，用它们的表示式及其组合可以描述任何语言的任何语句的语义结构。句类表示式由语义块构成，语义块是句子语义的下一级构成单位。不同的句类有不同的特点，称为句类知识。语义块、句类、句类表示式和句类知识是 HNC 建立的语句表述模式的基本概念(黄曾阳，1998；苗传江，2005)。

(二)概念层次网络理论中的概念基元与词义描写

HNC 理论以语义网络、概念五元组和概念组合结构来描写自然语言词汇层面的知识，其对概念的语义表达和形式描写的元语言系统分为以下几个方面(黄曾阳，1998：18-19)：

1. 概念五元组

用以描写抽象概念的类型特性。每个抽象概念都具有五个方面的类型特征，即动态、静态、属性、值和效应表达，表示为一个五元组(v、g、u、z、r)，也可称为抽象语言概念的形态或外在特征。

2. 概念矩阵

是五元组思想的自然推论。抽象概念的内涵和它的五元组分别构成慨念矩阵的行和列。这个术语主要是为了表述的方便，在提到某一类语义网络时可用"某行"或"某行到某行"来指称它们。

3. 概念分类

语言抽象概念可分为基本概念、基元概念、逻辑概念三个基本类别，分别表示为 j、φ、l。这三大类语言概念实际上就是三个超级语义网络。

4. 类别符号集

除上述 8 个符号外，还引入下列概念类别符号：

具有三大类抽象概念综合特征的抽象概念，表示为：s

语法概念，表示为：f、q、h

具体概念物和人，表示为：w、p

兼有抽象和具体双重特征的物性概念，表示为：x

这 15 个类别符号专门用于表述概念的类别特征，不能用于层次符号的变量表示。它们是概念类别的基元表示，其中的基元概念符号 φ 在具体表达时可以省去。由这些基元符号还可以构成各种复合型概念类别。

5. 层次符号集

表示某个概念在概念树上的节点所处的层次位置，分别用16进制的数字0~13表示，即：0、1、2、3、4、5、6、7、8、9、a、b、c、d。

6. 概念组合结构符号集

表示概念之间的组合关系，包括：

作用、效应，表示为：#、$

对象、内容，表示为：&、|

包含，表示为：——0…

挂靠结束，表示为：*

展开，表示为：+

偏正，表示为：/

主谓，表示为：‖

逻辑组合：

　　逻辑与，表示为：，

　　逻辑或，表示为：；

　　逻辑非，表示为：！

　　逻辑反，表示为：∧

　　一般逻辑组合，表示为：（，lm，）

7. 概念的一般表达式

∑｛类别符号串｝｛层次符号串｝｛组合结构符号｝｛类别符号串｝｛层次符号串｝

其中的"类别符号串"也叫"字母串"，用类别符号集的字母表示。五元组符号一定在其他类别符号的后面。"层次符号串"也叫"数字串"。字母串代表概念的类别特征，数字串代表概念的层次性内涵，组合结构符号代表复合概念的组合结构。

8. 层次符号串表达式：

层次符号串＝高层（∑中层底层）

层次符号串＝（本体层）（挂靠层）

通过这套元语言体系，我们可以表示汉语中每个词的意义，举例如下（唐兴全，2001）：

名词：业绩（r30a1）、楷模（jg737）、表率（jr737）、行为（gd0）、威望（rd001）、心思（g714）、表情（r714）、问题（gr53821）、力（g008）、会议（gc3959）、体积（xjz20-）、功能（r00）、客轮（pw22b）

名词（可计算性）：质量（jz51）、力量（gz00）、力度（z00）、公斤（zzj518）、速度（z10090）

动词：完成（v930a8）、思考（v810）、召开（v3959＋va01）、启程（vlll，v22b）、损耗（vz3b2）

名、动兼类词：成功（vg930a1）、竞争（gvb30）、胜利（rvb30）、发展（gv10a）

形容词/副词：非法（ua59）、重要（gu725）、非常（juu60c43）、完全（juu501）、陆续（juv008）、美丽（u51＋j831）、圆满（u30a）、深刻（（u811；u8108）＋ju60c44）、迅速（u1009c21）

动、形/副兼类词：坚定（vu72015）、完善（vu500511）

在对词义的认识和描写思路上，HNC 理论和雷·杰肯道夫的概念语义学类似，都是先定义概念基元，然后再用这些基元去描写词义。HNC 的元语言体系逻辑严密，形式化程度高，非常有利于计算处理。不足之处在于对人而言很难读懂，虽然其设计的初衷并不是面向人类读者的，但是词库建设毕竟需要人来处理和标注，复杂的形式化符号系统在人标注词义的时候很容易出错，出现问题很难发现和校对，因此词库的建设非常困难。

二、知网（HowNet）中的义原与词义描写

（一）知网理论概要

知网是一个以汉语和英语中的词语所代表的概念为描述对象，以揭示

概念与概念之间以及概念所具有的属性之间的关系为基本内容的常识知识库。知网的基本哲学思想为："世界上一切事物（物质的和精神的）都在特定的时间和空间内不停地运动和变化。它们通常是从一种状态变化到另一种状态，并通常由其属性值的改变来体现。任何一个事物都一定包含着多种属性，事物之间的异或同是由属性决定的，没有了属性就没有了事物（董振东、董强，1998）。"

知网的目标定位是为知识的自动处理建立一个可计算的常识知识库，其出发点不是要解决语言本身的问题。虽然董振东先生一再声明知网是一个知识库而不是一部语义/义类词典，但计算语言学界普遍把它当作国内最早的大规模可计算的汉语词汇语义知识库系统（胡惮，2014：34）。毫无疑问，知识是以概念为核心载体的，要描述知识，就必须描述这些概念、概念的属性、概念属性之间的关系以及概念与概念之间的关系。人类常识知识中的概念大多是以自然语言来表示的，因此，知网的概念描述就跟语言学中的语义分析与描写密不可分。

跟其他的词汇知识库不同，知网作为一个知识系统，其中的知识节点不是树状而是网状的。"它所着力要反映的是概念的共性和个性，例如：对于'医生'和'患者'，'人'是他们的共性。知网在主要特性文件中描述了'人'所具有的共性，那么'医生'的个性是他是'医治'的施事，而'患者'的个性是他是'患病'的经验者。同时知网还着力要反映概念之间和概念的属性之间的各种关系。知网把下面的一种知识网络体系明确地教给了计算机进而使知识对计算机而言是可操作的（董振东、董强，1998）。"例如跟"医治"事件相关的知识网络（见图 3.1）。

概念之间的关系错综复杂，知网将关系分为两大类别：概念与概念之间的关系和概念的属性与属性之间的关系。先确定七类顶层概念：万物（其中包括物质的和精神的两类）、部件、属性、时间、空间、属性值、事件，分别建立每一类中的概念的关系，以及建立七类顶层概念之间的关系。知网共定义和描写了 16 种关系：上下位关系、同义关系、反义关系、对义关系、部件-整体关系、属性-宿主关系、材料-成品关系、施事/经验

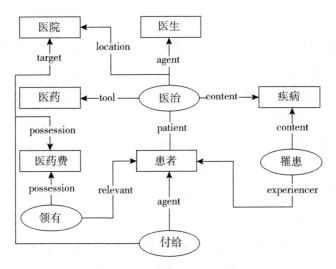

图 3.1　知网描述的知识网络

者/关系主体-事件关系、受事/内容/领属物等-事件关系、工具-事件关系、场所-事件关系、时间-事件关系、值-属性关系、实体-值关系、事件-角色关系、相关关系（董振东、董强，1998；董振东、董强、郝长伶，2007）。

　　事件是知网中的重要概念，"知网对于事件类的分类特别看重，这是因为在客观上事件是世界的核心。事件概念的分类是知网架构的支点"（董振东、董强，1998）。知识网络的描写一般以事件为核心，围绕某个事件概念，描写跟事件相关的各概念之间的关系，从而形成概念的知识网络。

　　知网中的事件概念分两类：

　　1. 静态事件

　　静态事件再分为两类：①表示关系的静态事件。例如，"有"和"无"是表述领属关系的静态事件，"在"、"方式动词+在"（如"放在"）、"方式动词+着"（如"戴着"）是表示位置关系的静态事件，"朝""向"是表示方向关系的静态事件。②表示事物状态的静态事件。例如，"生""死""病""烂"是表示事物物理状态的静态事件，"高兴""激动""忧伤""愤怒"是表示动物情感状态的静态事件；"知道""理解""迷惑""上当"是表示人类认知状态的静态事件。

2. 动态事件

动态事件是指表示动作行为的事件，动态事件的核心是体现"改变"，所有的动作和行为离不开一个"变"字。相应地，动态事件也分两类：①改变静态中的关系的动态事件，例如，"奔跑""飞行""迁徙""发射"是改变事物位置和方向关系的动作或行为；"买""卖""转让""侵占"是改变事物领属关系的动作或行为。②改变静态中的状态的动态事件，例如，"打破""修复""杀害""生养"是改变事物物理状态的动作或行为；"激怒""安慰"是改变动物心理状态的动作或行为，"教导""启发""欺骗"是改变人的认知状态的动作或行为。

知网描写的事件共有 812 类(涵盖中文词条 27686 条，英文词条 21753 条)，其中"事件"本身是最高类别，其他 811 类再分为：静态事件 215 类，其中表关系的 52 类，表状态的 163 类。动态事件 596 类，其中表关系改变的 222 类，表状态改变的 336 类，"泛动"事件 38 类。所谓"泛动"事件，是指那些只是表示"行动"，但是不能明确体现关系或状态改变的事件，比如"试验""搞""做""改变"等。事件描写中使用的语义角色共达到 90 种。(董振东、董强、郝长伶，2007；李福印，2015)。

知网的整体知识架构体系如图 3.2 所示(徐晨霞，2008)：

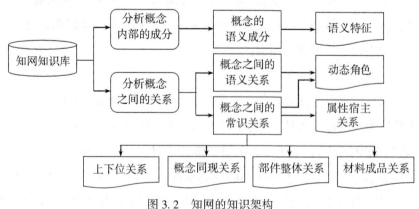

图 3.2 知网的知识架构

(二) 知网中的义原

1. 什么是"义原"

对于"义原"的定义，董振东先生是这么描述的："什么是义原，跟什么是词一样的难以定义。但是也跟词一样并不因为它难于定义人们就无法把握和利用它们。大体上说，义原是最基本的、不易于再分割的意义的最小单位（董振东、董强，1998）。"例如，对概念"男人"用"human｜人，family｜家，male｜男"三个义原加以描写。

假定所有概念都可被分解为义原，义原的集合数量是有限，而它们通过组合得到的概念集合则是无限。知网就是用有限的义原集合来描写所有的概念。

2. 义原的分类与结构体系

目前，知网一共采用了 2540 个义原。根据义原在概念描写中所起的作用，它们被分为三大类、十个小类：

第一大类：基本义原

①Event｜事件

②Entity｜实体

③attribute｜属性值

④aValue｜属性值

⑤quantity｜数量

⑥qValue｜数量值

⑦SecondaryFeature｜次要特征

第二大类：语法义原

⑧syntax｜语法

第三大类：关系义原

⑨EventRole｜动态角色

⑩EventFeatures｜动态属性

义原不是孤立的，它们相互之间也存在复杂的关系。知网中一共描述了八种义原关系，通过这些关系，将义原联系在一起构成一个复杂的网状结构。这些关系中，最重要的上下位关系。根据义原的上下位关系，所有的"基本义原"组成了一个义原层次体系的树状结构（肖志军、冯广丽，2013）。如图 3.3、图 3.4 所示：

图 3.3　"实体"义原结构树（部分）　　图 3.4　"事件"义原结构树（部分）

（三）知网元语言系统中的符号体系[①]

除了义原，知网还使用了一套符号体系来描写概念与词义知识。

（1）词类符号：用以标明词语或义原的词性或形式类别。

N：名词

V：动词

ADJ：形容词

ADV：副词

NUM：数词

CLAS：量词

PREP：介词

CLASP：数量短语

PREFIX：前缀

SUFFIX：后缀

(2)边界符号：用来标记一个描写单位的前后边界。

①( )：义原边界符，表示其中放置的是一个或一组义原。例如(rescue｜救助)、(alter｜改变)、(Human｜人，Family｜家)等。

②< >：泛义义原边界符，表示放置的是没有具体所指对象的一类泛义义原，这些义原标记仅出现于信息结构中，它们没有相对应的具体词语。例如，结构式｛(事情)[受事]<-- <事件，行动，从事>｝表示义原"事情"是"事件""行动"和"从事"等泛义义原的受事，至于这些"事件""行动"和"从事"具体是指什么则没有明确规定。

③[ ]：属性边界符，表示其中放置的是动态角色和属性标记。例如[修饰]、[占有物]、[来源]、[工具]等。

④｛ ｝：概念定义成分边界符，每一个完整的概念都必须用一对大括号括起来。左括号表示对一个概念描写的开始，右括号表示对一个概念描写的结束，其中放置有多重套叠关系的词语或义原。嵌套关系用来表示概念与概念以及概念的属性与属性之间的层次和修饰关系。例如，"洗衣机"的概念描写为 DEF =｛tool｜用具：｛wash｜洗涤：instrument =｛~｝，patient =｛clothing｜衣物｝｝，成语"祸国殃民"的概念描写为 DEF =｛damage｜损害：patient =｛human｜人：quantity =｛mass｜众｝｛place｜地方：PlaceSect =｛country｜国家｝，domain =｛politics｜政｝｝｝。

⑤" "：专有名词分界符，表示其中放置的是国家名、地名、教派名等专有名词。只用于知网 Taxonomy(语义分类体系)中的 ProperNoun(专有名词)部分。例如，"华北"的概念描写 DEF =｛place｜地方：belong ="China｜中国"，modifier =｛ProperName｜专｝｝，"佛教"的概念描写 DEF =

｛community｜团体：belong＝"Buddhism｜佛教"，domain＝｛religion｜宗教｝｝

（3）信息结构符号：用来表示概念与概念之间或词语与义原之间的各种语义信息关系。

①逗号,：属性或关系分隔符。当一个概念具有多个属性或者关系时，使用逗号来区分各个不同的属性或关系。当对一种属性或关系进行的描写结束时，使用逗号表示这种结束。例如，在短语"打翻身仗"的概念描写表达式 DEF＝｛alter｜改变：StateFin＝｛succeed｜成功｝，StateIni＝｛fail｜失败｝｝中，逗号表示对于关系 StateFin 描写的结束；在"花架子"的概念描写表达式 DEF＝｛Appearance｜外观：host＝｛human｜人｝，modifier＝｛beautiful｜美｝｛fake｜伪｝｝中，对于该概念的"Appearance｜外观"的描写有"host"和"modifier"两项："host＝｛human｜人｝""modifier＝｛beautiful｜美｝｛fake｜伪｝"，这两项之间要用逗号分开，目的是为了区分它们，而"｛beautiful｜美｝"和"｛fake｜伪｝"都是动态角色"modifier"所具有的值，因此它们之间没有分隔符。

②冒号:：内容提示符。冒号前面为一个具体概念，后面的所有成分都是对该概念的具体描写内容，包括该概念所具有的属性以及各种关系。例如，"洗衣机"的概念描写表达式 DEF＝｛tool｜用具：｛wash｜洗涤：instrument＝｛~｝，patient＝｛clothing｜衣物｝｝｝中，第一个冒号后面的所有内容都是对"用具"的描写，第二个冒号后面的内容则是对"洗涤"的描写。

③等号＝：特征赋值符，表示一个动态角色或特征被赋的具体的值。等号左边为动态角色或特征的名称，右边为角色或特征所取的具体的值，这个值可能是一个简单的概念，也可能是一个复杂的概念。一个动态角色或特征可以只有一个值，也可以有多个值，当它具有多个值的时候，这些值之间没有其他分割符。例如，在前面"花架子"的概念描写表达式中有两个动态角色"host"和"modifier"，前者有一个具体取值"host＝｛human｜人｝"，后者有两个具体取值"modifier＝｛beautiful｜美｝｛fake｜伪｝"。

④分号;：复合概念分隔符。当一个概念是由多个其他子概念组合而成的复合概念时，使用分号分割各个不同的子概念，被分割的各个部分是

独立完整的概念定义。例如，短语"男女老幼"的概念描写表达式 DEF =
{human | 人：modifier = {aged | 老年}}；{human | 人：modifier = {child | 少
儿}}；{human | 人：modifier = {female | 女}}；{human | 人：modifier =
{male | 男}}中，包含"男人""女人""老人"和"少儿"四个独立的子概念，
它们之间用分号分割。

⑤<-- 和 -->：管辖关系符。在句法结构和信息结构模式中，表示词语
和义原之间的管辖关系。标记的箭头端指向的是"被管辖者(governed)"，
线段端指向的是"管辖者(governor)"。例如，{(万物/属性)[受事/成品受
事/范围/内容/对象/领属物]<--(事件，行动)}<--[施事](人/组织/部
件,%组织)

⑥/ 和 +：逻辑符号。用来表示逻辑关系"或者"与"和"。

(4)特殊义原符号：用以表示某种特殊语义关系。

①~：反身自指义原符号。用于代表某个义原自身。其通用表达式为：
{义原1：{义原2：动态角色或特征 = {~}}}，表示义原1为义原2的一个
具体动态角色的值，在对义原2的描写中，用~来代替前面的义原1。一般
情况下，义原1为实体类义原，义原2为事件类义原。例如，"挖掘机"的
概念描写表达式 DEF = {tool | 用具：{dig | 挖掘：instrument = {~}}}中，义
原1为实体类概念"tool | 用具"，义原2为事件类的概念"dig | 挖掘"，义
原1是该事件的动态角色"工具(instrument)"的具体值，用~代替。

②?：必需无定值角色义原符号。用于指代在某个概念结构中必须出
现，但是又不能确定具体对象的义原。其通用表达式为：{义原：动态角
色 = {?}}。例如，在"借助"的概念描写表达式 DEF = {use | 利用：patient =
{?}}中，义原"use | 利用"必须带动态角色"受事(patient)"，但是这个角
色的具体取值是什么，在这个孤立概念中并不能确定，需要借助语境；在
"置于"的概念描写表达式 DEF = {put | 放置：LocationFin = {?}}中，义原
"put | 利用"必须带动态角色"终处所(LocationFin)"，但其具体取值不能
确定。

③$ ：外指对象义原符号。当用某个概念来描述一个对象时，被描述

的对象是该概念的某个动态角色的值，但是这个值是什么取决于该概念所描述的具体对象，通用表达式为：｛义原：动态角色＝｛$｝｝。例如，在短语"值得称赞"的概念描写表达式 DEF＝｛able｜能：scope＝｛praise｜夸奖：target＝｛$｝｝｝中，义原"praise｜夸奖"必须带动态角色"目标(target)"，但是这个角色的具体取值就是该概念在语境中所要描写的被夸奖的具体对象；在"医用"的概念描写表达式 DEF＝｛RoleValue｜功用值：scope＝｛doctor｜医治：instrument＝｛$｝｝｝中，义原"doctor｜医治"必须带动态角色"工具(instrument)"，该角色的具体取值是概念"医用"在语境中所描写的某种可供医用的具体对象。

(5)语义角色符号：用以表示各种动态语义角色。比如，在成语"论资排辈"概念定义 DEF＝｛AlterGrade｜变级：AccordingTo＝｛Status｜身份｝｝中，"AccordingTo(根据)"就是一个动态语义角色。知网定义的语义角色达 90 种之多，本书限于篇幅不一一展开分析，仅简要归纳如下。

①时间相关类：time｜时间，TimeRange｜时距，duration｜进程时段，TimeIni｜起始时间，TimeFin｜终止时间，TimeBefore｜之前，TimeAfter｜之后，SincePeriod｜起自时段，SincePoint｜起自时点，DurationAfterEven｜后延时段，DurationBeforeEvent｜前耗时段。

②空间相关类：location｜处所，distance｜距离，direction｜方向，LocationIni｜原处所，LocationFin｜终处所，LocationThru｜通过处所。

③对象相关类：agent｜施事，patien｜受事，coagent｜合作施事，PatientProduct｜成品受事，PatientPart｜受事部件，PatientAttribute｜受事属性，PatientValue｜受事属性值，beneficiary｜受益者，experience｜经验者，target｜目标，relevant｜关系主体，existent｜存现体。

④关联相关类：AccordingTo｜根据，accompaniment｜伴随，condition｜条件，concession｜让步，cause｜原因，result｜结果，purpose｜目的，and｜并列，or｜或者，transition｜转折，but｜但是，besides｜递进，except｜除了，concerning｜关于，CoEvent｜对应事件，RelateTo｜相关，partner｜相伴体。

⑤构成相关类：whole｜整体，OfPart｜之部分，isa｜类指，material｜材料，MaterialOf｜之材料，conten｜内容，ContentProduct｜内容成品，PartOfTouch｜触及部件。

⑥过程相关类：EventProcess｜事件过程，succeeding｜接续，StateIni｜原状态，StateFin｜终状态，ResultContent｜结果内容，ResultEvent｜结果事件，ResultIsa｜结果类指，ResultWhole｜结果整体，source｜来源，SourceWhole｜来源整体。

⑦领属相关类：belong｜归属，HostOf｜之宿主，host｜宿主，possession｜占有物，possessor｜领有者。

⑧比较相关类：contrast｜参照体，QuantityCompare｜比较量，ContentCompare｜比较内容。

⑨方式相关类：method｜方法，manner｜方式，means｜手段，instrument｜工具，cost｜代价，degree｜程度，range｜幅度，scope｜范围，emphasis｜强调，restrictive｜限定。

⑩其他类：comment｜评论，modifier｜描述，描写体｜descriptive，quantity｜数量，sequence｜次序，state｜状态，times｜动量，frequency｜频率。

(四)知网的词义描写

知网采用如下通用结构式来描写词和短语的意义：

No＝词或短语序号

W_C＝中文词条

G_C＝中文词性(或语法类别)

E_C＝中文举例

W_E＝英文词条

G_E＝英文词性(或语法类别)

E_E＝英文举例

DEF＝概念定义

　　知网是中英双语对照的，其中词条、语法类别和举例三项两种语言分开表示，每个词语的概念定义部分则用双语统一表示，DEF 的值由若干个义原及它们与主干词之间的语义关系描写组成。每个义原用"E｜中"的双语对照格式，语义角色统一用英文符号表示。例如①：

　　（1）鼓掌
　　No.＝067327
　　W_C＝鼓掌
　　G_C＝V
　　E_C＝~示意，~为号，~通过
　　W_E＝clap one's hands
　　G_E＝V
　　E_E＝
　　DEF＝｛ShowGoodEmotion｜表示好情感：means＝｛beat｜打：PartOfTouch＝｛part｜部件：PartPosition＝｛hand｜手｝，whole＝｛human｜人｝｝｝｝
　　（2）电工
　　No.＝046907
　　W_C＝电工
　　G_C＝N
　　E_C＝他是~，一名~，当~，一级~，~师傅
　　W_E＝electrician
　　G_E＝N

　　①　举例参考《KDML——知网知识系统描述语言》（http：//www. keenage. com/ Theory and practice of HowNet/07. pdf）和知网开放在线版 OpenHowNet（https：// openhownet. thunlp. org/）。

E_E=DEF={human│人：HostOf={Occupation│职位}，RelateTo={electricity│电}}

（3）红光满面

No.＝075484

W_C＝红光满面

G_C＝ADJ

E_C＝

W_E＝rosy

G_E＝ADJ

E_E＝

DEF={red│红：{mean│指代：descriptive={sturdy│健壮}，relevant={~}}}

（4）四通八达

W_C＝四通八达

G_C＝ADV

E_C＝

W_E＝in all directions

G_E＝PP

E_E＝

DEF={DirectioningValue│方向特性值：range={all│全}}

　　知网的研发一直在进行，持续了近三十年，词库的规模不断扩大，据清华大学人工智能研究院知识智能研究中心官网上公布的知网在线开放版的数据，到目前为止，知网知识库共使用 2540 个义原，描写了 35202 个概念，涵盖 237974 个中英文词条。[①]

---

① 参见 OpenHowNet，https：//openhownet. thunlp. org/。

第三节 词义基因：词义微观结构描写的新视角

本书第一章我们已经阐述了在全息论哲学思想的视角下，自然语言和生物体存在全息同构的规律。借鉴生命科学的理论体系和研究方法，从基因工程的视角观察和解析词义的微观结构，已经引起了一些学者的关注。李葆嘉（2002）在论述汉语元语言系统理论建构的时候提出："现代汉语元语言系统研究是一项基础性研究，可以称之为'语言基因图谱分析工程'。"本书笔者也曾分别于 2009 年、2011 年、2014 年提出了词义基因分析的初步构想（Hu Dan & Gao Jinglian，2009；胡惮、高精炼、赵玲，2011；胡惮，2014）。

一、什么是词义基因

（一）词义基因（Semantic Gene）的定义

本书借鉴基因科学的理论和方法对词义进行微观分析，把词义基因作为分析的基本单位。语言学中在定义语言的某种基本结构单位的时候，一般都提到"最小"，那么，能否简单地把词义基因定义为"最小的意义单位"呢？先看看两本语言学词典①中定义的一些语音和词汇的"最小单位"：

【音素】

①构成语音的最基本的元素，以音色为根据划分出来的语音的**最小单位**（王今铮等，1985：401）。

②按照音色的不同划分出来的**最小语音单位**（葛本仪，1992：26）。

【音节】

①由音素组成的**最小的**语音结构单位，又称音缀。一个音节可以由一个音素（元音或辅音）构成，也可以由两个以上音素构成。多数音节是既有元音又有辅音的（王今铮等，1985：398）。

---

① 分别为王今铮等主编的《简明语言学词典》和葛本仪主编的《实用中国语言学词典》。

②语音结构的基本单位，是说话时自然发出的、听话时自然**最小语音**片段(葛本仪，1992：25)。

【音位】

①在特定的语言中，对内没有区分意义的作用，而对外具有区分意义作用的若干个相近或相关的音素的聚合体(王今铮等，1985：402)。

②一种语言或方言中能够区分意义的**最小语音单位**(葛本仪，1992：26)。

【词素】

①词素是构成词的要素，是语言中**最小**的音义统一体(王今铮等，1985：60)。

②又叫语素，一种音义结合体，是**最小**的可独立运用的词的结构单位(葛本仪，1992：77)。

【词】

①句法结构的**最小单位**，是语言中能够自由运用的最小单位。所谓自由运用，是指词在句法中作为一个完整的单位，充当句法结构的一部分；所谓最小，指它在句法结构的分析中具有终极性，是句法结构中不必再分析的单位(王今铮等，1985：52)。

②语言中一种音义结合的定型结构，是**最小**的可独立运用的造句单位(葛本仪，1992：72)。

其他各种语言学的专著和教材中对上述几个概念的定义意思大致是类似的。以上定义都使用了"最小"这个定语，但是都有限制条件：

音素、音节和音位是语音学的概念，关注语音的生理、物理、心理和社会方面的属性。音素是最小的语音生理物理单位，限制条件是从发声器官的发音特征及其所发出的声音的物理特征角度切分到最小；音节是最小的语音心理单位，限制条件是从听说的心理感知层面切分到最小①；音位

---

① 当然，音节也可以从物理特征加以区分，"从声学角度看，音节有一个音强增减过程。发一个音节时，声音的音强都有由弱到强再转弱的过程，发几个音节就有几个这样的过程"(邢福义，2002：92)。但是除了实验语言学之外，我们一般在讨论音节时，是从听说的心理感知角度出发的。

是最小的音义结合的语音功能单位，偏重心理反应，限制条件是从声音和意义结合的心理反应切分到最小。

词素和词是形态学和句法学的概念，关注语言的形态结构。它们都是最小的音形义结合单位，但是上位范畴不同。词素是构造词的最小音形义结合单位，词是构造句子的最小音形义结合单位。词和词素的形是物理层面的，音是心理层面的，义是心理和社会功能层面的。

由此可见，语言学中我们要定义一个"最小"的结构单位，要考虑两个条件：

（1）定义的视角。比如音位从社会功能视角看是最小的语音单位，而从物理和心理视角看则不是最小；语素从心理和社会功能看是最小的构型单位，但是从物理的视角看则不是（比如拼音文字的语素还可以进一步切分成字母，汉语的语素还可以进一步切分成字甚至是偏旁部首）。

（2）定义的参照物，即其上位统辖范畴。语音方面，音节的参照物是词，相对于词而言，音节是最小的自然语音构造单位，但是相对于音素而言它不是最小的，音节是由音素构成的；形态方面，词的参照物是句子，相对于句子而言，它是最小的音形义结合单位，但是相对于语素则不是，词是由语素构成的。

如果从这两个条件来考虑词义基因的定义，问题依然存在。正如董振东先生定义义原的时候所说的，要定义意义的基本单位是很困难的。

首先，词义基因的物理形态跟上面所讨论的音素、音节、音位、语素、词等概念不同，这些概念都具有一定的自然语言物理形态，包括语音形态和书写形态，都是自然语言的一部分。而意义是没有自然语言物理形态的，虽然讨论语义所使用的元语言系统中可以包括一部分自然语言，但是它们本身不是意义的物理形态。语义学专用的元语言符号，比如施事、受事等，它们也只是语义关系的指称符号，也不是意义的物理形态。没有物理形态，语义单位就难以准确切分。传统语言学中虽然把义素和义位都称为语义单位，但是它们也不是语义的物理形态，按照义素分析法，它们还可以无限分割。

其次，词义基因的参照物也不完全是词，虽然大多数情况下词义基因所面对的处理对象是词，它们受辖的上位范畴有时候会超出词的范围。比如说"吃"的施事和受事一般不能是"桌子""椅子"之类，我们描写"吃"的词义的时候不能忽视这一点，但是这已经超出了词本身的范围，涉及组合的逻辑限制了。

经典遗传学中，"基因"被定义为：基因是遗传信息的基本元件，是控制某一个特殊方面表型的功能单位和不能被重组和突变分开的结构单位。现代遗传学从分子生物学的角度把"基因"定义为：基因是遗传信息的基本单位，一般指位于染色体上编码一个特定功能产物（如蛋白质或 RNA 分子等）的一段核苷酸序列（晋麟、徐沁、陈淳，2001：7；Snustad，2011：349）。

根据这些定义，我们可以了解到基因的几个关键性质：

（1）基因是控制生物性状的基本单位。表型是指一个生物体或细胞外在的、可观察到的形态学性状和内在的、需要通过生物化学或分子生物学方法来检测的分子性状。一个基因控制生物某一个方面的性状。

（2）从控制生物性状的角度看，基因作为遗传信息的基本单位，不能被进一步切分。在遗传过程中，基因会发生重组和变异，但是这些重组和变异是以基因为最小单位的，其物理结构不能被分开。

（3）从分子生物学的角度看，基因是一段核苷酸系列，核苷酸是一种化合物，由嘌呤碱或嘧啶碱、核糖或脱氧核糖以及磷酸三种物质组成。因此，基因不是最小的物理结构单位，它可以被切分成若干个核苷酸，核苷酸又可以进一步切分成其他物质。但是，这是指基因的内部分子结构，它虽然可以进一步切分，但是它依然是控制生物性状的最小遗传信息单位。

参照语言学中对语音和词汇最小单位的定义，以及遗传学中对基因的定义，我们把"词义基因"定义为：控制词的某种语义特征，并且可以通过遗传和重组构造新词的词义基本结构单位。

（二）词义基因的性质

根据前面对语音和词汇最小单位的定义条件和遗传学中基因性质的分

析，我们可以相应地分析出词义基因的性质。

(1)词义基因是词义的信息结构单位。跟语音和词汇的基本单位不同，词义基因没有固定的物理形态，因此不能从物理结构上切分，它是从词义构成的信息结构的角度切分出来的单位。信息结构涉及心理认知和社会功能两个方面。

(2)词义基因数量有限，它们构成一个相对稳定的集合。在不同的语言中，词义基因的种类和数量不同，每种语言都有其自己的词义基因集。当然，也存在一定数量的共性基因，适合于所有语言，将各种语言中的基因集提取出来后，取它们的交集，就是共性基因。在同一种语言内部，不同的词类语义特征维度和信息结构不同，它们的基因种类又各有差异。例如，［施事］、［受事］基因只存在于描写动作行为的动词的词义信息结构中，动词中［速度］、［方向］基因又只存在于表示运动的动词的词义信息结构中；［颜色］、［体积］基因只存在于指称事物名称的名词的词义信息结构中，名词中［年龄］、［性别］基因又只存在于指称生物名称的名词的词义信息结构中。词义基因集的提取是一项浩大而长期的工作，虽然目前我们尚无法准确定义该集合到底有多大规模，由哪些具体元素构成，但是目前语言学各领域的研究经验表明，这个集合是可以定义且数量有限的。比如，英语词典释义基元词集合只有 3500 个，知网定义的义原只有 2000 多个，HNC 定义的概念基元只有 1200 多个。这些研究中所涉及的"释义基元词""义原"和"概念基元"虽然跟我们讨论的"词义基因"并不是一码事，但是它们所提出的有限集合思想可为我们提取词义基因集合提供参考。

(3)词义基因的作用对象是整个词的语义特征，其上位管辖范畴是词义。以词义为参照对象，词义基因是最小的词义信息结构单位，一个词义基因表征词在某一个维度的语义特征信息，代表一个相对完整的最小概念，一般不宜继续切分。

(4)词义基因的功能是控制词的语义特征。一个词往往具有多个维度的语义特征，每个维度由一个或一组词义基因来控制和表征。词义基因是一个独立的词义结构单位，表达词的一个简单特征；多个词义基因可以通过某种函数关系结合在一起，共同表示词的一个复杂特征。

（5）新词产生的机制类似于基因遗传，多个词义基因可以按照一定的规则进行重组，在重组的过程中也可能发生变异。新词的产生，就是词义基因遗传、重组和变异的结果。

（6）词义基因也具有更微观的内部结构，相当于生物基因的核苷酸系列。分析词义基因的内部结构，有利于我们了解和掌握词义基因的性质，从而科学、合理地约定和提取词义基因集。但是在控制词义的维度特征和通过遗传、重组、变异构造新词时，词义基因是最小的结构单位，不再进一步切分。

例如，我们把"人"约定为一个词义基因，记为［人］。我们来分析一下：

①［人］作为词义基因的解释：先看词典释义。《现汉》"人"条目下设有八个义项，其中第一个义项"能制造工具并使用工具进行劳动的高等动物：男~｜女~｜~们｜~类"是词义基因［人］所代表的基本语义信息，这些信息将在控制具有该基因的词的语义特征维度上发挥作用。之所以［人］能作为一个词义基因，而不能（或不必）作进一步分割，是因为在我们的认知系统中，它是一个相对完整的最小概念。无论是在儿童语言习得、二语/外语教学还是日常语言交际中，都不会按词典的释义对这个概念作出进一步解释。相反，如果用义素分析法将它进一步分割的话，反而会使它变得更复杂而难以理解。

②词义基因［人］对词的语义特征维度的控制：该基因控制词的"义类"特征维度。也就是说，所有含该基因的词，比如"男人""女人""儿童""老人"等，其所属的义类都是"人"。

③词义基因［人］在构词过程中的遗传：该基因本身可以独立成词，在由所有具有该基因的词构成的词汇家族（Lexical Family）中，"人"处于最顶端的位置，是家族中其他所有词汇的上位词。比如，这里所列举的其他五个词构成如下词汇家族（见图3.5）：

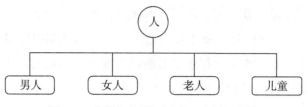

图 3.5　含词义基因［人］的一个词汇家族

　　该词汇家族中的所有下位词都通过遗传获得了其上位词"人"的词义基因［人］的全部语义信息。

　　④构词过程中词义基因［人］和其他词义基因的组合：词义基因［人］和另一个词义基因［年龄］组合，构成新词"老人""儿童"；和词义基因［性别］组合，构成新词"男人""女人"。

　　⑤构词过程中词义基因［人］的遗传变异：在下列含词义基因［人］的语汇中，［人］的语义信息发生变异。

　　　　人立：变异为"像人一样地(行为)"

　　　　人祸：变异为"人为"

　　　　人均：变异为"按每人"

　　　　传人(动词义项)：变异为"他人"

　　　　求人：变异为"他人"

　　　　己所不欲，勿施于人：变异为"他人"

　　　　丢人：变异为"人的脸面"

　　　　机器人：变异为"像人一样的(事物)"

　　　　泥人：变异为"像人一样的(事物)"

　　　　景色宜人：变异为"人的心意"

　　　　重新做人：变异为"正派的人"

　　这些变异后的语义信息，虽然依然还含基因［人］，但是和其他的词义基因发生了更复杂的结合和信息反应，原词义基因［人］已经不能对这些语汇的特征维度进行控制了。

(三)词义基因与词的意义空间维度

我们在第二章第四节中已经讨论，词义是词在意义空间中各个维度的特征集合。一个词的词义往往包含多个特征维度，同一类词的词义空间维度结构是相同的，不同的是各个维度上的具体特征因词而异。例如，指称实物对象的词，往往有大小、形状、颜色、温度、重量、构成、形态等特征维度；指称动作行为的词，有时间、空间、主体、客体、原因、结果、目的、过程、工具、方式、手段、方向、路径等特征维度；指称性质状态的词，则有对象、程度、范围、存现、时间、空间等特征维度。

对于相同类别的词而言，虽然每个词的整体特征不同，但是它们的特征发生变化的维度是相同的。在感知的层面上，人们可以直接区分这些特征的差异，从而区分不同的对象，而不需要经过语言思维，比如通过触觉可知温度的高低，通过视觉可知颜色的浓淡，通过听觉可知声音的大小。但是如果离开了具体的对象来区分代表不同对象的词，则需要通过语言思维来区分这些词义的特征(胡惮，2014：72)。

不同词之间因其在某一个或多个维度上特征的有无，或者在某些共同具有的维度上特征具体取值的差异而彼此互相区别。这些维度特征受词义基因控制。有的特征维度，一个简单词义基因(Mono Semantic Gene)就可以控制；有的特征维度，需要由多个简单词义基因按一定函数关系结合成一个复合的词义基因链(Semantic Gene Chain)来控制；还有更复杂的特征维度，需要由一组性质相近的基因和基因链构成的词义基因簇(Semantic Gene Cluster)来控制。

(四)词义基因和其他理论中词义分析基本单位的区别与联系

前文讨论了语言学和自然语言处理领域各种词义分析的理论，这些理论对词义的分析描写都是建立在一套基本或最小的词义单位的基础上的。本书讨论的词义基因吸取了前贤的研究经验，但本质并不相同。其中最关键的一点是我们定义词义基因的视角和关注的重点不同。之前的研究从结构主义或概念认知的角度出发定义词义的基本单位，关注的重点是词义的解释或结构描写；我们是根据全息论哲学思想，从生物遗传学的角度来定义词义基因，重点关注词义的特征维度、词义基因对词义特征维度的控制、词义基因的遗传运作机制、词义的基因结构图谱及其形式化描写。词义基因跟其他理论的具体区别与联系简要分析如下：

（1）跟义素分析理论的区别与联系：①义素的提取具有主观性和随机性；词义基因的约定和提取有严格的标准。②义素集缺乏统一标准，不同的词互为义素，普遍存在循环释义；词义基因集相对稳定，只用基因集合中的元素描写词义，通过词义特征维度函数限制循环释义现象的产生。③词的义素结构式缺乏标准模式，义素之间的语义关系难以表达；词义基因结构方程式是标准统一，维度函数和结构方程可以清晰描写所有词义基因之间的语义关系。④义素分析法采用的语义场对比方法以及分析中所使用到的部分语义角色可为词义基因分析提供参考。

（2）跟自然语义元语言理论的区别与联系：①自然语义元语言理论针对跨语言提取适合多种语言和文化的通用语义基元；词义基因提取针对特定语言，不同语言提取的基因集不同。②自然语义元语言理论中定义的语义基元有限，自2002年以来安娜·威尔兹彼卡及其团队发布60多个语义基元以来，没有持续更新，这显然不足以描写一种语言甚至是跨语言中大多数词汇的语义，因此该理论的价值主要在于方法论意义，不足以支持大规模的工程应用；本书所提出的词义基因库开发是一项面向语义计算处理的持续工程，现在已经完成了现代汉语部分词类的基因库建设工作，后续的开发将继续进行。③自然语义元语言理论对语义基元的定义跟词义基因存在一定差距，其中部分词义基元，例如 A LONG TIME（长时间）、A SHORT TIME（短时间）、FOR SOME TIME（一段时间）等，在汉语中不能作为一个最小的概念语义单位。④自然语义元语言理论中的部分语义基元可为词义基因提取提供参考。

（3）跟概念语义学的区别与联系：跟自然语义元语言类似，雷·杰肯道夫的概念语义学主要在于其理论价值，提取的概念基元十分有限，不足以描写大部分词汇。其理论方法对词义基因的分析也是有参考意义的。

（4）跟词典释义基元词的区别与联系：①词典释义元语言研究中的基元词提取基本上是采用词频统计的方法，利用计算机通过大规模语料库提取高频词，或者对词典释义文本进行统计分析提取高频释义用词，经过人工筛选、合并、优化得到释义基元集；词义基因主要通过语义分析逐个提取，在验证和优化的环节也会采用统计的方法。②词典释义基元词本身就是词，有固定的物理形态，属于自然语言的词汇系统本身；词义基因不是词，虽然有部分基因也可以用自然语言的词素和词来记录，但是这只是为了表述和理解的需要，它们本身没有自然语言的物理形态。③释义基元词主要用于解释词汇的意义，面向的对象是人；词义基因则主要用于分析词的语义特征维度和词义信息结构，主要面向语义的计算处理，也可以供人阅读。④释义基元词可以为词义基因的提取提供素材，部分代表一个最小认知概念的释义基元词可以作为词义基因来处理。

（5）跟概念层次网络理论的区别与联系：①概念层次网络通过模拟人脑认知的局部联想和全局联想脉络，构建概念联想网络，把概念基元当作语义联想的激活因子，自上而下地分析和提取概念基元；词义基因立足于词义的内部微观结构，通过语义分析获取词义的结构基因，通过词义基因间的语义关系自下而上地生成概念语义网络。②概念层次网络中的概念基元体系采用纯数学表达式描写概念的语义，再通过映射关系跟自然语言的词汇进行对应，不能完全精确描写词义的各个方面；词义基因分析中对词的意义描写通过词义结构方程，精确描写词义各个维度的特征以及词义基因之间的复杂语义关系。③概念层次网络直接面向计算应用，对人类读者而言不具有可读性；词义基因函数和词义基因结构方程既可以直接用于计算，也方便人工阅读和处理，可以直接用于词典编撰和语言教学。④概念层次网络中的概念网络和概念基元可作为词义基因研究的重要参考。

（6）跟知网的区别与联系：①知网面向的是常识知识，因为知识表示必然涉及语义，因此有语义描写，出发点是世界知识，落脚点是语义关系

描写；词义基因直接面向自然语言的语义分析，出发点是自然语言本身，落脚点是自然语义知识的计算表征。②知网重视关系的描写，对词义的结构分解颗粒度较粗，义原的解释力不够，比如，科学 DEF = {knowledge | 知识}，显然"科学"并不等于"知识"，二者之间存在较大差异；词义基因可以对词的所有语义特征维度进行描写，知识颗粒度更精细。③知网对同义词的词义采用相同的结构式描写，比如"红光满面""红扑扑""红润""面色红润""气色好"的词义都表示为 DEF = {red | 红：{mean | 指代：descriptive = {sturdy | 健壮}，relevant = { ~ }}}，不能体现词义之间的差异，而且这几个词都不应该含有"健壮"的意思；我们用词义基因函数和词义信息结构方程式能够对词义进行更精确的描写，可以有效避免这些问题。④知网的语义角色分类非常细致，可为词义基因分析提供有益的参考。

二、词义基因的特征与分类

词义基因具有不同的形态和功能。我们可以从这两个方面对它们进行分类。

(一)词义基因的形态类别与形态特征

词义基因虽然没有物理形态，但是它们内部有不同的信息结构，对这些信息结构我们需要采用相应的元语言系统进行描写。根据其信息结构，词义基因可以分为如下类别：

1. 自由词义基因与粘着词义基因

自由词义基因不需要依靠其他词义基因，可以单独存在并发挥词义基因的各种功能，如[事物]、[时间]、[空间]、[人]、[大]、[小]等。

粘着词义基因不能单独存在，一般需要依附于其他基因，构成词义基因链，共同发挥词义基因的功能，如[者]、[们]、[家]、[初]、[第]、[老]、[阿]等类词缀，以及表达某种语义关系的超线性结构，如[像……一样]、[……的成员]、[……的一部分]、[为……目的]、[由……驱动]等。汉语不是屈折语言，没有丰富的形态变化。在有形态变化的语言，比如英语中，存在大量的词缀如[dis-]、[in-]、[un-]、[-er]、[-tion]、[-ness]、[-ly]等，都可以表示一个粘着词义基因。

自由词义基因具有如下特征：

（1）对应一个最小的认知概念，可以独立成词，是词义基因集的核心部分，如[颜色]、[温度]、[有]、[无]。

（2）在控制词义的维度特征时起主导作用，表征词义维度的关键特征信息。比如动词"人立"的方式维度由两个词义基因[人]和[像……一样]构成，其中自由基因[人]表征该词方式维度的关键特征信息。

（3）在语义遗传中整体活跃度高，遗传过程中会与其他词义基因组合发生语义变异，但是其内部信息结构稳固，不会被词义基因变异和词义基因重组打破，变异需要由其他的词义基因参与，变异后产生一个新的词义基因链。例如，从"人"到"人立"的构词中，词义基因[人]发生变异，变异的方式是通过和另一个粘着基因[像……一样]进行重组，构成一个基因链{方式([[像 x 一样]，x＝[人])]}，共同作用于动词"人立"的动作方式维度特征控制，变异和重组没有改变词义基因[人]的内部信息结构。

粘着词义基因具有如下特征：

（1）不能独立表示概念，不能单独控制词义的维度特征，需要通过一定函数关系与自由基因组合构成基因链，是词义基因链中必不可少的成分。有些粘着基因也可以独立成词，但是没有实义，一般是表示功能的虚词，比如[在]、[从]、[于]、[加以]、[进行]等。

（2）活跃度低，性质稳定，不单独携带遗传信息直接进行遗传，而是作为新的基因成分参与词义遗传过程，和其他实际发生遗传的基因结合，充当词义变异的催化剂。比如在上面"人立"的例子中，直接进行遗传的是词义基因[人]，作为一个独立词的"人"，只有这一个基因，[像……一样]并不是"人"的词义基因。在新词"人立"中，自由基因[人]变异的机制是由粘着基因[像……一样]参与进来和它进行重组而发生的，粘着基因[像……一样]是词义信息变异反应的催化剂。

2. 显性词义基因与隐性词义基因

词义的构成类型多种多样，有的是显性的，比如概念意义（理性意义），在词典的释义中对显性意义一般会有详细描述；而有些意义是隐性的，比如社会意义、文化意义、搭配意义，这些意义一般不出现在词典释义中，但却是我们使用语言的重要部分。比如，"蜗牛"有"行动迟缓"的隐性意义；"狐狸"有"狡猾"的隐性意义；"獬豸"有"正义"的隐性意义。在很多语用场合，我们甚至直接使用的是词义的隐性意义，其显性意义反而被完全忽略。例如，在"他就是个老狐狸"这个句子中，所使用的就是"狐狸"的隐性意义，其显性意义在这里没有交际价值。

控制和表征词语显性意义相关维度特征的词义基因是显性词义基因；控制和表征词语隐性意义相关维度特征的词义基因是隐性词义基因。

显性和隐性词义基因具有如下特征：

（1）词义基因的显隐跟词的符号形式无关，只跟词义基因所控制的特征维度的性质相关。比如，"人立"的词义基因［像……一样］，在词的符号层面上并没有体现，但这是一个显性基因，是控制该词理性意义维度的基因链的重要组成部分；"猫步"的基本理性意义是"像猫一样走的步子"，但是该词主要表达的是猫走路方式"沿直线走"，所以它有一个词义基因链｛［路径］（［直线］）｝，这个基因链跟词素"猫"的词义基因密切相关，但并不是"猫"的显性词义基因。所以基因链｛［路径］（［直线］）｝虽然在"猫步"的词形形态上有对应的符号，但是它依然属于隐性基因。类似的例子还有"蛇行""蜗居""龙行虎步""风驰电掣"等。

（2）显性词义基因和隐性词义基因在控制和表征词义的特征维度方面的功能是一样的，但是维度的权重不同。一般情况下，隐性基因所控制的维度更低。但是在某些具体语境中，比如上文的例子"他就是个老狐狸"中隐性基因控制的维度权重会受上下文的影响而提高。

（3）显性词义基因虽然在遗传重组时会发生变异，但大多数情况下保持相对稳定，即使发生重组和变异，词义基因本身的内部信息结构不会被改变。而隐性词义基因大部分是重组变异的结果，而且变异的过程中性质不稳定，因为词的隐性意义可能涉及多个维度，每个维度都可能发生变异，从而产生多种变异结果。比如，"鼠"的隐性词义基因可以变异产生出"鼠辈""鼠目寸光""鼠窜""鼠肚鸡肠"等不同隐性含义的新词；"虎"的隐性词义基因可以变异产生出"虎胆""虎步""虎穴""虎视""虎头蛇尾"等不同隐性含义的新词。

3. 家族词义基因与个体词义基因

词义基因遗传在词汇家族中表现得最为明显。在词汇家族中，居于上位的亲代词，其所有的词义基因会完整地遗传给居于下位的子代词。而居于下位的多个同代词，又分别具有其各自的独特基因。

一个词从其上位词通过遗传获得的词义基因称为家族基因；除家族基因外，词所具有的其他个性化基因称为个体基因。例如按功能聚类的"厨具"局部词汇家族(见图3.6)：

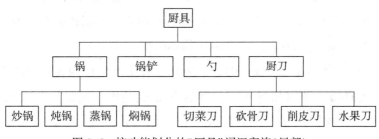

图3.6 按功能划分的"厨具"词汇家族(局部)

厨具：{[工具]：{[功能]({[制作]([饭]∨[菜])})}}

锅：{[工具]：{[功能]({[制作]([饭]∨[菜])})}}+{[功能]({[[内置]($_{Gs}$[食材])]∧$_{Gs}$[加热])}}}①

锅铲：{[工具]：{[功能]({[制作]([饭]∨[菜])})}}+{[功能]({[[翻]∨[炒]]($_{Gs}$[食材])}}}

① 这里"食材""加热"是词，不是词义基因，它们本身由其他若干词义基因构成，这些基因构成的该词的词义信息结构基因簇记为$_{Gs}$[食材]、$_{Gs}$[加热]，此处为表述简单起见，不详细展开该基因链。

勺：｛[工具]：｛[功能]（｛[制作]（[饭]∨[菜]）｝）｝｝＋｛[功能]（｛[舀]（$_{Gs}$[食材]）｝）｝｝

厨刀：｛[工具]：｛[功能]（｛[制作]（[饭]∨[菜]）｝）｝｝＋｛[功能]（｛[分割]（$_{Gs}$[食材]）｝）｝｝

这里上位词"厨具"的所有词义基因｛[工具]：｛[功能]（｛[制作]（[饭]∨[菜]）｝）｝｝都遗传给其下位词"锅""锅铲""勺""厨刀"，这一组词义基因便为该词汇家族的家族词义基因。四个下位词"锅""锅铲""勺""厨刀"又各自具有一条不同的基因链｛[功能]（｛[[内置]（$_{Gs}$[食材]）]∧$_{Gs}$[加热]）｝｝、｛[功能]（｛[[翻]∨[炒]]（$_{Gs}$[食材]）｝）｝、｛[功能]（｛[舀]（$_{Gs}$[食材]）｝）｝、｛[功能]（｛[分割]（$_{Gs}$[食材]）｝）｝，这条基因链就是它们的个体基因。

家族词义基因具有如下特征：

（1）在词汇家族内部，上位词的完整词义信息基因簇作为家族词义基因自上而下整体遗传，所有下位词获得上位词的全部家族词义基因，而且在遗传上位词的过程中词义基因链结构不改变。

（2）在一个具有多代成员的词汇家族，每上下两代构成一个最小的家族，上代的词义基因相对于下代而言是家族基因。例如，在图 3.6 中，｛厨具：锅，锅铲，勺，厨刀｝构成一个最小家族，上位词"厨具"的词义基因基因簇为该最小家族的家族基因，完整遗传给"锅""锅铲""勺""厨刀"四个下位词；下位词"锅"在继承家族基因后，和其自身的个体基因重组，构成一组新的基因簇，在以"锅"为上位词的更下一层最小词汇家族｛锅：炒锅，炖锅，蒸锅，焖锅｝中，"锅"的词义基因簇为该最小词汇家族的家族基因，继续整体向下遗传。在最小家族｛厨刀：切菜刀，砍骨刀，削皮刀，水果刀｝中情况相同。

（3）在任何一个具有多代成员的词汇家族中，位于家族最顶端的祖先词的词义基因为全家族最核心的家族基因，为整个家族词汇成员所共享。

个体词义基因具有如下特征：

（1）在词汇家族中，个体词义基因词控制和表征每个词的个性特征维度，是家族同代词彼此区分的唯一依据。

（2）在严格按照单一标准聚合的词汇家族中，同代词的个体基因控制和表征的词义特征维度是相同的，不同的是各个同代词在该共同维度上的词义特征值不同。该特征值就是每一个词的个体基因（链）。例如图3.6是按功能聚类的"厨具"词汇家族，每一代的演化都是以功能区分为标准，所以每一代的同代词只在功能维度上体现差异。有很多词汇场的研究采用多重标准分类，比如将"锅"的最小家族划为｜锅：铁锅，砂锅，不粘锅，炒锅，炖锅，蒸锅，焖锅｜，这是混合了材质和功能两个分类标准，逻辑上是不严密的。

（3）个体词义基因是相对于家族上代词和同代词而言的。相对于下代词而言，个体基因和其所继承的上代词词义基因重组后，又成为新的最小家族的家族基因。

4. 词义基因链与词义基因簇

单个词义基因的功能有限，一般需要多个词义基因按一定的规律重组，结合成更大的基因单位，才能有效控制和表征词义的特征维度。

两个或两个以上的词义基因按照一定的函数关系重组，表达一个完整特征信息的词义基因单位称为一条词义基因链。例如：$f_{(x)}=\{[颜色]([红])\}$，这个基因链中的两个基因[颜色]和[红]构成一个特征函数，其中[颜色]为函数算子，相当于f，颜色是变量x的具体取值。类似的还有：$f_{(x)}=\{[温度]([高])\}$，$f_{(x)}=\{[速度]([大])\}$，$f_{(x)}=\{[施事]([人])\}$等。

一个词多个特征维度的词义基因和基因链按照更复杂的关系继续组合，形成一个相对稳固、表达一个相对完整独立的概念的基因组合，这样的基因组合成为一个基因簇。比如"铅笔芯"词义基因结构可表示为：$\{[[x的部分]，x=[铅笔]]：\{[材料]([石墨]\vee[_{Gs}[黏土]\wedge_{Gs}[颜料]])\}\}$，这个式子由控制"构成"维度的基因和控制"材料"维度的基因链组成，结构稳定，表达一个相对独立完整的概念"铅笔的笔芯"，这组基因构成一个基因簇。词义基因链和基因簇具有如下特征：

（1）一条词义基因链控制和表征一个完整的词义特征，但是一个词义特征不一定代表一个词义维度，有些词义维度可能包含多个特征，需要多条词义基因链共同控制和表征。比如"铅笔"的词义基因结构可表示为：｛［工具］：｛［功能］（［写］∨［画］）｝+｛［结构］（｛［芯］：｛［材料］（［石墨］∨$_{Gs}$［黏土］∧$_{Gs}$［颜料］）｝｝+｛［壳］：｛［材料］（［木］∨［纸］∨［塑料］∨［金属］）｝｝）｝｝，其中"结构"维度包括笔芯和笔壳两个特征，分别由两条基因链共同控制。

（2）词义基因链可以嵌套，也就是说一条小的基因链可以作为另一条大链的组成部分。比如，"铅笔"的结构基因链｛［结构］（｛［芯］：｛［材料］（［石墨］∨$_{Gs}$［黏土］∧$_{Gs}$［颜料］）｝｝+｛［壳］：｛［材料］（［木］∨［纸］∨［塑料］∨［金属］）｝｝）｝是一条大链，其中包括两条小链｛［芯］：｛［材料］（［石墨］∨$_{Gs}$［黏土］∧$_{Gs}$［颜料］）｝｝和｛［壳］：｛［材料］（［木］∨［纸］∨［塑料］∨［金属］）｝｝，这两条小链中又各自包括更小的链，分别为｛［材料］（［石墨］∨$_{Gs}$［黏土］∧$_{Gs}$［颜料］）｝和｛［材料］（［木］∨［纸］∨［塑料］∨［金属］）｝，它们分别控制和表征笔芯和笔壳的"材料"维度。

（3）词义基因簇也可以嵌套，一个基因簇中可以包含其他的基因簇，比如"铅笔芯"作为一个基因簇，其结构式｛［［x的部分］，$x=$［铅笔］］：｛［材料］（［石墨］∨$_{Gs}$［黏土］∧$_{Gs}$［颜料］）｝｝中还包含$_{Gs}$［黏土］和$_{Gs}$［颜料］两个基因簇。

（4）词义基因链和词义基因簇不是两个并列的概念，也不是上下包含的概念，它们是交叉的，而且可以相互转化。一组信息结构基本相同的词义基因序列，如果表示一个独立的概念时，它是一组基因簇，如果仅表示某个词的一个词义特征维度的纬度值时，它是一条基因链。有时候这两者在结构式的表示上有所区别，比如上面的例子中，"铅笔芯"作为基因簇表示一个独立概念时，需要交代其作为组成部分所属的对象，用词义基因［［x的部分］，$x=$［铅笔］］表示；当它作为一条基因链描述铅笔的组成部分时，则通过"结构"维度函数［结构］（［芯］）来表示。

（5）一个词的完整词义基因链可以作为一组固定的基因簇，用来描述其他没有反指蕴含关系的词的词义基因结构。"铅笔"和"铅笔芯"作为两个词语的话，存在反指蕴含关系。即"铅笔芯"是"铅笔"的组成部分，蕴含"铅笔"的词义，单独描写"铅笔芯"的词义基因结构时，需要反指提及"铅笔"。所以我们不用 $_{Gs}$[铅笔芯]这样的基因簇来描写"铅笔"的基因结构。而 $_{Gs}$[黏土]和 $_{Gs}$[颜料]跟铅笔芯没有反指蕴含关系，所以可以用于描写铅笔芯的词义基因结构。

（6）在词义基因结构描写中，词义基因链和词义基因簇可以互相包含，即一条基因链中可以包含若干个基因簇，一组基因簇中也可以包含若干条基因链。

（二）词义基因的功能类别与功能特征

词汇系统中，除了少部分由单个自由词义基因独立构成的基元词外，大部分词的词义是由对每个词义基因按照一定函数关系组合而成的，这个词义结构函数可以粗略地表示为：$S = a：f_1(x_1) + f_2(x_2) + f_3(x_3) + \cdots\cdots + f_n(x_n)$[①]。其中 S 代表词义函数，a 为常量，x 为变量，f 为功能算子，代表词义的不同特征维度。根据每个词义基因在以上函数式中所充当的功能角色，我们可以把它们分为词义常量基因、词义维度特征基因与词义变量赋值基因。

1. 词义常量基因

当我们对一个词的词义进行描述的时候，首先要定义的是该词理性意义中最核心的一个基因，这个基因表示该词所指对象所属的上位概念类别，这个基因就是词义常量基因。举例如下[②]。

厨具：$S_{厨具} = \{[工具]：\{f_1(x_1) + f_2(x_2) + f_3(x_3) + \cdots\cdots + f_n(x_n)\}\}$

---

①　在语言事实中，词的各个功能维度并不都是简单的并列相加，还存在多种复杂语义关系。此处为了表述方便，先以加号简单表示。具体的结构关系将在第三章第四节"词义基因描写的元语言系统"部分详细展开讨论。

②　此处举例主要阐述常量基因，其他部分的词义基因结构用通用函数式代替，不详细列出。

乌鸦：$S_{乌鸦} = \{[动物]: \{f_1(x_1) + f_2(x_2) + f_3(x_3) + \cdots\cdots + f_n(x_n)\}\}$

表演：$S_{表演} = \{[活动]: \{f_1(x_1) + f_2(x_2) + f_3(x_3) + \cdots\cdots + f_n(x_n)\}\}$

敲打：$S_{敲打} = \{[动作]: \{f_1(x_1) + f_2(x_2) + f_3(x_3) + \cdots\cdots + f_n(x_n)\}\}$

犯罪：$S_{犯罪} = \{[行为]: \{f_1(x_1) + f_2(x_2) + f_3(x_3) + \cdots\cdots + f_n(x_n)\}\}$

沮丧：$S_{沮丧} = \{[状态]: \{f_1(x_1) + f_2(x_2) + f_3(x_3) + \cdots\cdots + f_n(x_n)\}\}$

关于：$S_{关于} = \{[功能词]: \{f_1(x_1) + f_2(x_2) + f_3(x_3) + \cdots\cdots + f_n(x_n)\}\}$

主语：$S_{主语} = \{[元语言]: \{f_1(x_1) + f_2(x_2) + f_3(x_3) + \cdots\cdots + f_n(x_n)\}\}$

这里的[工具]、[动物]、[活动]、[动作]、[行为]、[状态]、[功能词]、[元语言]属于词义常量基因，分别代表上述每一个词所属的上位概念。

词义常量基因具有如下性质：

(1)词义常量基因直接表征一个词的理性中的最基本部分，也是该词所处的词汇家族的家族词义基因(或家族词义基因的核心部分)，因此同一个词汇家族中，常量基因是相同的。

(2)词和它的常量词义基因在语义上存在蕴含关系，在概念上它们所表征的对象存在属种关系，可以用如下命题来检验："X 是一种[Y]"，其中 X 代表一个词，[Y]代表该词的词义常量基因。该命题的逻辑值永远为真。这一点是计算机进行语义推理的重要基础。

(3)常量基因是词义描写的出发点和核心，词的其他词义基因成分都附着于常量基因，对常量基因涉及的各个特征维度进行控制和表征。

2. 词义维度特征基因

控制和表征词义各维度具体特征的词义基因反映词义在某个方面的个体差异性特征。举例如下。

铅笔：$\{[工具]: \{[功能]([写] \vee [画])\} + [结构](\{[芯]: \{[材料]([石墨] \vee [_{Gs}[黏土] \wedge_{Gs}[颜料]])\}\} + [壳]: \{[材料]([木] \vee [纸] \vee [塑料] \vee [金属])\})\}\}$，词义维度特征基因为[功能]、[结构]、[材料]。

厨刀：$\{[工具]: \{[功能](\{[制作]([饭] \vee [菜])\})\}\} + [功能](\{[分割]([_{Gs}[食材])\}\}$，词义维度特征基因为[功能]、[制作]、[分割]。

词义维度特征基因具有如下性质：

(1)词义每个方面的特征都体现为一个函数 $F = f(x)$，词义维度特征基因是一个函数算子，相当于函数式中的 f，它不能单独存在，必须带有变量。举例如下。

铅笔的"功能"特征：$F =$ 功能(x)，$x =$［写］∨［画］，简记为：［功能］（［写］∨［画］）

铅笔的"结构"特征：$F =$ 结构(x)，$x =_{Gc}$［芯］∨$_{Gc}$［壳］，简记为：［结构］（$_{Gc}$［芯］+ $_{Gc}$［壳］）

血液的"颜色"特征：$F =$ 颜色(x)，$x =$［红］，简记为：［颜色］（［红］）

空气的"颜色"特征：$F =$ 颜色(x)，$x =$［φ］，简记为：［颜色］（［φ］）①

开水的"温度"特征：$F =$ 温度(x)，$x =$［热］，简记为：［温度］（［热］）

(2)特征函数变量 x 的取值可以是单个词义基因，例如"空气""血液"的"颜色"特征函数，"开水"的"温度"特征函数；也可以是多个词义基因构成的表达式，比如"铅笔"的"功能"函数；变量表达式中还可以包含词义基因链和词义基因簇，比如"铅笔"的"结构"函数值由两条基因链$_{Gc}$［芯］和$_{Gc}$［壳］组成，"铅笔芯"的"材料"函数值包含两个基因簇$_{Gs}$［黏土］和$_{Gs}$［颜料］。

(3)在一个最小词汇家族中，同代词除了家族基因相同外，维度特征基因一般也相同，往往呈对称或平行分布，但是它们的词义差异仅体现在特征函数变量具体不同。例如图3.6中的"厨具"词汇家族。

(4)根据特征函数变量取值集合的范围大小，词义维度特征基因可分为限值词义维度特征基因和非限值词义维度特征基因。

限值维度特征函数变量的取值是一个有限的封闭集。例如"程度"特征函数变量的取值只能来自封闭集合{［大］，［小］，［高］，［低］，［中］}，所以［程度］是一个限值基因。

---

① 空气没有颜色，但是这个维度特征不能不描写，因为我们定义"空气"的时候一般说它是一种"无色、无味气体"，也就是说"无色"是空气的重要特征。［颜色］函数值记为φ，表示空集。

　　非限值维度特征函数变量的取值是一个能产的开放集。例如"材料"特征函数变量的取值来自开放集{［金属］，［塑料］，［玻璃］，［纸］……}，自然界中有多少种材料，这个集合就有多大，这个集合是能产的，随着科技的发展，新材料不断被发明和发现，所以［材料］是一个非限值基因。

　　(5)根据特征函数变量取值集合分布结构，词义维度特征基因可分为对称型、对立型、平行型、级差型、离散型五种不同的类型。

　　对称型特征函数的取值集合包含一对语义相反的词义基因加上一个语义中性基因构成，构成一种由中性基因为对称轴、两个反义基因为对称点的对称的几何结构。例如，"感情色彩"特征函数不变量取值集合为{［褒］，［中］，［贬］}，词义基因［褒］和［贬］以基因［中］为对称轴构成一个对称结构。所以［感情色彩］为取值对称型维度特征基因。这类基因一般是限值基因。

　　对立型特征函数变量的取值集合包含一对语义对立相反的基因或基因簇。例如："逻辑真值"特征函数变量的取值范围为{［真］，［假］}；"性别"特征函数变量的取值范围为{［男］，［女］}等。［真］和［假］、［男］和［女］为反义对立关系，所以［逻辑真值］和［性别］为取值对立型维度特征基因。这类基因也是限值基因。

　　平行型特征函数变量的取值集合由一组语义互相平行的基因或基因簇构成。例如，"颜色"特征函数变量的取值范围为{［黑］、［白］、［灰］、［红］、［橙］、［黄］、［绿］、［青］、［蓝］、［紫］、Gs［蓝黑］、Gs［粉红］、Gs［浅绿］……}；"物质状态"特征函数变量的取值范围为{［固态］，［液态］，［气态］}；"方向"特征函数变量的取值范围为{{［东］，［西］，［南］，［北］,Gs［东南］,Gs［东北］,Gs［西南］,Gs［西北］}，{［前］，［后］，［左］，［右］}，{［上］，［中］，［下］}，{［里］，［外］}}[①]。这些集合里面的词义基因(簇)语义都是平行的，所以［颜色］、［物质状态］、［方向］

---

　　①　这是一个复杂集合，含有嵌套。即该集合本身又由多个子集合构成。每个子集合内的基因其语义是平行的，各个子集之间的语义也是平行的。

是取值平行型维度特征基因。这类基因可以是限值的也可以是非限值的。

级差型特征函数变量的取值集合由一组语义上构成某种连续统的基因（簇）构成。比如，"温度"特征函数变量的取值范围为$\{[热]，[温]，[凉]，[寒]，[冷]\}$；"年龄"特征函数变量的取值范围为$\{_{Gs}[老年]，_{Gs}[中年]，_{Gs}[青年]，_{Gs}[少年]，_{Gs}[儿童]，_{Gs}[婴儿]\}$等。这些集合中的基因（簇）的语义在程度或数量上构成一个从大到小的连续统，数量之间的边缘是模糊的，没有准确的数值区间，只有一个大概的等级差别。因此，[温度]和[年龄]属于级差型维度特征基因。这类基因可以是限值的也可以是非限值的。

离散型特征函数变量的取值集合由一组语义上没有明显结构性分布规律的基因（簇）构成。如[功能]、[形状]、[材料]、[组成]等，其取值基因无法约定，一般由其构词对象而定。这类基因都是非限值基因。

3. 词义变量赋值基因

在词义特征函数$F=f(x)$中，变量x的取值范围由具体的函数算子f决定，一般来说可以是一个词义基因，也可以是基因簇和基因链。有一类词义基因，一般不能用作常量基因和维度特征基因，而用来给变量x赋值，这类基因就是赋值基因。例如[大]、[小]、[多]、[少]、[男]、[女]等。

词义变量赋值基因具有如下性质：

①赋值基因一般不能单独使用，不能在词义基因结构中独立存在，必须和词义维度特征基因组合，构成一条最小基因链，才能控制和表征词义的特征维度。

②赋值基因对维度特征基因有相互的强制选择性。一个或一组语义性质类似的赋值基因往往只能为某种特定维度特征基因赋值。例如：$\{[男]，[女]\}$只能给[性别]基因赋值，反之，"性别"特征函数的变量取值也只能来自赋值基因集$\{[男]，[女]\}$；同理，$\{[红]，[橙]，[黄]，[绿]，[青]，[蓝]，[紫]……\}$只能为基因[颜色]赋值，$\{[大]，[小]\}$只能为[程度]、[值]、[数量]等维度特征基因赋值。

③赋值基因虽然不能单独控制表征词义特征，但是有些赋值基因可以

单独成词,具有很活跃的句法组合能力。实际上,即使是单独成词用于句子中,赋值基因的本质意义没变,只是它们所依附的维度特征基因蕴含在句子的语境中。例如:

(1)这间房子很大。

(2)我比他大。

例(1)中的"大"是指房子的空间大,借用词义基因结构表达式,这个句子的语义结构可表示为:{[房子]:{[空间]:{[度量值]([大])}}},很明显[大]是"度量值"特征函数的赋值基因。

例(2)中的"大"是指年龄大,句子的语义结构可表示为:{[[我]→[他]]:{[比较]({[年龄]([大])})}},[大]是"年龄"特征函数的赋值基因。

④有些赋值基因和维度特征基因的组合形成的特征函数具有活跃的构词能力,一个简单的特征函数就可以成词。例如,赋值基因集{[红],[橙],[黄],[绿],[青],[蓝],[紫]……}和维度特征基因[颜色]组合形成特征函数可构成词集{[红色],[橙色],[黄色],[绿色],[青色],[蓝色],[紫色]……}

第四节 词义基因描写的元语言系统

本书所使用的词义基因描写元语言系统包括三个部分:从自然语言中提取的词义基因单位、词义信息基因结构描写符号和 XML 语言代码。元语言系统的设计兼顾人用和机用两方面,既有较强的可读性,方便人类读者阅读和理解,以及作为语义学研究工具用,也具有高度形式化和可计算性的特点,可直接供各种自然语言处理系统调用。

一、从自然语言中提取的词义基因

从自然语言中提取出的词义基因构成一个有限集合,是整个词义基因描写元语言系统的基础。从理论上讲，一种自然语言整个词汇系统的所有词义构成，甚至是整个语言系统的语义（包括话语的语义），都是建立在这个有限基因集的基础之上的。词义基因提取的具体方法和操作程序在第四章将详细论述，本节主要描述从自然语言中提取的词义基因的概貌。

（一）表征人或事物名称的词义基因

这类基因对应传统语言学中的名词。在大多数自然语言的词汇系统中，名词的数量是最多的，这一类需要提取的词义基因也最多。列举部分如下：

1. 表征与人相关的名称的词义基因

①［人］、［自己］、［对方］、［他人］

②［性别］、［男］、［女］

③［年龄］、［老］、［中］、［青］、［幼］、［童］、［婴］……

④［亲属］、［辈分］、［上代］、［下代］、［同代］、［母亲］、［父系］、［血亲］、［姻亲］、［继亲］、［养亲］①……

⑤［性格］、［体貌］、［身份］、［职业］、［品性］、［才识］、［籍属］、［称谓］……

2. 表征与事物相关的名称的词义基因

①［物］、［实体］、［对象］、［工具］、［装置］……

②［自然］、［天］、［地］、［山］、［河］、［湖］、［海］、［波］、［浪］……

③［天气］、［风］、［雨］、［阴］、［晴］……

④［物质］、［材料］、［金属］、［金］、［银］、［铁］、［铜］、［铝］、［锡］……

⑤［动物］、［鸟］、［兽］、［虫］、［鱼］……

---

① 此处［继亲］、［养亲］是用于控制和表征类似"继父""继母""继子""继女""养父""养母""养子""养女"这一类词的亲属关系特征的，跟词"继亲""养亲"的语义有区别。

⑥[植物]、[草]、[木]、[花]、[木本]、[草本]……

⑦[现象]、[本质]、[时间]、[空间]、[符号]、[精神]、[思维]、[社会]、[国家]、[组织]、[制度]、[文化]、[政治]……

⑧[结构]、[整体]、[部分]、[部门]、[器官]、[成员]、[点]、[线]、[面]、[长度]、[面积]、[体积]、[功能]、[数量]、[单位]……

3. 表征与事件相关的名称的词义基因

①[事件]、[行为]、[活动]、[经历]……

②[事故]、[灾害]、[祸]……

③[战争]、[革命]、[风潮]……

④[会议]、[生活]……

⑤[成绩]、[贡献]、[罪]……

⑥[原因]、[结果]、[方式]、[手段]、[目的]、[地点]、[方向]、[路径]、[范围]、[规模]、[过程]、[速度]……

4. 表征语言学概念的词义基因

这类词义基因属于语言学研究的通用元语言，在词义分析中也经常用到。

①[名词]、[动词]、[形容词]、[代词]、[介词]、[副词]……

②[主语]、[谓语]、[宾语]、[定语]、[状语]、[补语]……

③[施事]、[受事]、[格]、[论元]、[反身]、[指称]……

④[修辞]、[隐喻]、[引申]、[指代]、[拟人]……

⑤[极性]、[褒义]、[贬义]……

(二)表征行为动作的词义基因

这类基因对应于传统语言学中的动词。

①[位移]、[开始]、[停]、[终止]、[进行]、[转移]……

②[操作]、[运行]、[举行]、[变化]、[反应]、[发生]……

③[防止]、[保持]、[保护]、[使……变化]、[……化]……

④[接触]、[接近]、[结合]、[分离]、[连接]……

⑤［思考］、［认知］、［注意］、［理解］、［记忆］、［遗忘］、［发现］、［言说］、［听］、［看］、［问］、［答］、［请求］……

⑥［感觉］、［尝］、［嗅］、［哭］、［笑］……

⑦［拿］、［放］、［开］、［关］、［担任］、［聘］……

⑧［执行］、［同意］、［反对］、［建议］、［抵制］、［决定］、［控制］、［奖］、［惩］……

⑨［制造］、［修］、［解决］、［实现］、［消灭］、［处理］……

（三）表征人或事物性质状态的词义基因

这类基因对应于传统语言学中的形容词和副词。

1. 表征人的性质状态的词义基因

①［善］、［恶］、［好］、［坏］、［美］、［丑］……

②［健康］、［生］、［老］、［病］、［死］……

③［喜］、［怒］、［哀］、［乐］、［忧］、［恨］……

④［幸福］、［痛苦］、［吉利］、［尴尬］、［冤］……

⑤［雅］、［俗］、［聪明］、［狡猾］、［蠢］、［诚实］、［严肃］、［温和］……

⑥［坚强］、［果断］、［正直］、［固执］、［阴险］、［可怜］、［开朗］、［内向］……

⑦［勤奋］、［懒惰］、［认真］、［谦虚］、［贪］、［廉］……

2. 表征事物的性质状态的词义基因

①［好］、［坏］、［美］、［丑］、［对］、［错］……

②［安全］、［危险］、［难］、［易］……

③［乱］、［杂］、［繁荣］、［空］、［满］、［简单］……

④［平］、［直］、［曲］、［正］、［歪］、［尖］、［锋利］、［钝］……

⑤［生］、［熟］、［浓］、［稀］、［明］、［暗］……

⑥［清澈］、［浑浊］、［清晰］、［模糊］……

⑦［干］、［湿］、［粗糙］、［光滑］、［细致］……

⑧［酸］、［甜］、［苦］、［辣］、［咸］、［香］、［臭］……

（四）表征语言组合关系的功能词义基因

这类基因对应于传统语言学中的介词、连词、助词等功能词和用于逻辑判断的词。

①［根据］、［依靠］、［关于］……

②［有］、［无］、［是］、［否］、［真］、［假］……

③［比较］、［相同］、［相似］……

④［可能］、［必须］……

上述所举例子仅为根据词义基因本身语义信息所作的简单分类，并不代表它们只能用于各自所属的类别。在实际的语言事实中，描写一个词的词义往往要用到其中的多种甚至是所有种类的词义基因。

二、词义信息基因结构描写符号

词义信息基因描写符号是表示词义基因的性质、词义基因间的语义关系的重要手段。参照其他学科元语言系统的一般惯例，我们在词义信息基因结构中用到的符号分为以下几类：

（一）边界符

（1）方括号［　］：词义基因边界符，表示方括号里面的成分是一个单独的词义基因。例如［工具］、［功能］、［大］、［φ］等。

（2）圆括号（　）：变量值边界符，表示圆括号里面的成分是一个词义特征函数的变量的具体取值，它既可以是单个基因，也可以是一个基因结构表达式。一个圆括号表达式必须紧跟在一个方括号表达式后面，方括号里面的词义基因成分表示一个特征函数算子。例如［颜色］（［红］）、［材料］（［金属］∨［塑料］）、［吸收］（$_{Gs}$［养分］）、［功能］（｛［容纳］（［液体］）｝）等。

（3）花括号｛　｝：词义基因链边界符，表示花括号里面的成分是一条词义基因链。一条最小基因链表示词义单方面的一个特征，多条基因链可以组合成一条完整的基因链，表示整个词的词义结构。例如："书柜"的词义结构基因链为：{［器具］：{［功能］（［装］（［书］））}+{［形状］（［方］）}+{［材料］（［木］∨［金属］）}}，其中又包括三条小链{［功能］（［装］（［书］））}、{［形状］（［方］）}、{［材料］（［木］∨［金属］）}，分别为功能链、形状链和材料链。

为了表示词义基因之间复杂的语义关系，边界符一般需要嵌套使用。根据需要，三种边界符都可以互相嵌套。花括号和圆括号的嵌套中一般需包含其他两种符号，不能单纯自身嵌套，仅方括号可以自身嵌套，不需要其他边界符，如［$_{Gs}$［黏土］∧$_{Gs}$［颜料］］、［［翻］∨［炒］］。这是因为方括号表示的是一个单独的词义基因，自身嵌套表示多个基因组合，其功能还相当于单个基因。在基因链{［材料］（［石墨］∨［$_{Gs}$［黏土］∧$_{Gs}$［颜料］］）}中，［石墨］和［黏土］是"材料"维度特征函数变量的两个可选取值，而［黏土］又是和［颜料］混合在一起的，它们是一个整体，所以表示为［$_{Gs}$［黏土］∧$_{Gs}$［颜料］］；而基因链在{［［翻］∨［炒］］（$_{Gs}$［食材］）}中，［翻］和［炒］是"功能"特征函数的两个不同函数算子，但是它们的变量取值相同，都是$_{Gs}$［食材］，本应表示为{{［翻］（$_{Gs}$［食材］）}∨{［炒］（$_{Gs}$［食材］）}}，合并同类项后就得到更简洁的表达式{［［翻］∨［炒］］（$_{Gs}$［食材］）}。

（二）连接符

（1）冒号：用于在词义信息基因结构表达式中连接常量基因和特征维度基因链。一条单独的基因结构式最多只能有一个常量基因，因此冒号也只有一个。例如，"笔"的词义基因表达式{［工具］：{［功能］（［写］∨［画］）}。如果整个词的基因结构式有嵌套基因链，即整个词义由多条基因链组成，其中主链有且只有一个常量基因，子链可以有自己的常量基因。例如，铅笔：{［工具］：{［功能］（［写］∨［画］）}+{［结构］（{［芯：{［材料］（［石墨］∨［$_{Gs}$［黏土］∧$_{Gs}$［颜料］］）}}}+{［壳］：{［材料］（［木］∨［纸］∨［塑料］∨［金属］）}）}}}，其中［工具］是主链的常量基因，［芯］

和[壳]是"结构"维度两条子链的常量基因。

(2)横向箭头→：用于连接两个处于对比、对照关系的词义基因，有方向性，表示比较或对照的主次关系。例如，"局"在《现汉》中的释义为："局，机关组织系统中按业务职能划分的单位(级别一般比部低，比处高)"，该释义括号里的部分可表示为：{[级别]([比较]([[局]→[部]](低)∧[[局]→[处]](高)))}。

(3)竖向箭头↑：用于连接两个处于相互参照关系的词义基因，两个基因关系平等，不分主次。例如，"锤子"在《现汉》中的释义为："敲打东西的工具。前有金属等材料做的头，有一个与头垂直的柄。"其中关于锤头和锤柄的描述可表示为：{[位置]([头]↑[柄]([垂直]))}。

(4)加号+：用于在词义信息基因结构表达式中连接两条表达不同特征维度的基因链。例如，"锤子"的词义基因表达式{[工具]：{[功能]([敲]∨[打])}+[结构]({[组成]({[头]：{[材料]([金属]∨[其他])}}∧[柄])}+{[位置]([[头]↑[柄]](垂直))})}}中，第一层有"功能"和"结构"两条子链，第二层中"结构"子链又有"组成"和"位置"两条子链。

(5)*of*：用于表示两个词义基因具有领属、隶属、附属关系，相当于"A的B"，例如，"妈妈的兄弟(舅舅)"可表示为：{[关系](Gs[兄弟]*of*Gs[妈妈])}。

(6)大于号>和小于号<：用于连接两个有时序关系的词义基因，[A]>[B]表示A晚于B发生，[A]<[B]表示A早于B发生。例如，"贩卖"表示"先买后卖"，词义基因结构式可描写为：[买]<[卖]。

(7)等号=：用于连接一个词和它的词义信息基因结构表达式，为描述方便，等号左边记为S词，右边为结构式。例如上述几个例子可表示为：

S笔={[工具]：{[功能]([写]∨[画])}}

S笔={[工具]：{[功能]([写]∨[画])}}

S锤子={[工具]：{[功能]([敲]∨[打])}+[结构]({[组成]({[头]：{[材料]([金属]∨[其他])}}∧[柄])}+{[位置]([[头]↑

［柄］］（［垂直］））｝｝｝。

（三）逻辑符

（1）逻辑与∧：加合关系，表示两个或两个以上词义基因并列，二者需要同时存在，例如［头］∧［柄］、Gs［黏土］∧Gs［颜料］等。

（2）逻辑或∨：选择关系，表示两个或两个以上词义基因都是可能的选项，可以任选其中一个。例如［写］∨［画］、［木］∨［纸］∨［塑料］∨［金属］、［金属］∨［其他］等。

（3）逻辑非！：放在方括号前面，表示对某个词义基因的否定意义。《现汉》对"肮脏""没门儿（义项3）"的释义分别为"不干净""表示不同意"，可表示为：！［干净］、！［同意］。

（四）特殊词义基因

（1）空值基因［φ］：表示词义某个维度特征变量的取值为空值，比如"水"的"颜色"维度：｛［颜色］（［φ］）｝。

（2）泛值基因［u］：表示词义某个维度特征变量的取值不确定，比如"几"表示"数量不确定"：｛［数量］：［值］（［u］）｝（"数量"的"值"维度特征变量取值不确定）；比如"某"表示"不确定的人或事物"：｛［［人］∨［事］∨［物］］：［对象］（［u］）｝（"人""事"或"物"的"对象"维度特征变量取值不确定）。

（3）反身基因［i］：表示对某个词义的特征维度进行描写时，需关涉到对被释描写对象本身的指称，这个指称就是反身基因，用小写字母［i］表示。比如，"哑谜"表示"比喻难以猜透的问题"：｛｛［问题］：［猜］（［受事］（［i］））｝＋［修辞］（［比喻］）｝｝，表达式中的［i］指称被描写对象［问题］本身。

（4）复指反身基因［I］：表示对某个词义的特征维度进行描写时，需关涉到两个对象，或者包括对被释描写对象本身和另外一个对象的指称，这两个对象一般在符号层面是不能分开的，一般用"互相""彼此"等词表示。

这个就是复指反身基因，用大写字母［I］表示。比如"互相关心""彼此相邻"：｛［关心］（［I］）｝、｛［邻接］（［I］）｝。

（五）下标符

（1）基因簇 Gs：在词义信息基因结构式中，有时候在描写词 A 的，其中有描写单位不是一个词义基因，而是另一个词 B 的完整词义，为了表述简洁，可以把这个单位记为 $_{Gs}$［B］，Gs 书写为基因边界符的左下标。词 B 的完整意义在这里被当作一个基因簇。例如，"铅笔芯"的"材料"维度用 $_{Gs}$［黏土］∧ $_{Gs}$［颜料］表示。需要说明的是，在描写词 B 的意义时，不能再反过来用 $_{Gs}$［A］，不然就陷入循环释义了。

（2）基因链 Gc：类似于基因簇，为了简便，把一条词义基因链记为 $_{Gs}$［X］，例如"铅笔"的结构维度用 $_{Gc}$［芯］∧ $_{Gc}$［壳］表示。基因链和基因簇意义不同，基因簇代表一个词的完整词义，是稳定的，在避免循环释义的前提下，可以当作一个词义基因用于多个不同词的词义信息基因结构描写。而基因链是不固定的，只对当前被描写的词有效。例如，"铅笔"和"钢笔"的结构都有"芯"和"壳"，描写"铅笔"的基因链 $_{Gc}$［芯］和 $_{Gc}$［壳］不适用于"钢笔"。

（3）词义符号 $S_{词}$：放在等号左边表示一个词的词义。S 代表某词词义，该词作为 S 的右下标。

以上所述的三种下标符号，基因簇的表示方法既可方便词义基因研究的表述，也可以直接用于计算。当整个词汇系统的基因结构库都建立起来的时候，数据量是非常庞大的，那么这种表示方法可大幅度压缩数据库的体量，简化数据调用，提高运算速度。基因链和词义的表示方法仅供研究表述简便之用，对机器进行语义计算意义不大。

三、基于 XML 语言的词义信息计算描写

（一）XML 语言简介

XML（Extensible Markup Language，可扩展标记语言）是 W3C（World

Wide Web Consortium，万维网联盟）①发布并大力推荐的一种文档信息结构化处理的计算机程序设计语言（源艳芬、梁慎青，2010），在大数据处理、人工智能应用研究、语义网（Semantic Web）开发等方面使用非常广泛。XML 语言的设计宗旨是用来存储和传输数据，方便对数据进行标准化、无障碍的跨平台传输。XML 语言具有如下优点：

（1）文档结构严谨，语义描写精确，层次分明，用于自然语言语义分析具有独到的优势。

（2）语法简单，可读性强，方便编写和维护，非常适合需要投入大量人力进行的词义基因数据库和词汇语义信息基因结构数据库开发工程。

（3）标签可扩展，XML 语言没有强制定义统一的标签，而把这部分工作留给用户自行扩展。这意味着用户可以根据具体工作的需要，自定义个性化的语义标签，这对于需要使用大量特征函数和变量的词义基因分析而言显然是非常有利的。

（4）数据存储格式简单通用，方便数据传输和数据共享。目前，很多计算机应用系统和数据库普遍使用互不兼容的格式来存储数据，造成不同系统之间的数据交换和共享存在巨大障碍，而且在数据格式转换过程中很容易丢失数据。XML 语言以纯文本格式存储数据，基本上可以被所有系统调用，而且数据库文件小，可以有效提高数据传输和运算的效率。

（二）词义基因描写变量定义

根据 XML 语言的特点，结合词义信息基因结构描写的需求，我们需要预先定义一批词义维度特征函数标签和词义赋值基因标签。对一种语言整个词汇系统的词义基因信息结构描写数据量巨大，需要定义的 XML 标签也很多。限于篇幅，本章仅列举部分如下（见表 3.2）：

----

①　W3C 是互联网技术领域最权威、最有影响力的中立性国际技术标准组织，由万维网发明人 Tim Berners-Lee 发明并领导。W3C 制定和发布了 200 多项 Web 技术标准，被业界广泛采用，影响深远，是当今世界互联网技术发展和应用的根本性基石和核心支撑。

表 3.2 现代汉语名词词义信息基因结构描写 XML 标签定义集（部分）

标签名称	标签含义	对应词义基因类别
word	表示一个被描写的词的所有维度特征	无
id	表示被描写的词在数据库中的编号	无
lexicon	表示被描写的词的词形	无
class	表示被描写的词的词类（名词、动词等）	无
eg	词的用法举例	无
head	表示被描写的词所属的上位词义类别	常量基因
time	词义空间的时间维度特征函数	维度特征基因
space	词义空间的空间维度特征函数	维度特征基因
function	词义空间的功能维度特征函数	维度特征基因
structure	词义空间的结构维度特征函数	维度特征基因
part	词义空间的组成成分维度特征函数	维度特征基因
position	词义空间的相对位置维度特征函数	维度特征基因
material	词义空间的材料维度特征函数	维度特征基因
amount	词义空间的数量维度特征函数	维度特征基因
degree	词义空间的程度维度特征函数	维度特征基因
scope	词义空间的范围维度特征函数	维度特征基因
color	词义空间的颜色维度特征函数	维度特征基因
method	词义空间的方式维度特征函数	维度特征基因
cause	词义空间的原因维度特征函数	维度特征基因
result	词义空间的结果维度特征函数	维度特征基因
path	词义空间的路径维度特征函数	维度特征基因
goal	词义空间的目的维度特征函数	维度特征基因
size	词义空间的大小维度特征函数	维度特征基因
sex	词义空间的性别维度特征函数	维度特征基因
age	词义空间的年龄维度特征函数	维度特征基因
ability	词义空间的能力维度特征函数	维度特征基因
character	词义空间的性格维度特征函数	维度特征基因
status	词义空间的地位维度特征函数	维度特征基因
career	词义空间的职业维度特征函数	维度特征基因
look	词义空间的外貌维度特征函数	维度特征基因
comp	词义空间的比较维度特征函数	维度特征基因

用 Oxygen XML Editor 20 编程软件将上述标签编写为 XML 的文档结构定义文件 Schema 文件，如图 3.7 所示：

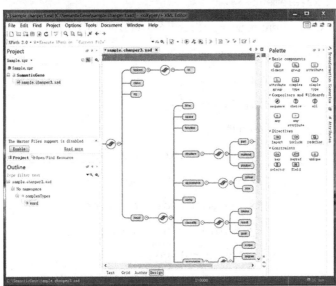

图 3.7 Oxygen XML Editor 20 编辑与运行界面示意图

　　上述 Schema 文件完整源代码如下：

```xml
<? xml version="1.0" encoding="UTF-8"? >
<xs:schema xmlns:xs="http://www.w3.org/2001/XMLSchema"
  xmlns:vc="http://www.w3.org/2007/XMLSchema-versioning" element
FormDefault="qualified"
  vc:minVersion="1.0" vc:maxVersion="1.1">
  <xs:complexType name="word">
    <xs:sequence>
      <xs:element name="lexicon">
        <xs:complexType>
          <xs:sequence>
            <xs:element name="id"/>
          </xs:sequence>
        </xs:complexType>
      </xs:element>
      <xs:element name="class"/>
      <xs:element name="eg"/>
      <xs:element name="head">
        <xs:complexType>
          <xs:sequence>
            <xs:element name="time"/>
            <xs:element name="space"/>
            <xs:element name="function"/>
            <xs:element name="structure">
              <xs:complexType>
                <xs:sequence>
                  <xs:element name="part">
                    <xs:complexType>
```

```
                <xs:sequence>
                  <xs:element name="material"/>
                </xs:sequence>
              </xs:complexType>
            </xs:element>
            <xs:element name="material"/>
            <xs:element name="position"/>
          </xs:sequence>
        </xs:complexType>
      </xs:element>
      <xs:element name="appearance">
        <xs:complexType>
          <xs:sequence>
            <xs:element name="colour"/>
            <xs:element name="size"/>
          </xs:sequence>
        </xs:complexType>
      </xs:element>
      <xs:element name="comp"/>
      <xs:element name="causality">
        <xs:complexType>
          <xs:sequence>
            <xs:element name="cause"/>
            <xs:element name="result"/>
            <xs:element name="goal"/>
          </xs:sequence>
        </xs:complexType>
      </xs:element>
```

```
<xs:element name="association">
    <xs:complexType>
        <xs:sequence>
            <xs:element name="scope"/>
            <xs:element name="degree"/>
            <xs:element name="method"/>
            <xs:element name="path "/>
        </xs:sequence>
    </xs:complexType>
</xs:element>
<xs:element name="bio">
    <xs:complexType>
        <xs:sequence>
            <xs:element name="sex"/>
            <xs:element name="age"/>
        </xs:sequence>
    </xs:complexType>
</xs:element>
<xs:element name="personality">
    <xs:complexType>
        <xs:sequence>
            <xs:element name="character"/>
            <xs:element name="abality"/>
            <xs:element name="career"/>
            <xs:element name="status"/>
        </xs:sequence>
    </xs:complexType>
</xs:element>
```

```
        </xs:sequence>

      </xs:complexType>

    </xs:element>

  </xs:sequence>

 </xs:complexType>

</xs:schema>
```

　　运行结果显示以上述部分标签描写的词义信息基因结构图谱如图 3.8
所示：

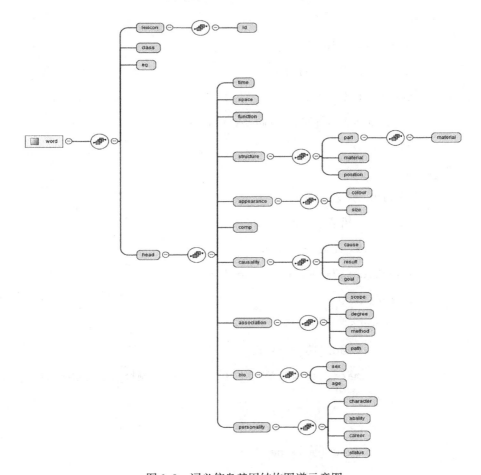

图 3.8　词义信息基因结构图谱示意图

（三）XML 语言词义信息基因结构描写实例

根据 XML 语法规则，利用 Schema 文件定义的文档结构，我们可以将本章中列举的几个词"笔""铅笔""厨具""锅""勺""锅铲""厨刀"和"锤子"的词义信息基因结构用 XML 语言描写如下：

```
<? xml version = "1.0" encoding = "UTF-8"? >
<Sample_Semantic_Gene_Bank
    xmlns: xsi = "http: //www.w3.org/2001/XMLSchema-instance"
    xsi: noNamespaceSchemaLocation = "sample.xsd">
<word>
    <id>18069</id>
    <lexicon>笔</lexicon>
    <head>[工具]</head>
        <function>[写]∨[画]</function>
</word>
<word>
    <id>18079</id>
    <lexicon>铅笔</lexicon>
        <head>[工具]</head>
    <function>[写]∨[画]</function>
    <structure>
        <part>
            <head>[芯]</head>
            <material>[石墨]∨[Gs[黏土]∧Gs[颜料]]</material>
        </part>
        <part>
            <head>[壳]</head>
            <material>[木]∨[纸]∨[塑料]∨[金属]</material>
```

```
        </part>

      </structure>

  </word>

  <word>

      <id>19321</id>

      <lexicon>厨具</lexicon>

      <head>[工具]</head>

      <function>[制作]([饭]∨[菜])</function>

  </word>

  <word>

      <id>19331</id>

      <lexicon>锅</lexicon>

      <head>Gs[厨具]</head>

      <function>[[内置](Gs[食材])]∧Gs[加热])</function>

  </word>

  <word>

      <id>19332</id>

      <lexicon>锅铲</lexicon>

      <head>Gs[厨具]</head>

      <function>[[翻]∨[炒]](Gs[食材])</function>

  </word>

  <word>

      <id>19333</id>

      <lexicon>勺</lexicon>

      <head>Gs[厨具]</head>

      <function>[舀](Gs[食材])</function>

  </word>

  <word>
```

```
    <id>19334</id>

    <lexicon>厨刀</lexicon>

    <head>Gs[厨具]</head>

    <function>[分割](Gs[食材])</function>

</word>

<word>

    <id>23752</id>

    <lexicon>锤子</lexicon>

    <head>[工具]</head>

    <function>[敲]∨[打]</function>

    <structure>

        <part>

            <head>[头]</head>

            <material>[金属]∨[其他]</material>

        </part>

        <part>[柄]</part>

        <position>[[头]↑[柄]]([垂直])</position>

    </structure>

</word>
```

第四章　词义基因的分析与提取

虽然每个生物个体都有自己独特的基因结构，但一般来讲，同种群的生物其基因组系列的结构是相同的，个体差异体现在基因组系列结构中某些具体基因的不同。相同物种的不同种群之间存在着或多或少的相同基因和基因链上面部分片段的相同系列，甚至不同物种之间也有相同的基因和基因组。

自然语言的词义基因分布也呈类似的规律。我们可以假设，所有自然语言之间存在少量共享的词义基因和表征词义信息结构的基因链序列片段，同一个语言家族中不同语种之间共享的词义基因成分更多，最后到具体的某一种语言，又各自有其独有的基因集和基因链。不同的语族之间，词义基因集可以存在交集；同一语族内部不同语种之间的词义基因集也可以存在交集。如图4.1所示。

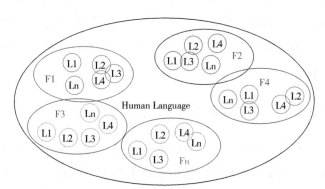

Human Language：代表整个人类语言的词义基因集

F：代表某个语族的词义基因集

L：代表某种语言的词义基因集

图4.1　自然语言词义基因集示意图

155

安娜·威尔兹彼卡的研究成果一定程度上验证了这种假设。她提出："任何语言的词典中都存在不可定义的词，它们的数量较少，自成系统，它们的作用是用来定义其他的词语。不可定义的词是可列举的，语言中的其他词可以用它们来定义。不可定义的词在不同的语言中虽然各有所不同，但却是相互对应的，在语义上是等价的。因此，不可定义的词在各种语言中可视为普遍词汇（苏新春，2003）。"她提取的六十多个语义基元就是在考察多种语言的基础上得到的共性语义基元，为所有被考察的语言所共享。

除了安娜·威尔兹彼卡通过跨语言比较提取多种语言的共同语义基元的方法外，在单一语言内部先提取词义基因集，然后求取多种语言的基因集交集，更有利于系统性地解决问题。本章探讨在现代汉语词汇系统内部提取词义基因集的方法。

第一节 现代汉语词义基本单位的相关研究

汉语语言学界和计算语言学界在词义基本单位的提取方面做了大量的工作，产生了一批卓越的成果。李葆嘉（2002）在讨论汉语元语言系统的时候指出："语言学元语言包含三层含义：用于语言交际的最低限量的日常词汇，用于辞书编纂和语言教学的释义元语言，用于语义特征分析的语义元语言。"按照这个思想，现有的汉语元语言提取研究成果可大致分为常用词（基本词）、释义基本单位和析义基本单位。学者们提取这些基本单位的方法各有千秋。

一、现代汉语基本词汇与常用词汇研究

每种语言中都存在着一个基本词汇集。基本词汇是人们语言中必不可少的词汇成分，用来表示日常生活中最必需的事物和概念，和人们生活的关系最为密切。基本词汇具有普遍性和稳固性，是产生新词的基础（葛本仪，2001：3-4）。"基本词汇是词汇的根基，它跟语言中所有的词都有一定的关系，基本词汇数量有限，具有全民性。而常用词是日常用来表达人

们的思想的词，一般人都能掌握的词。汉语中有很多词都是常用的，在千百年的长时期中生存着，而又有比较强的构词能力，无疑都是基本词(周祖谟，2005：8-10)。"

汉语基本词汇和常用词汇表的研制取得了一些标志性的成果，例如，由中国文字改革委员会研究推广处编制、1959 年文字改革出版社出版的《普通话三千常用词表(初稿)》，在此基础上，1987 年文字改革出版社又出版了由郑林曦修订的《普通话三千常用词表》；由北京语言学院语言教学研究所编写、1986 年北京语言学院出版社出版的《现代汉语频率词典》；由何克抗和李大魁主编、1987 年由北京师范大学出版社出版的《现代汉语三千常用词表》；由教育部语言文字信息管理司组编、2008 年由商务印书馆出版的《现代汉语常用词表(草案)》等。

这些词表的研制方法大同小异，基本的思路都是通过一定规模的语料筛选和统计方法相结合。所不同的是语料选择的范围和所使用的统计手段有所差异。

基本词汇虽然具有稳定性，但也不是一成不变的。有些学者认为"各种语言的基本词汇每经过一千年大致只能保持 81%"(张能甫，1999)。从整个语言的词汇中提取基本词汇集，传统的语言学靠人工判断的方法，包括经验法则、字根分析法、训释频率鉴定法、构词能力鉴定法、词库交集法等(张志平，2007)，都带有一定的主观性，难免会产生各种分歧。用计算机从大规模语料中进行统计识别并抽取，是现在公认比较可行的办法。统计算法包括词频计算、词汇流通度计算和词汇通用度计算等。

北京语言大学韩秀娟等(2005)、赵小兵(2007)报告了一种在小规模基本词汇先验集的基础上建模，通过机器学习从大规模语料库中获取基本词汇集的方法：

(1)综合多种教材、语言学专著中词表等资源，归纳基本词汇先验集，包含 730 个词。

(2)基于词语的时间、领域分布等特征，提出词通用度计算公式：$O_k = T_k \times U_k$，通过该公式计算，从主流报纸中提取通用词表。

（3）在通用词表范围内，考察基本词汇先验集中各词的统计特征，得到基本词汇的特征向量。

（4）在语料库中标注基本词汇初始训练集，采用遗传算法训练并改进基本词汇训练与提取模型。

（5）利用训练好的模型，结合词频、词使用度、词流通度、词汇通用度等参数从语料库中自动识别和提取基本词汇集。

（6）数据校验。

这种结合语言规则和统计特征提取基本词汇的方法受主观影响小，也可以避免单纯的词频计算可能面临的语料不均衡导致的误差，提取效果较好，具有很强的代表性。

跟基础词表相比，常用词表和频率词表更多地考虑收词的取舍标准和词语在语料中的分布频率。下面以《现代汉语常用词表（草案）》为例，说明常用词提取的方法（李宇明等，2008）。

（一）使用语料

（1）权威辞书和文献资料。

（2）国家语委"现代汉语通用语料库"，约 4500 万字。

（3）《人民日报》2001—2005 年分词标注语料，约 1.35 亿字。

（4）厦门大学"现当代文学作品语料库"，约 7000 万字。

（二）选词原则

（1）以汉语为母语的中等文化程度的人，在社会语文生活中经常见到和使用的现代汉语普通话词语。

（2）兼顾系统性与实用性。

（3）以单音节词和双音节词为主，兼收部分高频缩略语、成语、惯用语等熟语和表达整体概念名称的固定短语。

（4）优先收录带有词根性质的词语，对其扩展词形或组合短语，根据实际使用频度和规范状况等有选择地收录。

（5）缩略语和原形词语根据实际使用频度和规范状况等作出不同的选择。

（6）经常出现的双音节结构，视实际使用情况酌情视为词加以收录。

（7）人名、机构名、领导职务名原则上不收，有比喻、借代等引申意义且稳定而高频的适当收录。

（8）地名、国名、历史朝代名原则上不收，使用频率相对较高的适当收录。

（三）统计与排序

使用"词频频级排序法"确定词语的使用频度的顺序。

（1）按不同类型的语料排定词语的频级，因同一个词语在不同语料库中的频次可能相差较大，所以先将同一语料库中所有词语按频次数的多少进行排序，相同频次的为一个频级。

（2）形成总语料的频级，即将每个词语在三种语料的频级之和除以三。总语料的频级共有 2969 级，1 级为最高。

（3）相同频级的词语，根据总频次的多少由高到低排序，相同频次的根据读音按字母升序排列。

二、现代汉语基本释义单位研究

现代汉语基本词典释义词的提取研究成果主要有黄昌宁的汉语定义原语提取、安华林的现代汉语释义基元词提取和苏新春的汉语释义元语言提取。

（一）黄昌宁的汉语定义原语提取

利用计算机从单语词典中自动获取定义原语是 1995 年清华大学和北京语言学院联合申请、由清华大学黄昌宁教授主持的国家自然科学基金重点资助项目"语料库语言学研究的理论、方法和工具"的一项重要成果。他们基于图论设计算法模型，最终从《现代汉语词典》中提取 3856 条定义原语。提取的方法如下（张津、黄昌宁，1997；苏新春，2003）。

159

（1）语料来源：《现代汉语词典（第 2 版）》（中国社会科学院语言研究所编，商务印书馆，1988 年出版）中所有复音词目的释义与《现代汉语通用字典》（傅兴岭主编，外语教学与研究出版社 1987 年出版）中所有单字词的释义。

（2）算法：采用基于图论的算法模型，主要理论要点可描述如下。

① 词典中的所有词构成一个集合 X，用于解释这些词的释义词构成集合 P，$P \subset X$。整部词典可以表示为一个有向图 $G = (N, E)$，N 表示图的节点集合，E 表示图的有向边集合。

② 词集 X 中的每个词 w 和图中每个节点 n 形成一一对应的映射关系。

③ 对于词集中的任意两个词 w_1 和 w_2（$w_1 \rightarrow n_1$，$w_2 \rightarrow n_2$），若 w_1 的释义字符串中出现了 w_2，则图中从 n_1 到 n_2 有一条有向边，若没有，则 n_1 和 n_2 之间不存在有向边。

根据这个原理，若一个词充当释义词的次数越多，则指向它的有向边就越多，其作为定义原语的频率就越高。据此即可从词典释义中获取定义原语集。

（3）校验：按《同义词词林》的义类体系代码给提取的定义原语标注义类，调查义类的分布情况。

作为现代汉语第一个释义元语言集，黄昌宁教授团队的研究成果具有标志性的意义。但是，由于其研究过于依赖数学方法，为了迁就算法公理而忽视语言事实，导致提取的结果中存在很多不合理的定义原语。比如类似"第一宇宙速度""初级中学""阿尔法射线""中国工农红军"等专有名词占到整个定义原语集的近三分之一。这显然是不合适的。

（二）安华林的现代汉语释义基元词提取

安华林 2005 年出版《现代汉语释义基元词研究》，提取了 2800 多个现代含义释义基元词。提取的方法如下。

（1）语料来源。

①《现代汉语词典（第 3 版）》，商务印书馆，1996 年出版。

②《汉语词汇的统计与分析》，北京语言学院语言教学研究所编著，外语教学与研究出版社，1985 年出版。

③《现代汉语频率词典》中的"生活口语中前 4000 个高频词词表"，北京语言学院语言教学研究所编写，北京语言学院出版社，1986 年出版。

④《现代汉语三千常用词表》，何克抗和李大魁主编，北京师范大学出版社，1987 年出版。

⑤《普通话三千常用词表（修订本）》，郑林曦修订，文字改革出版社，1987 年出版。

⑥《汉语水平词汇与汉字等级大纲（修订本）》，国家汉语水平考试委员会办公室考试中心编，经济科学出版社，2001 年出版。

（2）操作步骤。

①统计分级：将《现代汉语词典》进行分词和词频统计，建立"现汉释义性词语词频统计表"，将词频分高、次高、中、低、罕五级，并据此建立"现汉释义性语料常用词表"，共收词 1500 余个。

②共现分析：五种语料对比分析，提取其中的共现部分，进行词形分化和词性标注，建立"现代汉语共现词汇词表"，共收词 1400 余个。

③释义基元词初步提取：取"现汉释义性语料常用词表"和"现代汉语共现词汇词表"的交集部分，提取核心释义基元词；进一步扩大范围，选"汉语水平词汇与汉字等级大纲"甲、乙级词和"现汉释义性词语词频统计表"频次 20 次以上词的交集，得到扩展释义基元词集。两者再合并，得到 1900 个释义基元词基础词项。

④词集整理：通过词形归并、同义替代、词义分解对基础词项进行整理。

⑤实例验证：用上面得到的释义基元词对"现代汉语共现词汇词表"中的词逐一释义，检验基元词的释义效度并查漏补缺。

⑥系统优化：利用同义、反义、类义等语义关系，在最小语义场内对基元词集进一步优化，最终得到 2800 余个。

⑦体系建构：对释义基元词集中的所有词进行登记划分，去掉优化掉

的部分后，原核心基元词集定为甲级，原扩展基元词集定为乙级，通过调整优化增补的定为丙级。然后建立义类层级体系，分 3 个大类、8 个中类、50 个小类(安华林，2005：11-12)。

安华林的研究方法以语料分析为主，统计方法为辅，具有充分的语言学意义。

(三)苏新春的汉语释义元语言提取

苏新春的《汉语释义元语言研究》也于 2005 年出版，提取了 4324 条汉语释义高频词。提取的方法如下。

(1)语料来源：《现代汉语词典(第 3 版)》，商务印书馆，1996 年出版。

(2)操作步骤：

①数据处理：建立《现代汉语词典》语料数据库，将词典文本数据切分成被释词目、释义、例句三部分，其中释义部分为主要研究对象。通过机器分词和人工干预，将研究语料进行分词处理。

②词频统计：计算释义部分总字数、总词数、字种数、词种数，统计字种、词种覆盖面，遴选高频、覆盖面广的词语作为释义元语言候选词。

③词表初选：对候选词进行语义分布分析，以《同义词词林》的义类系统为参照，标注所有候选词的语义分布，保证基本义类不缺，相关义类功能替代。对同一义类候选词淘汰古旧词、偏僻词、罕用词，保留常用、通用、广义、中性、替代性强的词；对同义词和近义词保留高频代表词。在此基础上初步建立汉语释义元语言词表。

④释义验证：分析初步词表中词的语义语用特点，并进行释义语言验证，按照功能强大、效果完美、数量最低三个原则进一步筛选，最终确定汉语释义元语言词集(苏新春，2005：22)。

和安华林的释义基元词研究相比，苏新春的研究语料来源较为单一，使用的统计方法包括绝对词频、累计词频、相对频率、中位数、众位数、加权法等描述统计方法，略显累赘，所得到的释义元语言集也远远大于前者。

三、现代汉语词义分析基本单位研究

早期词义分析基本单位的提取以义素分析法为典型代表。贾彦德（1992）积极倡导义素分析法，并在汉语词汇的义素分析领域进行了卓有成效的实践，提出了一套义素分析的方法和原则，本书第二章已详细介绍了贾先生提取义素的操作程序，此处不再赘述。

南京师范大学李葆嘉教授及其团队在词汇的释义和语义分析方面进行了系统研究，发表了一系列有影响的成果，其中最显著的成果之一是"析义元语言"理论。"析义元语言系统是用来分析对象语言的语义特征集，其主要功能用于义征辨析和义场建构。析义元语言的研究内容主要是语义特征简称（简称'义征'或'义元'）和语义关联简称（简称'义联'），提取'义征'是建立析义元语言系统的关键，成功的标准是看能否满足语义分析功能（李葆嘉，2003）。"目前他们共提取了汉语析义义征2800多个。李葆嘉（2013：134）指出"析义元语言工程是词汇元语言工程和释义元语言工程的后续工程"。因此，他们提取析义元语言所使用的语料资源，很多跟安华林提取释义元语言相同①。提取方法如下（孙道功、李葆嘉，2008）：

（1）建立受限分析对象集：选取部分具有较高代表性的现代汉语常用词，包括名词（250个）、动词（183个）、心理形容词（312个）、类别词（154个）、副词（226个）、称谓名词（249个），建成"义征分析对象词汇表"（共1374个）。

（2）初步提取：以"义征分析对象词汇表"作为典型群案，内省和评估相结合，通过比对、提取、验证和优化提取词汇义征；通过组合分析、对立比较、变换概括、验证评估提取句法义征。合并后初步得到1751个义征。分析步骤为：

①划分语义场，并列出分析对象。

---

① 安华林的著作《现代汉语释义基元词研究》是以他在南京师范大学文学院攻读博士期间的博士论文为基础的。

②通过语义场对比分析，确定所需义征。

③标注义征，列出义征序列结构。

④验证分析结果。

（3）义征梳理：通过合并重合义征、删并同义近义义征、取舍反义义征、分化复合义征的操作进行梳理，得到 1664 个义征标记，汇集成"义征标记初级集"。

（4）验证优化：以安华林的"现代汉语受限通用词表"中的实词部分为基础，进行义位分化，得到 2105 个义位，构成"现代汉语受限通用词义位表"。用"义征标记初级集"对 2105 个义位逐个分析标注，以验证初级义征集的覆盖面。

（5）增补完善：通过验证，增补新义征 1323 个，构成"增补义征标记集"。将增补集和初级集进一步进行对比、删并、优化，最后形成"义征标记优化集"，总数量为 2836 个。

（6）按照代表性、广布性、共现性三个原则，选取 3500 个现代汉语常用词汇，以这 2836 个析义基元对这些词进行语义分析和描写，编纂成《现代汉语析义元语言词典》（孙道功，2013）。

析义元语言研究的价值之一是"服务于语言信息处理"（孙道功，2013），这跟本书的目标取向是一致的。李葆嘉先生及其团队所做的一系列开创性的工作，必然会在汉语语义处理工程中留下浓墨重彩的一笔。当然，正因为其开拓性，还存在一些有待改进之处：

（1）"南京语义学派"①区分了"释义元语言"和"析义元语言"，把它们当作一个系列工程的两个子工程。但是对这两个子工程的最终提取的成果"释义基元词集"和"析义义征集"没有进一步区分。这两个集合能否通用？释义基元词能否用于析义？析义义征能否用于释义？两个集合的交集部分有多大？因为两个子集中的元素都是自然语言的词汇，因此从理论上讲，

---

①　张志毅先生对李葆嘉先生的项目结项鉴定意见用语。参加李葆嘉（2013：508）。

析义义征集应该也可以用于释义。

(2)从语义计算的角度来考察,词义分析单位的语义内涵越小,其外延就越大,因而在语义表征的精确度和语义计算的效率方面表现越好。安娜·威尔兹彼卡指出语义基元是语言中不可定义的,传统的义素分析理论也认为义素是语义系统中最小的单位,这就意味着它们不可以被进一步分解。①从现已公布的析义义征集来看,有相当多的成分还可以进一步被分解。比如:"医院""学校""病人""体内""影视""传媒""土石""铁路""双掌""种植""懂法""司法""说唱""演奏""采访""盖住""抬高""治疗""摊派""跳跃""理财""停车""天黑""天亮",等等。用这些单位描述的词义,知识的颗粒度依然不够精细,对语义的计算需求而言还很不够。

(3)前面我们已经阐明,词的词义成分分布不是线性的,各个词义成分之间存在多种复杂的语义关系,构成整个词义的特征维度空间。义素分析法简单地用"+"和"–"来描写一个或一组词义具有或不具有某个特征,以线性的方式来描写词义,不能准确反映词义成分之间的多种语义关系。义征分析法虽然强调语义成分之间关系的重要性,但是在具体的词汇析义结构式中并未得到充分体现,析义的方式还是跟义素分析法相似,主要以义征的有无作为主要的描写方式。例如:

托:[+动作][+手掌][+向上][+承受][+物体][–传递]

接:[+动作][+手掌][–向前][+接受][+物体][+传递]

(孙道功、李葆嘉,2008)

这是对表示"人的手掌动作"相关的语义场中的两个词的义征描写。其中存在几个问题:①方向义征[向上]不能确定到底是指[动作]的方向还是[手掌]的方向。这里有义征[传递],"传递"是一种有明显方向性的动作,而事实上这里的[向上]是指手掌的朝向。这个歧义人可以辨别,对计算机而言则很麻烦。②"接"有[传递],而"托"没有这个义征。为了体现语义

---

① 当然,事实上义素分析的实践中并没有做到这一点。在很多学者所发表的义素分析研究的成果中,他们用于语义分析的所谓"义素",远远不是最小的语义单位。义素分析的理论和实践严重脱节,这也是这种理论致命的问题之一。

场的对称性，在描写"托"时用了[−传递]。这放在语义场中看起来很整齐，可是若单独这样描写"托"就显得多余了。在语义计算的计算表征中，这是一个冗余数据。③同样，为了语义场表示的整齐，"接"的描写中有[−向前]，方向不能[向前]，那是否可以[向后]、[向上]、[向下]、[向左]、[向右]呢？这同样会给语义计算带来困惑。④[接受]和[传递]两个义征之间存在语义蕴含关系，这样描写既显得重复，又不能充分体现[传递]的方向性。

再比如：

簇：[+丛状][+聚集][+密][+多][+植物][+毛发][+人类][−口语]

丛：[+丛状][+聚集][+密][+多][+植物][−毛发][−人类][−口语]

（孙道功，2011）

"簇"的义征[毛发]和[人类]之间存在"修饰"或"依附"关系，"人类的毛发"或"毛发依附于人类"，这里没法得到体现；[植物]和[毛发]两个义征之间存在"逻辑或"的运算关系，即"[植物]或者[毛发]"，也没有体现出来。严格来说，义征标记析法只是罗列了每个被析对象所包含的义征，并没有描述义征之间的语义关系。从理论上讲，如果进行大规模的词义分析描写的话，有可能碰到一组完全一样的义征按不同的语义关系进行组合得到的意义不同的词。

（4）义征冗余现象不但出现在语义场对称描写的场合，在其他的地方也可以看到，例如：

漂亮：[+人类][+性质][+外貌][+长相∨装束][+好看]

丑陋：[+人类][+性质][+外貌][−长相∨装束][−好看]

（李葆嘉，2013：319）

在实际语料中"漂亮"和"丑陋"不但可以修饰人，也可以修饰事物。如"漂亮的车子""丑陋的蟾蜍"；不但可以指外貌，也可以指内容，如"漂亮的语言""丑陋的灵魂"。因此，[人类]、[外貌]、[长相]这些义征都有待商榷。

（5）跟义征冗余相反，有些地方还存在义征缺失的现象。例如：

老板：[＋人类][＋称谓][＋社会][±男性][＋成年][＋声望][±敬称]

师傅：[＋人类][＋称谓][＋社会][±男性][＋成年][＋声望][±敬称]

（李葆嘉，2013：182）

这是"社会称谓"义场中"老板"和"师傅"的义征表达式，它们是完全一样的。显然，这两个词是有语用区别的，应该有相应的义征来体现这种语义差别。此外，这里的[男性]、[敬称]两个义征都带有"±"，表示两种情况都行，那就没有必要表示，当属于冗余义征。

(6)没有进行适合计算机进行语义计算的形式化表征加工，难以在自然语言处理工程中得到有效应用。

以上分析只是从满足语义计算需要的视角来看的，并非否定释义元语言理论的语言学价值。瑕不掩瑜，这些暂时尚不完善的地方并不影响义征分析工程在语义学和语言工程领域里程碑式的意义。正如李葆嘉先生所言，这是一项"语言基因图谱分析工程"，是一项宏伟而艰巨的工作，不可能一蹴而就。

四、中文信息处理中的概念基元研究

本书第三章已经讨论了中文信息处理中最具典型代表意义的概念语义资源：概念层次网络理论(HNC)和知网(HowNet)。他们从概念的表示出发，分别取了一定数量的"概念基元"和"义原"有限集合。他们的研究都是通过内省和统计相结合的办法，从汉语的字、词中筛选基本的概念单位。

(一)概念层次网络理论中的概念基元体系

HNC 系统对词义知识的表示是通过概念空间到语言空间的映射来实现的。即先自上而下建立概念的层次与网络系统，网络中的每个节点代表一个概念，再将具体的词语映射到网络节点中，从而实现对词义的表达。HNC 的概念表示体系可归纳如下。

1. 概念五元组(黄曾阳，1998：5)

概念五元组表示一个抽象概念五个方面的类型特征，记为(v, g, u,

z，r），分别表示动态、静态、属性、值和效应表达。

2. 概念分类(黄曾阳，1998：437-438)

(1)抽象概念。

①单纯抽象概念。

φ：基元概念

j：基本概念

l：语言逻辑概念

s：以上三类抽象概念的边缘概念或综合概念

f：语法概念

②复合抽象概念。

φj：基元概念向基本概念的挂靠①

lj：逻辑概念向基本概念的挂靠

lφ：逻辑概念向基元概念的挂靠

jl：基本逻辑概念，不采用挂靠方式，有自身独立定义的层次符号

(2)具体概念。

①单纯具体概念。

w：表示"物"的概念

p：表示"人"的概念

②复合具体概念。

pw：人造物

pw：信息物

rw：静态效应物

rvw：动态效应物，如"风""雨""雪"等

pr：有某种职称的人，如"总体""皇帝"等

rp：有某种荣誉的人，如"英雄""劳模""明星"等

pg：非真实的人，如神话或小说中的人物

---

① 所谓挂靠，是指两类概念的合并。

jw：基本物的子集，不采用挂靠方式，有自身独立定义的层次符号

（3）物性概念。

①单纯物性概念。

x：表示物性，修饰具体的概念

②复合物性概念。

px：人造物的物性

gx：信息物的物性

pj：人物化的基本概念

wj：物化的基本概念

jx：基本物的物性，如"温度""色彩"等

xj：物性的基本特性

pe：有法人代表的机构

jgw：基本信息符号，如语言、文字、各种符号

xjz：物性的值，如"面积""长度""重量"等

xjzz：物性值衡量单位，如"公顷""米""吨"等

jzz：时间间隔和空间间隔，如"时""分""秒"、方位角的"度"等

3. 概念层次与概念矩阵

每类概念可分为若干下位子类，子类下再分下位子类，构成概念的不同层级，用 0~13（十六进制）表示。

比如，基元概念分为六个一级节点，每个一级节点下又分若干二级节点，二级节点下再有三级节点，如此类推（黄曾阳，1998：29-30）：

φ0　作用

　　φ00　作用

　　　　φ008　物理作用

　　　　φ009　化学作用

　　φ01　作用的承受

　　φ02　作用的反应

　　φ01　作用的免除

φ04 约束

φ1 过程

 φ10 一般过程

  φ100 过程的基本特征

   φ1008 过程的持续

   φ1009 过程的进展

   φ100a 过程的重复

  φ109 运动过程

  φ10a 演变过程

  φ10b 生命过程

  ……

φ2 转移

φ3 效应

φ4 关系

φ5 状态

再比如：基本物（黄曾阳，1998：42）

jw0 热

jw1 光

jw2 声

jw3 电磁

jw4 微观基本物质

jw5 宏观基本物质

 jw51 气态物

  jw518 大气

 jw52 液态物

  jw528 水

 jw53 固态物

  jw538 土

jw6　生命体

　　jw61　植物

　　jw62　动物

　　jw63　人体

　　概念的内涵和它的五元组构成概念的行，层次构成概念的列，形成若干个概念矩阵，这些概念矩阵就构成一个个概念语义网络，网络中的节点就代表具体的概念。HNC 系统中共有四个概念网络：基元概念语义网络、基本概念语义网络、语言逻辑概念网络、语法概念网络。这些网络中定义的概念基元约 20000 个，构成 HNC 的概念基元集。这些概念基元构成一个严密的层次化、网络化的概念语义系统，从高到低共有概念范畴 18 个、概念群 101 个、概念树 456 棵(苗传江、刘智颖，2010)。

　　4. 概念空间到语言空间映射与词库建设

　　HNC 的词库以概念和语义为中心，同时，因为 HNC 网络具有概念联想、语境联想概念，所以词库中对词语的描写还兼具句类和语境知识。HNC 对词义的描写并不追求精确，而是通过将词语和概念知识库中的概念进行映射，实现对词义的近似描写。由此而产生的语义模糊，则通过概念之间的联想关系、句类知识、语境知识加以消解。

　　词库中的每个词语都用一串符号代码表示。这串代码是按照 HNC 符号体系结构规则生成的，并非简单的线性的符号串，而是能表达概念之间各种关联的复合结构。它可以切分成若干个独立单位，每个单位都可以在概念知识库中找到对应的概念意义。例如，每个词语都含有一个表示概念类别的符号单位，如作为语义块标志的词(类似"关于""通过""为了"等)、能充当修饰全局中心动词的词语等，在其词义表示符号中都含有特定的概念类别符号，这些符号和概念知识库中的概念节点对应，这样的概念类别符号一共有 100 多个。通过类似的方法，将词义的其他部分和概念知识库中的概念基元映射，从而实现词义的表达。目前 HNC 的汉语词库共有词语8 万多个，义项数近 9 万个。

　　符号的任意性是自然语言的一个典型特点，即意义和符号之间一般不

171

存在理据性的关联，这就导致了多个意义密切相关的内容，其符号形式却毫不相干。人脑可以解决这个问题，对计算机而言则很困难，不能从符号形式上获取意义之间的关联，会给语义理解带来巨大障碍。HNC 采用严密的纯形式化符号体系来描写词义，这些符号通过 HNC 的概念联想网络知识库可以把词义之间的概念关联清晰地表达出来，因而能为计算机理解语义提供依据(苗传江、刘智颖，2010)。

(二)知网中义原的提取

义原的提取与考核是知网建设的主要工程之一，和知网其他部分的建设是互动的，始终贯穿于知网建设的全过程。义原提取的基本方法是自下而上的归纳的方法。具体操作程序如下(董振东、董强，1999)：

(1)以汉字为基础，提取初级义原集合。通过对大约 6000 个汉字进行考察和分析，初步提取出一个有限的义原集合。比如事件类，从具有事件义原的汉字(单纯词)中初步提取了 3200 个义原。

(2)初步合并整理。3200 个事件义原进行分析后，合并相同或重复的部分，经过初步合并后大约得到 1700 个。例如：通过分析，汉字"治"可以分化出"医治""管理""处罚"3 个义原，"处"分化出"处在""处罚""处理"，"理"分化成"处理""整理""理睬"，一共 9 个义原。其中"治"与"处"分化出的"处罚"重复，"处"与"理"分化出的"处理"重复，合并后就得到 7 个义原。

(3)进一步合并归类。将 1700 个义原进行归类，进一步筛选、合并、精简，最终得到大约 700 个核心义原。这些核心义原全部不涉及多音节词。

(4)调整补充。用这 700 多个义原作为标注集去标注多音节的词，如果发现有跟语言事实不符、义原缺失不满足分析要求时，再进行合理调整、适当扩充。

(5)考核检验。义原集建立后，通过扩大标注范围，考核义原的覆盖面及其在概念之间的关系中的地位(实际上相当于通过观察义原出现的频率以考核其是否属于稳定义原)进行验证(刘兴林，2009)。

知网的建设一直在持续进行中，随着内容的不断增加，这个义原集也在不断地调整补充，目前最新的版本(开放版)采用的义原总数为 2196 个①。

第二节 现代汉语词义基因的提取策略

乔姆斯基(1987：21)指出："任何一个试图对词汇作出界定的人都清楚地知道，这是一件极其困难的事情，涉及非常复杂的语言特性。普通词典的界定离词汇意义的特征相距甚远(转引自李炯英，2005)。"工作虽然困难，但是我们不能回避。尤其是在当今人工智能时代，自然语言处理对语义加工的要求日益提高，尤其面向计算的语义资源建设工程已经无法回避。词义基因的提取是一项细致而繁浩的工程，需要耗费巨大的人力、物力和时间成本，绝非一日之功。诸多学界前贤已经做了很多有益的工作。我们可以循序渐进地来逐步实现这一宏伟目标。

目前语言学和计算语言学界各种词义(概念)基元提取的策略归纳起来有如下几种：

(1)纯理性主义的概念基元提取。这种工作方法不是从词汇本身出发，不追求对词义的精确描写，而是完全从哲学和认知的角度归纳人类共性的认知概念体系，并从中提取出概念基元，用以解释语言的意义结构。比如，雷·杰肯道夫提出的概念范畴和黄曾阳的概念层次网络概念基元。事实上，概念并不等于词汇，概念的内涵也不完全等同于词义，即使是表达同一对象的概念，在不同的语境中也有不同的变体，需要用语义微有差别的不同的词语来表达(胡惮，2011)。因此，这种纯概念层面的基元是否能准确表示词义尚需商榷。从概念基元到词义基元的映射还需要对语言事实的实践操作(萧国政等，2011)。

(2)从文化共性出发的理性主义语义基元提取。这种方法通过考察不

---

① 据清华大学人工智能研究院开源的 OpenHowNet 版本，https：//openhownet. thunlp. org/。

同语言文化系统中共性的基本概念，经过归纳提取出语义基元。比如安娜·威尔兹彼卡以英语和几种其他欧洲语言为基础，结合其他多种语言，从中筛选出共性的语义基元词60多个。安娜·威尔兹彼卡虽然使用了"语义基元（Semantic Primes）"这一术语，但是她的研究本质上还是概念基元。她认为，"'语义'的含义等同于'概念'，语义要素代表简单的概念元素，可依据组合规则，构成复杂的概念。尽管人们对世界的认知因文化差异而有所不同，但人类社会存在一定的文化共性，这一共性将证实NSM思想及语义基元的普适性"（蒲冬梅，2012）。"他们试图用这种简化的元语言对事实进行客观、中性的描述，以最基本的方式表达复杂的文化概念和思想（蒲冬梅，2008）。"这种愿望是美好的，但事实上，语义和概念并不能等同，尤其涉及不同的语言和文化的时候，他们所认为的具有文化共享的概念在映射到不同语言中的时候，所对应的词汇依然会存在较大的语义差异。而且，即便是在同一种语言内部，他们所提取的语义基元之间也存在着语义交叉。最早提出"人类思维字母表"设想的戈特弗里德·威廉·莱布尼茨认为："每个初始元素是独立的，若两个元素之间存在共同成分，那么它们的语义就不简单，不能作为初始元素。"NSM研究者们所列举的某些基元显然有悖于该原则，其意义的简单性还需要进一步推敲。比如英语中的"want"和"wish"有共同的语义成分，但它们的意义不是包含的，而是交叉的。"want"除了"愿望"的意思外，还含有"需求""缺乏""不足"等意义，如："Which one do you want？""The rearrangement is wanted."等，并不是"want"的所有意义都包含在"wish"中。并没有存在一个单独的词位来反映它们的意义共同部分（张喆，2007）。

（3）从语言事实出发的理性主义基元提取。这种方法充分尊重语言事实，从语言结构规则出发，通过解构部分样本词汇的词义微观结构得到一个基本的词义基元集，在此基础上扩大观察对象加以验证，根据验证结果对基元集进行调整优化，比如李葆嘉等的析义元语言研究。

（4）从数据出发的纯经验主义基元提取。这种方法忽视语言事实，不重视语义，以语言符号的组合的概率作为依据进行统计计算。比如黄昌宁等提取的定义原语基本上不考虑语言规则，只把词汇当作一个数据节点进行统计处理，因而得出的结果噪音太大，实用价值不高。

（5）经验主义与理性主义相结合的基元提取。这种方法以频率统计为基础，将词汇按使用频率排序后，选取高频词，再加以人工筛选和优化。比如英语词典的有限释义词集研究以及苏新春、安华林等的汉语释义元语言研究等。

本书在已有的多种语义基元理论与工程实践的基础上，提出词义基因理论，并博采各家之长，探索词义的形式化表达策略，在工程实践中总结出一套词义基因的提取方法与操作流程。

一、词义基因提取的原则

本书立足于词义的精细化描写，以词义的基因结构为纲，以每个词的词义特征描写为目，通过提取有限的词义基因集实现对现代汉语整个词汇系统词义的系统、精确的描写，旨在为现代汉语语义的自动处理提供大规模计算资源。在词义基因提取的工作中，既要以语言事实为基础，又应充分尊重语义数据计算处理的需要。因此，词义基因的提取与词的语义基因结构描写遵循以下原则：

（一）最小单位原则

力求词义基因的通用性、相对最小性、不可分割性。通过定义和最小化切分，尽量保证基因集中的每一个元素能代表一个相对完整的最小语义认知单位。虽然有些自由词义基因能够单独成词，在词典中可以被其他的词解释，用义素分析法可以被进一步表示为多个义素的组合，但是在语义认知中它们是最基础的单位，不应进一步分割。例如［人］、［时间］、［液体］等。

（二）意义普适原则

力求每个提取出来的词义基因内涵单一、外延宽泛，以保证它们在用于词义描写时具有内在精确性和外在普适性。即在对内描写单个词义时，能精确表达词义的维度特征，意义明确、不模糊；在对外用于其他词义描写时，能适应大多数同类词的维度特征表达。例如［形状］、［颜色］、［方向］等。

（三）数量最简原则

力求词义基因的唯一性、在基因集中不重复，尽量精简基因的数量，在保证词义精确描写的基础上，最大程度归并语义接近的词义基因。对于意义相同或相近的词义单位，只保留意义最简单的一个作为词义基因，其他词可以通过该基因进行描写。例如"处置""处理"一般被当作同义词，在《现汉7》中的释义分别为：

【处置】❶处理：～失当｜～得宜。❷发落；惩治：依法～

【处理】❶安排（事物）；解决（问题）：～日常事务。❷处治；惩办：依法～｜～了几个带头闹事的人。❸指减价或变价出售：～品｜这些积压商品全部削价～。❹用特定的方法对工件或产品进行加工，使工件或产品获得所需要的性能：热～。

比较发现，"处置"的意义更简单，选其第一个义项作为词义基因，表示为［处置］，用这个基因可以描写"处置"的第二个义项以及"处理"的四个义项（具体描写表达式此处暂不展开）。

（四）稳定完备原则

力求词义基因集的稳定性、完备性、有限性，保证在数据最简的前提下，具有覆盖整个词汇系统的描写能力。

（五）逻辑周延原则

力求词义基因集中的成员在词义描写中具有逻辑周延性和严谨性，保证词义成分之间的各种语义关系与逻辑关系能得到准确的表述,且不能陷入循环释义的陷阱。

(六)描写精确原则

保证每个词的词义描写具有精确性、完整性和唯一性(绝对等义词除外),词义表述必须清晰,没有歧义,词义范围不扩大也不缩小。

二、词义基因提取的方法

为保证工程的质量,我们提取词义基因的工作原则上以人工提取为主,优选的环节辅以统计分析,但全过程不采用机器学习的方法。提取中用到的方法如下:

(一)资源复用与自主提取相结合

词义基因提取跟学界现有的基础词汇研究、词义(概念)基元研究存在一定的相关性,在提取工作中,对汉语语言学界和中文信息处理学界以发布的各类常用词表、词频表、释义基元词表、析义基元词表、概念基元集等资源,以及词汇学、语义学领域相关的研究成果,进行有选择的复用。以自主提取为主,资源复用为辅。部分复用和参考的主要资源包括:

(1)《现代汉语词典》,商务印书馆,2016 年出版。

(2)《汉语大词典》,罗竹风主编,上海辞书出版社,2011 年出版。

(3)《现代汉语分类词典》,苏新春主编,商务印书馆,2013 年出版。

(4)《同义词词林(第 2 版)》,梅家驹主编,上海辞书出版社,1996 年出版。

(5)《新编同义词词林》,亢世勇主编,上海辞书出版社,2015 年出版。

(6)《汉语词汇的统计与分析》,北京语言学院语言教学研究所编著,外语教学与研究出版社,1985 年出版。

(7)《现代汉语频率词典》,北京语言学院语言教学研究所编写,北京语言学院出版社，1986 年出版。

(8)《现代汉语三千常用词表》，何克抗和李大魁主编，北京师范大学出版社，1987 年出版。

(9)《普通话三千常用词表》修订本，郑林曦修订，文字改革出版社，1987 出版。

(10)《汉语水平词汇与汉字等级大纲(修订本)》，国家汉语水平考试委员会办公室考试中心编，经济科学出版社，2001 年出版。

(11)《现代汉语释义基元词研究》，安华林著，中国社会科学出版社，2005 年出版。

(12)《汉语释义元语言研究》，苏新春著，上海教育出版社，2005 年出版。

(13)《现代汉语析义元语言研究》，李葆嘉著，世界图书出版公司，2013 年出版。

(14)《汉语语义学》，贾彦德著，北京大学出版社，2001 年出版。

(15)《HNC(概念层次网络)理论导论》，苗传江著，清华大学出版社，2005 年出版。

(16)知网开放版，OpenHowNet，https：//openhownet. thunlp. org/。

(17)《建议上层共享知识本体》，SUMO，http：//www. adampease. org/OP/。

(二)语言分析与统计优化相结合

我们的研究从语言事实出发，立足于词义本身，以理性主义的词义特征分析为主，以经验主义的统计优化为辅。通过对词义特征维度结构的深入考察、观察和分析，分类提取词义基因的多个子集，再进一步通过语言事实进行验证、补充和归并，得到初级的词义基因集。然后利用统计的方法，对所提取的基元频率与覆盖率进行计算，优胜劣汰，以进一步优化所得的结果，最后再经过更大范围的语言事实验证，确定最终的词义基因集。

（三）自上而下与自下而上相结合

这里的"上"和"下"是指被分析的词在词义分类树（或概念树）上所处的相对层次位置。自上而下是从树的顶层节点出发向下延伸，逐层演绎树上的每一个节点，直到每个具体的词（或概念），比如 HNC 的概念树。自下而上则是直接从具体词（或概念）出发，通过一个一个最小语义场逐层向上归纳，直到顶层节点，比如 HowNet 的义原分析。我们采用二者相结合的办法。

（1）首先自上而下，通过综合各种现有资源，确立现代汉语词义分类树的中上层节点，建立现代汉语上层通用词汇本体。上层节点往往本身就是词义基因，比如"时间""空间""对象""抽象""具体"等。在对下层具体词义进行分析的时候需要直接用到这些基因。

（2）具体分析从底层最小语义场开始。词义基因提取本质上是基于结构主义的思想，比较理想的办法是采取类似于音位分析中通过最小对立体（Minimal Pair）来寻找音位的方法，先建立若干个存在个别词义基因差异的最小语义场，通过分析这些差异来逐个提取词义基因。

（3）寻找底层语义场的上位节点词，并通过该节点词扩展上层邻位子场进一步分析提取。如此逐层向上，直至和上层通用词汇本体挂接合龙。在对一个具体的最小词汇场进行分析的时候，随时需要观照该词汇场所在的语义树的周边分支节点，参照其上位、下位和邻位的子场，以保证整个提取工作的一致性和系统性。

（四）预先约定与分析提取相结合

词义基因根据其在词义特征维度描写中所充当的功能角色可分为两大类别：自然语义基因和工具基因。自然语义基因是自然语言中本来就存在的词义单位，有的本身就是词，比如"颜色""面积""大""小"等。工具基因不是直接用于自然语言交际，只作为自然语义基因的粘合成分。工具基因又包括论元角色类基因、逻辑关系类基因，比如论元角色类基因"施事"

"受事"、逻辑关系类基因"是""否""并""或"等。

上层通用词汇本体中的大部分节点属于自然语义基因，这部分基因不需要通过分析词义来提取，可以直接预先约定它们作为词义基因的核心集成员，比如"时间""空间""人""物"等。工具基因也可以预先约定，当然对工具基因的约定需要结合具体词例分析不断调整优化。其他的具体词义基因一般要通过逐词分析提取。

(五)语文知识与百科知识兼顾

百科知识是词义处理中最为困难的部分，它们内容芜杂、包罗万象。语言是人类思想、文化与知识传承和传播的主要载体，词汇作为语言的基本构造材料，不可避免地会携带大量的百科知识。在语义学中，对百科知识的处理一直是人们讨论的焦点。布龙菲尔德的意义观和认知语言学的意义观堪称对词义中百科知识处理的两种极端态度的代表。

布龙菲尔德对意义研究的态度陷入所谓"科学主义"的泥沼。他说，"为了给每个语言形式的意义下一个科学的准确定义，我们对说话人世界里的每一事物都必须有科学的精确知识。而以此衡量，这样的人类知识领域太少了。只有当某一语言形式的意义在我们所掌握的科学知识范围之内，才能准确地加以定义"。所以在语言研究中对意义的说明是个薄弱环节，这种情况一直要持续到人类的知识远远超过目前的状况为止。"语言学家没有能力确定意义，只好求助于其他科学的学者或一般常识(布龙菲尔德，1980：166，167，174)。"毫无疑问，语言的意义必然是不可跟百科知识完全剥离的，但这并不能成其为语言学排斥意义研究的理由。与之相反，认知语言学则认为语义的研究必须在百科知识的框架下进行，语义结构在本质上是百科知识，语言单位(如词语)并非"携带"了先前包装好的意义，而是提供了一个通往百科知识(概念系统)的接入点，自然语言的语义并不能单独脱离其他形式的知识，因此，语义知识和语用知识之间并没有严格的区别，其实质都是语义知识(Evans et al.，2006；转引自王红卫，2010)。Lakoff(1987)以"bachelor"(单身汉)为例对此进行了说明："单身汉"一词不能仅仅由"男性""成年"与"未婚"三个条件来定义，而必须要考虑到婚姻制度、婚姻习惯、宗教制度等社会文化因素。仅以这三个条件来定义，就无法解释为什么教皇与人猿泰山一般不能被称作"单身汉"（转引自黄月华、邓跃平，2012）。

传统语言学所谓的"字典观"（Dictionary View）则持折中的态度，认为意义可以分成"字典"部分和"百科知识"部分。根据这一观点，词汇语义学研究的应该是"字典"部分，百科知识是外在于语言知识的，它属于一种世界知识，不应该是语义学所关注的对象（王红卫，2010）。

我们的词义基因分析以语文知识为主，适当兼顾一些对语言理解和语言生成有比较重要影响的百科知识，并把这部分知识纳入词义范围，用统一的词义基因结构的表达方法进行描写。在解析具体的词义结构以提取词义基因的过程中，并不能依据自己的语感，而是要以权威的词典释义为依据。因为语言观的差异，不同的词典释义的侧重点有所不同，因而在提取过程中需要参考多部词典。比如，以"鱼"为例，《现汉7》中的解释为："生活在水中的脊椎动物，体温随外界温度而变化，一般身体侧扁，有鳞和鳍，用鳃呼吸。种类极多，大部分可供食用或制鱼胶。"这个释义中包含较多的百科知识："脊椎动物""体温随外界温度而变化""鳞和鳍""用鳃呼吸""鱼胶"，而这些百科知识对普通人认知"鱼"这个概念而言并不都是必要的，甚至还有可能增加认知负担。而《朗文当代英语词典》对"fish"的释义则为"an animal that lives in water, and uses its fins and tail to swim"。这里除了"fin"是生物学知识外，其他的都是普通的语文知识。所以我们认为，就这一个词的释义而言，《朗文当代英语词典》比《现代汉语词典》更适用于词义基因的提取。

三、词义基因提取的操作流程

遵照上述词义基因提取的原则和方法，我们建立了一套词义基因提取的标准操作流程，按照"建立上层通用词汇本体→预定义核心基因集→选定一个语义类→建立最小语义场→词义解析→语义场内提取→邻场比较→归并优化→建立初级词义基因集→扩大分析数据样本→验证优化→统计优化→建立词义基因集"的步骤逐步进行。词义基因提取工作在计算机上通过人工分析进行，为此我们专门开发了两个工具软件：通用词汇本体建构工具"Event Ontology"和词义基因编辑工具"Semantic Gene Editor"，如图4.2、图4.3所示：

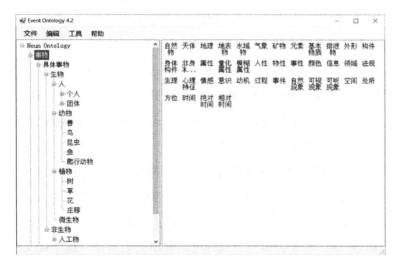

图4.2 通用词汇本体建构工具软件界面示意图

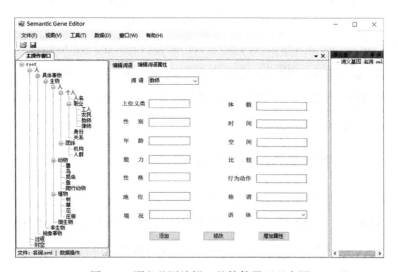

图4.3 词义基因编辑工具软件界面示意图

（一）建立上层通用词汇本体

知识本体（Ontology）是人工智能中广泛使用的一种形式化的知识库。知识本体与词汇语义学关系密切，近年来越来越受到语言学界的重视（邱庆山，2018）。

简而言之，"如果我们把每一个知识领域抽象成一个概念体系，再采用一个词表来表示这个概念体系，在这个词表中，要明确地描述词的涵义、词与词之间的关系，并在该领域的专家之间达成共识，使得大家能够共享这个词表，那么，这个词表就构成了该领域的一个知识本体"（胡惮，2009）。根据其用途的不同，知识本体可分为上层本体、通用常识本体、领域本体等类型。上层本体描述人类认知领域的共同知识，领域本体则描述具体应用领域的知识，比如农业、医学、汽车制造等领域。通用常识本体介于这两者之间，主要描述日常生活中的语言知识，也被称为语言知识本体。我们这里所讨论的通用词汇本体属于语言知识本体，即以现代汉语的通用词汇为材料，按知识本体的建构理论描写词汇之间的各种语义关系，既可用于词汇语义学的研究，也可在人工智能的语义计算中直接发挥作用。我们从上层通用词汇本体出发来开展词义基因提取工程主要基于以下原因：

（1）上层通用词汇本体可以统辖整个词汇系统的语义分类体系，可以保证整个词义基因提取工作的系统性和完备性。

（2）上层通用词汇本体中的节点大多为意义简单、难以分割的基本概念，可以直接预定义为核心词义基因，作为进一步分析词义和提取词义基因的初始单位。

（3）跟领域知识本体相比，语言知识本体的中下层建设非常困难。领域知识中的大部分概念之间的关系是单一、清晰的，可以在知识本体中明确、稳定安排节点位置。比如在汽车领域知识本体中"车轮""方向盘"等概念和"汽车"是稳定的"部分—整体"关系，它们之间构成明确的上下位关系。而语言知识本体的中下层概念大部分关系复杂，无法在本体中确定节点位置。比如，"妻子"的上位词既可以是"女人"，也可以是"亲属关系"，如果建成固定的本体，难以避免逻辑冲突。我们的做法是只固定上层通用词汇本体，当我们通过语义基因解析完成了整个词汇系统的词义结构描写后，可以让计算机自动提取词语之间的各种语义关系，按照不同的应用需要，灵活生成多种不同逻辑结构的动态知识本体。

通过综合比较、参照 SUMO①、HNC 概念节点、HowNet 中文信息结构库、《同义词词林》义类体系、《现代汉语分类词典》义类体系等多种资源，我们建立了一个现代汉语上层通用词汇本体。本体的部分内容展示如下：

1. 本体的语义分类体系(限于篇幅，仅展示部分节点，大部分下位节点未展开)

A　实体

　A01　具体物

　　A0101　生物

　　　A010101　人

　　　A010102　动物

　　　A010103　植物

　　　A010102　微生物

　　A0102　非生物

　　　A010201　自然物

　　　　A01020101　物质

　　　　A01020102　自然体

　　　A010202　人造物

　　　　A01020201　材料

　　　　A01020202　器具

---

① 全称 Suggested Upper Merged Ontology(建议上层共享知识本体)是由 IEEE(美国电气和电子工程师协会)开发的一个多语种通用上层本体，在人工智能、知识工程、自动化控制等领域得到了广泛应用。

A01020203 用品

A01020204 建筑物

A01020205 食品

A01020206 药品

A01020207 毒品

A01020208 穿戴物

A01020209 精神产物

A01020210 票证

A01020211 代谢与分泌物

A02 抽象物

A0201 自然抽象物

A020101 信息

A020102 能量

A020103 自然现象的产物

A020101 声

A020102 光

A020103 电

A020104 火

A020105 烟

A020106 雾

A020107 风

A020108 浪

A020104 生命

A020105 疾病

A0202 人造抽象物

A020201 组织机构

A02020101 国家

A02020102 政党

A02020103　行政区划

A02020104　组织团体

A02020105　企业

A02020106　学校

A02020107　医院

A02020108　城乡

A02020109　社会

A02020110　部门

A020202　精神产物

A02020201　科学

A02020202　知识

A02020203　思想

A02020204　情感

A02020205　制度

A02020206　作品

A02020207　虚拟物

B　事件

B01　自然现象

B0101　天气现象

B010101　阴

B010102　晴

B010103　雨

B010104　雪

B010105　闪电

B010106　打雷

B010107　风暴

B010108　潮汐

B0102　昼夜交替

B010201 天亮

B010202 天黑

B010203 日月起落

 B01020301 日出

 B01020302 日落

 B01020303 月出

 B01020304 月落

B0103 物理现象

B010301 光现象

 B01030101 发光

 B01030102 照射

 B01030103 褪色

B010302 热现象

 B01030201 发热

 B01030202 沸腾

 B01030207 降温

B010303 声现象

 B01030301 发声

 B01030302 共鸣

B010304 物态改变

 B01030401 蒸发

 B01030402 升华

 B01030403 汽化

 B01030404 解冻

 B01030405 融化

 B01030206 凝结

 B01030207 结冰

 B01030208 凝华

B01030209　雾化

B01030210　溶解

B010305　电磁现象

B0104　化学现象

B010401　燃烧

B010402　爆炸

B010403　分解

B010404　腐烂

B010405　腐蚀

B0105　生理现象

B010501　生

B010502　老

B010503　病

B010504　死

B010505　生长发育

B02　社会现象

B03　活动

B0301　生活活动

B030101　衣

B030102　食

B030103　住

B030104　行

B0302　社会活动

B030201　政治活动

B03020101　统治

B03020102　革命

B03020103　叛乱

B03020104　动乱

B03020105 平叛

B03020106 选举

B03020107 抗议

B03020108 改革

B030202 经济活动

B03020201 生产

B03020102 贸易

B03020103 金融活动

B030203 军事活动

B03020301 战争

B03020302 反恐

B03020303 保卫

B03020304 备战

B03020305 阅兵

B03020306 侵略

B030204 管理活动

B03020401 治理

B03020402 部署

B03020403 安置

B03020404 设立

B03020405 撤销

B03020406 任免

B03020407 奖惩

B03020408 主持

B03020409 宣传

B03020410 号召

B03020411 派遣

B03020412 监督

B03020413　考评

B030205　文体活动

B03020501　表演

B03020502　展览

B03020503　放映

B03020504　排练

B03020505　录制

B03020506　观看

B03020507　品鉴

B03020508　排练

B03020509　体育运动

B03020510　比赛

B030206　教育活动

B030207　科研活动

B030208　医疗活动

B030209　社交活动

B030210　司法活动

B030211　非法活动

B030212　宗教活动

B030213　心理活动

B04　行为与变化

B0401　接触

B0402　位移

B0403　接触

B0404　领属关系转移

B040401　失去

B040402　得到

B0405　过程

B0406 身体动作

    B040601 上肢动作

    B040602 下肢动作

    B040603 头部动作

    B040601 全身动作

B0407 感知

    B040701 视觉感知

    B040701 听觉感知

    B040701 嗅觉感知

    B040701 味觉感知

B0408 信息交流

    B040801 信息发送

    B040802 信息传播

    B040803 信息接收

    B040804 信息加工

C 时空

  C01 时间

    C0101 时点

    C0102 时段

    C0103 时序

    C0104 时量

  C02 空间

    C0201 处所

    C0202 方位

    C0203 路径

    C0204 范围

    C0205 空间量

D　状态

　　D01　物理状态

　　D02　身体状态

　　D03　心理状态

E　属性

　　E01　物性

　　　　E0101　形状

　　　　E0102　颜色

　　　　E0103　味道

　　　　E0104　外表

　　　　E0105　内容

　　　　E0106　触感

　　　　E0107　音质

　　　　E0108　重量

　　　　E0109　空间量

　　　　　　E010901　长度

　　　　　　E010902　宽度

　　　　　　E010903　高度

　　　　　　E010904　深度

　　　　　　E010904　面积

　　　　　　E010904　体积

　　　　E0110　时间量

　　　　　　E011001　新

　　　　　　E011002　旧

　　　　E0111　物理量

　　　　　　E011101　浓度

　　　　　　E011102　密度

　　　　　　E011103　硬度

E011104 湿度

E011105 温度

E011106 亮度

E0112 价值

E02 人性

E0201 年龄

E0202 外貌

E0203 性格

E0204 品德

E0205 才干

E0206 境况

F 关系

F01 构成

F02 领属

F03 比较

F04 表征

F05 关联

2. 本体公理

本体中的语义关系仅靠语义分类体系是不够的，语义分类体系仅能表示分类关系，非分类关系需要通过本体公理来定义。语义树中的各个节点之间存在各种错综复杂的语义关系，比如："A020103 自然现象的产物"是"B01 自然现象"的结果，"A010202 人造物"是"B03020201 生产"的结果或材料，"A010101 人"是"B03 活动"的施事，"A02020107 医院"是"B030208 医疗活动"的处所，等等。这些关系都可以通过本体定义来加以描述。

人工预定义本体公理是领域本体建构中一种比较常见的办法，对语言常识本体而言，人工定义本体是一件非常繁复的工作，因为语言常识中涉及的语义关系比领域本体要复杂得多。在后续的工作中，我们拟探索一种在词义基因结构描写数据库的基础上，通过机器学习技术，自动提取语言常识本体中语义关系公理的方法。

(二) 预定义核心词义基因

预定义核心词义基因集是词义基因提取工作的起点, 没有这个预定义集, 词义分析和基因提取的工作将无法展开。整个词义基因集是在这个预定义集的基础上, 在逐词分析的过程中逐渐有限增加和优化的。

(1) 预定义集中的主要词义基因成员来源于以上上层通用词汇本体。例如: {[人], [物], [生物], [动物], [植物], [微生物], [自然], [物质], [物体], [材料], [器具], [精神], [代谢], [分泌], [抽象], [信息], [能量], [现象], [声], [光], [电], [火], [烟], [雾], [风], [浪], [生命], [病], [组织], [国家], [政党], [行政], [社会], [部门], [精神], [科学], [知识], [思想], [情感], [制度], [作品], [虚拟], [状态], [分解], [生命], [生长], [社会], [活动], [事], [阴], [晴], [雨], [雪], [电], [雷], [风], [昼], [夜], [物理], [光], [照], [声], [生活], [政治], [统治], [革命], [经济], [生产], [处置], [设立], [效果], [奖], [惩], [担任], [宣传], [号召], [派], [监督], [评价], [文化], [表演], [练习], [看], [欣赏], [宗教], [心理], [行为], [变化], [接触], [位移], [领属], [关系], [转移], [过程], [身体], [感知], [时间], [点], [段], [序], [量], [温度], [空间], [处所], [方位], [路径], [范围], [状态], [属性], [构成], [领属], [价值], [形状], [颜色], [味道], [外表], [内容], [质], [量], [新], [旧], [浓], [密], [硬], [年龄], [性格], [品德], [才干], [境况], [关系], [比较], [表征], [关联]……} 这些基因有的属于维度特征函数算子, 有的属于函数赋值基因。

(2) 除了从本体中提取外, 还可以在词义的具体分析中, 根据其所属词类的语义特点, 预定义一部分函数算子。比如, 分析动词时, 可预定义 {[施事], [受事], [方式], [手段], [目的], [结果], [方向], [路径]，[速度]，[领域]……}；分析形容词时，可预定义{[程度]，[范围]，[对象]，[状态]，[极性]，[组合]……}，等等。除了这些基因外，还可以根据具体情况定义部分赋值基因。定义和分析是互相结合、互相印证、交叉进行的。在完成对整个词汇系统的分析之前，要完全定义所有的初始基因是很难做到的。

(三)选定语义类和语义场

词义基因分析是一项浩大的工程，非一日之功，我们采用按语义类切分最小语义场，逐步开展、循序渐进的方针。语义类和语义场的划分广泛参考各类词语学研究文献、词表、语义分类词典、数据库资源，自上向下划分，力求做到全面覆盖。比如，按照"指称词→具体义指称词→指人名词→称谓词→职业称谓词→农民"的步骤，找到以"农民"为聚类核的一个最小语义场{农民：粮农，茶农，菜农，果农，烟农，花农，林农，棉农}。

(四)分析提取

先看最小子场中的聚类核心词(即最小语义场的上位词)是不是由一个独立的自由词义基因构成，若是，就直接使用该基因；若否，则先分析该核心词，并打包为一个基因簇，在其他的词义分析中调用。上例最小语义场{农民：粮农，茶农，菜农，果农，烟农，花农，林农，棉农}中，"农民"不能单独作为词义基因，先分析这个词。

"农民"一词在《现汉 7》中的释义为：

【农民】在农村从事农业生产的劳动者。

在《辞海》中的释义为：

【农民】直接从事农业生产的劳动者(不包括农奴和农业工人)。

综合这两个释义，"农民"的词义信息基因结构可描写为：

$S_{农民} = \{[人]：\{[职业]([生产])\} + \{[领域]([农业])\} + \{[地点]([农村])\} + \{[方式]([直接])\}\}$

在词义分析的过程中，我们尽量参考多种工具书，不照搬某本词典的释义内容，而是根据词义的实际情况有所取舍。

通过这个词的词义分析，我们提取出一组词义基因：［人］、［职业］、［生产］、［领域］、［地点］、［农业］、［农村］、［方式］、［直接］，同时得到词义基因簇 G_S［农民］，用于进一步分析语义场中的其他词。

根据《现汉 7》的释义，继续分析其他词：

【茶农】以种植茶树为主的农民。

$S_{农民} = \{_{GS}[农民]: \{[生产](_{GS}[茶叶])\}\}$

【菜农】以种植蔬菜为主的农民。

$S_{农民} = \{_{GS}[农民]: \{[生产](_{GS}[蔬菜])\}\}$

【花农】以种植花木为主的农民。

$S_{农民} = \{_{GS}[农民]: \{[生产](_{GS}[花木])\}\}$

【粮农】以种植粮食作物为主的农民。

$S_{农民} = \{_{GS}[农民]: \{[生产](_{GS}[粮食])\}\}$

【林农】从事森林的培育、管理、保护等工作的农民。

$S_{农民} = \{_{GS}[农民]: \{[[生产]\wedge[管理]\wedge[保护]](_{GS}[森林])\}\}$

【棉农】以种植棉花为主的农民。

$S_{农民} = \{_{GS}[农民]: \{[生产](_{GS}[棉花])\}\}$

【烟农】以种植烟草为主的农民。

$S_{农民} = \{_{GS}[农民]: \{[生产](_{GS}[烟草])\}\}$

【药农】以种植、采集药用植物或养殖、捕猎药用动物为主的农民。

$S_{农民} = \{_{GS}[农民]: \{[生产](\{[[植物]\vee[动物]]: \{[功能]([药用])\}\})\}\}$

【蔗农】从事甘蔗生产的农民。

$S_{农民} = \{_{GS}[农民]: \{[生产](_{GS}[甘蔗])\}\}$

在这些词的分析中，增加了五个新的词义基因。这样，我们就得到了该语义场的词义基因集：｛［人］，［职业］，［生产］，［领域］，［地点］，［农业］，［农村］，［方式］，［直接］，［管理］，［保护］，［动物］，［植物]，［药用］｝，添加到初级词义基因集等待下一步检验。其中有部分基因跟预定义的核心基因集中的成员有重复，这些重复成员，包括在后续的分析中可能产生的重复基因，都可以在最后汇总的时候通过计算机排重一次性处理掉。

在分析中我们还用到了一组词义基因簇$_{Gs}$［茶叶］、$_{Gs}$［蔬菜］、$_{Gs}$［花木］、$_{Gs}$［粮食］、$_{Gs}$［森林］、$_{Gs}$［棉花］、$_{Gs}$［烟草］、$_{Gs}$［甘蔗］。这些基因簇暂存于一个词义基因簇数据库中，为保证工作的逻辑性和条理性，此处先不处理这些基因簇，而留待下一步在分析到它们所在的语义场的时候再展开分析。当所有词分析完成后，会用计算机做两项检验排查工作：①排查基因簇是否分析完成，如有，则继续分析直至完成所有基因簇的分析提取工作。②排查是否存在循环释义问题，如有，则优化调整相关词的词义基因结构表达式，杜绝循环释义。

在这组词义分析与基因提取的过程中，我们以词典释义为参考，但不是照搬，而是对词典释义进行了优化。具体说明如下。

（1）《现汉7》对这些词的释义模式高度相似，基本上是"以种植××为主的农民"。这里有两个问题：

①用"种植"释义不周全。"种植"只是农业生产的一个环节，该词典对"种植"的释义为"把植物的种子埋在土里；把植物的幼苗栽到土里"，这显然是不符合事实的。育种、田间管理、作物收割、晾晒仓储等初级加工都是农业生产的重要环节。该词典"林农"的释义用语中有"培育""管理"，却没有"种植"了。其实，在我们认知和区分这些不同生产领域的"农民"的时候，对他们在生产环节中的流程和细节不是我们认知这些概念的主要依据，这个因素甚至可以忽略，所以我们把"种植"替换成外延意义更宽泛的"生产"，并提取词义基因［生产］。

②释义用语"为主"对这些词的词义做了不必要甚至是不正确的限制。如上所述，"种植"并非农业生产的唯一主要环节，所以我们舍弃了这个释

义成分。相比较而言，"蔗农"的释义"从事甘蔗生产的农民"是最可取的。我们对这组词的词义基因结构分析和这个词的释义模式基本吻合。

（2）把"种植"替换为"生产"，表面上看词义有扩大的趋势，可能会产生歧义。比如"生产茶叶"有歧义，既可指茶农种植管理茶树，采收并初加工茶叶原叶，也可以指茶叶加工厂对茶叶原叶进行深加工，生产最终的茶叶成品。但是，在我们的词义基因结构表达式中，这种歧义并不会产生，因为词义基因［农民］已经具有了消歧功能，在语义计算中并不会跟茶厂的工人产生混淆。

（3）对"林农"的词义分析描写保留了"管理"，并提取词义基因［管理］，因为这里的"管理"和其他农业生产中的"田间管理"不同，还包括对森林资源合理利用的管理，因此并不能用"生产"涵盖。

（4）对"药农"的释义进行了归并，将"种植""采集""养殖""捕猎"四个释义用语归并为"生产"。其一，这些都是药农的生产活动的一部分，并非全部，因此需要归并，以扩大释义的外延。其二，如上面第二点所述，归并后不会跟制药厂工人产生混淆，因此可以归并，以简化释义。

（五）邻场比较优化

（1）选择跟步骤四中所分析的语义场相邻的最小语义场，比如｛工匠：木匠，瓦匠，泥瓦匠，泥水匠，石匠，皮匠，画匠，铁匠，银匠，铜匠，锡匠，漆匠，油漆匠，鞋匠，篾匠｝，重复步骤四，分析每个词的词义结构并提取词义基因。

（2）将提取的词义基因和步骤四提取的基因比较，提出相同项，合并相近项，优化冲突项。

（3）不断重复以上步骤，直至完成分类语义树上同一节点下同层次所有最小相邻语义场的分析和词义基因集的合并优化。

（六）通过归纳与演绎，扩展语义场分析

（1）分析层次上移，归纳步骤四、五中所有同层次最小语义场的上位

概念"职业称谓"。

（2）归纳该概念的同层次概念和更上位概念，构成新的上位语义场，如：{称谓：亲属称谓，职业称谓，官衔称谓，学术称谓，姓名称谓，敬称，谦称，恶称}。

（3）将该语义场中除已分析完成的"职业称谓"外的其他概念逐个向下演绎，又构成若干新的下位最小语义场。

（4）重复步骤四，分析每一个最小语义场，并提取、归并词义基因集。

（七）分类合并，建立初级词义基因集

在语义分类树的不同层次上，不断重复步骤四、五、六，直至完成约定范围内所有词的分析。这个范围可以根据工程的进展分块约定、分阶段开展，以铺地毯的方式逐步推进。例如，本项目已完成了现代汉语感官动词、动作动词、心理形容词的全部分析（主要限定在《现汉》收词范围内），初步建立了"现代汉语感官动词词义基因库""现代汉语动作动词词义基因库""现代汉语心理形容词词义基因库"。

（八）扩大分析范围，验证优化

用初级基因库中的基因分析更多的词，检验其覆盖性和有效性，查漏补缺，优化初级基因集。

（九）统计优化，建立最终词义基因集

合并初级基因集和预定义的核心基因集，用计算机进行排重和统计，剔除重复基因，合并罕频基因，排除循环定义，得到最终的现代汉语词义基因集。

上述词义基因提取流程可表示为如下流程图（见图4.4）：

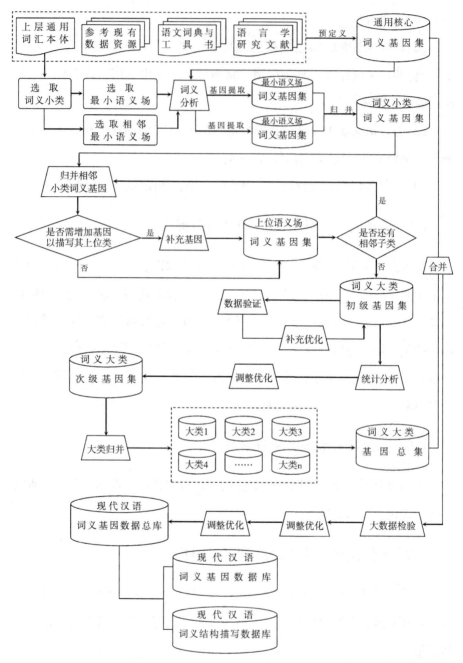

图 4.4 词义基因分析提取流程示意图

第五章　现代汉语基本词类词义基因分析与提取

名词和动词是人类语言中最主要、最基本的词类范畴，在词汇系统中占最主要地位。根据第四章所讨论的词义基因提取流程，我们分别选取现代汉语名词、动词、形容词中的部分典型代表为例，阐述词义基因提取的操作过程。以这三种主要词类中的若干代表性成分为例示范词义基因提取的分析过程，可以反映我们工程的概貌。

这里按词类而不是知识本体中的语义分类树选取分析对象，其一是遵循语言学界词汇学研究的一般惯例，其二是为了方便实际操作过程中工程的需要，按词类分类及各词类的内部次类分类划定分析对象有利于全面覆盖所有的词，避免遗漏。分析完成后，各个词在知识本体上的挂靠，可以根据词义的基因结构式，通过计算机分析，自动处理，灵活挂靠，生成动态的通用词汇本体。

第一节　词典释义与词义的特征维度

一、语文词典的释义模式

词典是人们学习、了解和运用词义的主要依据。语文词典，尤其是权威语文词典的编撰，往往需要一大批语言学、词典学专家反复研究考证，从某种意义上代表着对词汇语义认知的事实标准。因此，词典释义往往是词汇语义学研究的主要依据。我们在提取词义基因的工程实践中，词典释义也是重要的参考资源。

(一)词典释义与词汇语义计算工程的差距

因为人脑和电脑处理语义的方式不同，语文词典的收词和释义方式并不能在词汇语义计算工程中完全直接照搬。这有几个方面的原因：

(1)对于词义本身的复杂性和模糊性，人脑的模糊认知和容错能力远远超过电脑，语文词典在释义时对一些特殊问题的处理，比如义项分割、循环训释等问题，要求不如语义计算工程的要求高。例如，李强、袁毓林(2016)从生成词库理论角度考察发现，按照詹姆斯·普特耶夫斯基(James Pustejovsky)的观点，"名词按照其所代表的意义内容可以分为自然类、人造类和合成类三种类型"。有些语义类型为合成类的词应该进行义项拆分。

比如《现汉7》中对"事件·物质"类名词的释义，有些区分了事件义义项和物质义义项，例如：

【羽毛球】①球类运动项目之一，规则和用具大体上像网球。②羽毛球运动使用的球，用软木包羊皮装上羽毛制成，也有用塑料制的。

这里"羽毛球"切分出了两个义项，分别对应该词的事件义和物质义。同样，"篮球""足球""乒乓球"等词也类似，这是比较妥当的。

而有些则没有区分，例如：

【围棋】棋类运动的一种，棋盘上纵横各十九道线，交错成三百六十一个位，双方用黑白棋子对着，互相围攻，吃去对方的棋子。以占据位数多的为胜。

这里只收录了"围棋"的事件义义项，而遗漏了物质义义项，这就无法解释"我买了一副围棋""他把一罐围棋打翻在地"等句子中"围棋"的词义。所以，该词有必要增加一个义项"围棋运动中用的棋子或棋盘"。"象棋""军棋""跳棋""五子棋"等词的释义也存在同样的问题。

【雨】从云层中降向地面的水。云里的小水滴体积增大到不能悬浮在空气中时，就落下成为雨。

这里只收了"雨"的物质义义项，而遗漏了其事件义义项——"下雨的天气现象"。同样的问题也存在于"雪""冰雹""早饭""午饭""晚饭"等词的释义中。

与以上情形类似，有些"物质·信息"类名词如"唱片""书""屏幕"等词的释义都只有物质义义项，而缺乏信息义义项"唱片上所记录的信息""书里所写的信息""屏幕上所显示的信息"；有些"事件·信息"类名词如"演讲""调查""分析"等词只有事件义义项，而缺乏信息义义项"演讲的内容""调查的内容""分析的内容或结论"。

王惠(2004：123)指出："由于动词的转指与动作行为之间的词义差异较大，我们一般把它们看作不同的义位，词典中也把它们分别单独设立为不同的义项。"即便如此，权威的语文词典还是存在疏漏。这些问题对于主要供人类读者阅读的语文词典而言，或许问题不是很大，这些知识表示的缺位得益于认知整体性的特点，人脑或许可以根据已有知识的图式结构自动补齐，但是对于词义的计算处理而言，则存在明显的缺陷，除非我们另外为计算机准备足够庞大的常识知识库，否则我们不能将词义的计算分析建立在计算机已经具备充足先验知识的假设之上。面向语义计算工程的词义分析要求更细微、更精确，虽然不可能达到百分之百客观准确，但是我们仍然要尽可能地做到客观精细。正如李强(2008)所言，"词义具有复杂性和不确定性特征，分析起来难免会出现意见不一的情况，但这并不意味着词义不可以也不需要进行细致的切分和考察，在不确定中寻找确定乃是科学研究的必然路径和永恒动力"。

(2)由于语文词典还承担着思想、文化、科技常识传播的任务，在有些词条的释义中，往往会带有一些领域知识。例如《现汉7》中一些专有名词、科技术语的释义：

【修正主义】国际共产主义运动中披着马克思主义外衣对马克思主义的基本原则进行歪曲、篡改、否定的资产阶级思潮。在政治上反对阶级斗争、无产阶级革命和无产阶级专政。在政治经济学上修改马克思主义的剩余价值学说，否认资本主义制度的经济危机和政治危机。在哲学上反对辩证唯物主义和历史唯物主义。这种思潮以伯恩施坦、考茨基为代表。

【西安事变】指 1936 年 12 月 12 日张学良和杨虎城两位将军在西安扣押蒋介石、要求联共抗日的事件。中国共产党从中调解，在停止内战、一致对外的条件下释放了蒋介石。西安事变的和平解决为抗日民族统一战线的建立创造了条件，成为时局转变的关键。

【党报】政党的机关报，是政党的纲领、路线和政策的宣传工具。在我国特指中国共产党各级组织的机关报。

【像素】构成数字图像的基本单元，在光电转换系统中，是电子束或光束每一瞬间在图像上扫描的部分。图像中像素的数目越多，画面越清晰。

【相位】做余弦(或正弦)变化的物理量，在某一时刻(或某一位置)的状态可用一个数值来确定，这种数值叫作相位。

【超声波】超过人能听到的最高频(20000 赫)的声波。近似做直线传播，在固体和液体内衰减较小，能量容易集中，能够产生许多特殊效应。广泛应用在各技术部门。

诸如此类的概念，若作为普通词汇来处理，附加了较多、较复杂的学科领域知识，在语义计算工程中用词义形式化描写的方法来解决比较麻烦。而作为领域概念来处理，又难以形成系统性，不能完整表达领域的知识体系，我们认为更妥当的办法是用领域本体来描写这些概念。如果要在词汇语义库中描写它们，则可以简化，去掉附加的信息，比如：

【党报】政党的机关报，是政党的纲领、路线和政策的宣传工具。

【像素】构成数字图像的基本单元。

【超声波】超过人能听到的最高频(20000 赫)的声波。

这些词义中包含的领域知识在领域知识库中解决。

(3)词典中很多词条的释义不但解释了该词的内涵意义，还列举了其所包含的部分成员，即词的部分外延意义，例如：

【水产】海洋、江河、湖泊里出产的动物、藻类等的统称，一般指有经济价值的，如各种鱼、虾、蟹、贝类、海带、石花菜等。

【紧压茶】经过蒸软压紧成为各种块状的茶叶，如砖茶、沱茶等。

【矿产】地壳中有开采价值的物质，如铜、铁、云母、天然气、石油、煤等。

【林产】林业产物，包括木材，森林植物的根、茎、叶、皮、花、果实、种子、树脂，菌类以及森林中的动物等。

对人类读者而言，列举这些外延，有利于帮助我们快速对被释词所代表的概念进行范畴化，从而理解词义。但是对语义计算处理而言，这些反而是信息噪声，如果不能穷尽枚举所有的外延，则不但不能帮助计算机理解语义，反而会形成干扰。

(4)词典中对某些表示抽象概念的词，往往用形象描写而不是定义的方法进行释义，例如：

【咸】像盐那样的味道：~鱼 | 菜太~了。

【蛋青】像青鸭蛋壳的颜色。

【膻】像羊肉的气味：~气 | ~味。

【痛】疾病创伤等所引起的难受的感觉：头~ | 肚子~ | 伤口很~ | ~痒相关。

这种释义方式是基于人类具有某种直接客观经验的假设，通过激活对这种假设经验的感知记忆来理解被释词的词义。对于不具备这种经验的人而言，被释词的词义是无法理解的。没吃过羊肉的人就不能理解"膻"的词义。显然，机器并不具备这样的经验，所以这种方式对机器而言无效。事实上，这类词很难用其他方法给出客观准确的解释，我们倾向于把它们定义为词义基因。

(二)词典释义的结构化模式对词义计算表征的启示

语文词典的释义模式一般比较规范，在大多数情况下遵循一定的结构规律。既有统一的释义模式结构，也有针对不同词类的分类释义模式。

冯海霞、张志毅(2006)从基义、陪义、义域三个角度归纳了《现代汉语词典》的释义体系。"义位分解为质和量两方面。质的方面就是义值，它具有质的规定性，是义位间的区别特征。量的方面就是义域，它是义位的意义范围及使用范围。义值再分解为基义和陪义。"

（1）基义。即词汇语义学中所说的理性意义或概念意义。"基义不仅包括范畴特征，还包括指物特征、表意特征；不仅有思维形态，还有直观形态、情感形态；不仅有指称值，还有系统值。这就是现代词典学语义观的核心理念。"对相同词类的词，其基义的释义模式大致相同：

①名词释义的定义型结构式：［个性义素］+［共性义素］

②动词释义的说明型结构式：［个性义素］+［核心义素］

③形容词释义的描写型结构式：［个性义素］+［核心义素］

这是三种基本词类的通用核心释义模式，以这些核心结构式为基础，又可演绎出若干种变式。

（2）陪义。是义值中的次要成分，经常被称为附属义。陪义相当于词汇语义中所说的色彩意义，但不完全相等，它还包括部分理性意义成分，但是这些理性义是附属的、次要的，大多数是隐性的，只有少部分是显性的。《现代汉语词典》释义中标注了六种陪义：

①情态陪义，又共分十六个小类：褒义、贬义、委婉、客套、敬辞、谦辞、骄傲、喜爱、惋惜、亲昵、厌恶、轻蔑、讥讽、戏谑、斥责、詈骂。

②语体陪义，主要包括书面语和口头语，标注为<书>、<口>，此外，还包括学科、公文、书信等。

③时代陪义，包括古代用语（唐宋前）、早期白话（唐宋至五四运动）、旧时代用语（1900—1940年）。

④语域陪义，包括政治、外交、军事、商业、法律、文艺、宗教等。

⑤方言陪义，标注为<方>。

⑥外来陪义，标注原语语种及原词词形。

实际上，陪义的种类不止以上六种。为张志毅、张庆云（2012：36-54）共归纳了十种，即属性陪义、形象陪义、情态陪义、语域陪义、语体陪义、风格陪义、地域陪义、时域陪义、文化陪义、外来陪义。

（3）义域。指义位的意义范围及其使用的范围。包括如下几种。

①大小域：指义位所指称的对象的大小。

②多少域：指义位所指称的对象的数量的多少。

③伙伴域：指义位的使用范围，即可跟被释义位搭配的其他义位的范围，实际上是义位的语义组合限制。比如：

【出版】把书刊、图画、音像制品等编印或制作出来，向公众发行：~社｜~物｜那部书已经~了｜录音录像制品由音像出版单位~。

这里的"书刊""图画""音像制品"就属于伙伴域。

符淮青(1992)讨论了语文词典中不同语义类型词的释义规律：

(1)表名物的词语常用"种差+类"的定义式释义模式，这种模式也可以用在表动作行为和表性状的词语中。在释义用语中，表示"类"的词语是中心语，用以指示被释词所属的上位概念的类别，或指明被释词各种性质的名称的身份(如总称、通称、别称)等；表"种差"的成分是修饰语，用以指示被释词所表示的事物个体或品种在形貌、状态、性质、结构、习性、材料、功用等方面的具体特征。例如：

【团子】米或粉做成的圆球形食物：糯米~｜玉米面~。(中心语"食物"表示被释词"团子"所属的对象类别，修饰语"米或粉做出的圆球形"表示被释词的材料、形状两方面的种差特征)

【泡菜】把洋白菜、萝卜等放在加了盐、酒、花椒等的凉开水里泡制成的一种带酸味的菜。(中心语"菜"表示被释词"泡菜"所属的对象类别，修饰语"把洋白菜、萝卜等放在加了盐、酒、花椒等的凉开水里泡制成的一种带酸味的"表示被释词的材料、方式、味道方面的种差特征)

【矿藏】地下埋藏的各种矿物的总称：我国的~很丰富。

【万能胶】环氧树脂用作黏合剂时的别称。

(2)对表动作行为的词语常用描写说明的模式释义，分为以下几种类型：

①说明词义包含某个动作行为，并对该动作行为的工具、部位、程度、方式、时间、方位、方向、数量、范围等各个方面加以限制。例如：

【行进】向前行走(多用于队伍)。("行进"是一种行为动作，"向前"是该动作的方向，"多用于队伍"是该动作适用的范围)

【迈进】大踏步地前进。("前进"是一种行为动作，"大踏步"是该动作的方式)

②说明词义包含某个动作行为及其关系对象(受事者)，并对该动作行为和关系对象可能存在的各种限制进行描写，如时间、处所、方式、工具等。例如：

【淘金】用水选的方法从沙子里选出沙金。("选出"是一种行为动作，"沙金"是该行为的受事者，"用水选"是行为的方法，"沙子里"是行为的处所)

【压惊】用请吃饭等方式安慰受惊的人。("安慰"是一种行为动作，"人"是该行为的受事者，"请吃饭"是行为的方式，"受惊"是受事者的性状)

③说明词义包含某个动作行为及其施事者，并对该动作行为和其施事者可能存在的各种限制进行描写。受事者可以出现也可以不出现。例如：

【起飞】(飞机)开始飞行。("飞行"是一种行为动作，"开始"是指动作所处的阶段，"飞机"是施事者)

【还愿】(求神保佑的人)实践对神许下的报酬。("实践"是一种行为动作，"人"是施事者，"求神保佑"是施事者的性质，"报酬"是受事者，"对神许下"是受事者的性质)

④说明词义包含多个动作行为，并对各个动作行为可能存在的各种限制进行描写。施事者和受事者可以出现也可以不出现。例如：

【搅拌】用棍子等在混合物中转动、和弄，使均匀：~箱｜~种子｜~混凝土。(这里包含"转动""和弄"两个动作，"棍子"是动作的工具，"混合物"是动作的对象，"均匀"是动作的目的)

【坚持】坚决保持、维护或进行：~原则｜~不懈。(包含"坚持""维护""进行"三个行为，"坚决"是行为的方式。)

⑤说明词义包含某个动作行为，以及该动作行为产生的原因或条件，并对该动作行为可能存在的各种限制进行描写。施事者和受事者可以出现也可以不出现。例如：

【赔垫】因垫付而使自己的钱财暂受损失：钱数太大，我可~不起。（"损失"是行为动作，"垫付"是动作产生的原因，"钱财"是受事者，"暂"是动作的时间限制，"自己"是受事者的领属者）

【辨别】根据不同事物的特点，在认识上加以区别：~真假｜~方向。（"区别"是行为动作，"根据不同事物的特点"是行为的条件，"在认识上"是行为的范围）

⑥说明词义包含某个动作行为，以及该动作行为的目的或结果，并对该动作行为可能存在的各种限制进行描写。施事者和受事者可以出现也可以不出现。例如：

【卖国】为了私利投靠敌人，出卖祖国和人民利益：~贼｜~求荣。（"投靠""出卖"是被释词包含的两个行为动作，"为了私利"是行为的目的，"敌人"和"利益"分别是两个行为动作的受事者，"祖国和人民"是受事者"利益"的领属者）

【浸透】泡在液体里以致湿透：他穿的一双布鞋被雨水~了。（"泡"是行为动作，"湿透"是动作的结果，"液体里"是动作发生的处所）

（3）对表性状的词语所使用的描写说明释义模式，分为以下几种类型：

①"适用对象+性状"：适用对象可以是一类物，或者多类物，也可以不出现。例如：

【离奇】（情节）不平常；出人意料：~古怪｜~的故事。（"情节"是适用对象，"不平常、出人意料"是性状描写，只有一个适用对象）

【雅致】（服饰、器物、房屋等）美观而不落俗套。（"服饰、器物、房屋"是适用对象，"美观而不落俗套"是性状描写，有三类适用对象）

【平妥】平稳妥善。（只有性状描写，没有指明适用对象）

②"形容……"："形容"后面的成分指某种情状本身，加上"形容"二字，表示对这种情状的描写。例如：

【一线】形容极其细微：~阳光｜~光明｜~希望｜~生机。（"极其细微"是一种情状，"一线"的词义就是对这种情状的描写）

【娓娓】形容谈论不倦或说话动听：~而谈｜~动听。（"谈论不倦"和

"说话动听"是两种不同的情状，"娓娓"的词义就是对这两种情状的描写)

③"……的"："的"是偏正式结构修饰语的标志成分，表示被释词一般只能作偏正结构的修饰语(定语)，不能作谓语。例如：

【主要】有关事物中最重要的；起决定作用的：～原因｜～目的｜～人物。

【简易】简单而容易的；设施不完备的：～办法｜～公路。

从以上所讨论的语文词典释义方法中，我们可以获取很多词义计算表征的信息。主要包括两方面：

(1)词义描写的特征维度。以词典释义所涉及的词义的各个方面为参考依据，我们可以分析出不同词义类的普遍特征维度，从而提取维度特征函数算子。

(2)词义基因结构描写。词典对不同类的词往往采用类似的释义模式，通过归纳词典中词类释义通用模式，可以为我们设计词义基因结构描写方程式提供参考。

二、从词典释义中分析词义维度特征与提取词义维度基因

(一)关于三大基本词类的区分

汉语中的词类划分是一个比较复杂的问题，涉及语义、语法、形态等多个方面。本章按词类讨论词义基因的分析与提取，仅为了工程操作数据处理的方便，并不涉及词类划分方面的理论争鸣。我们根据学界的基本共识，按如下定义对名词、动词、形容词三大基本词类进行粗略的区分。

名词：表名物义的词，即表示人或事物名称的词。

动词：表动作行为义的词，即陈述人或事物的动作、情况、变化的词。

形容词：表性状义的词，即表示人和事物性质、状态的词。

(二) 名词的词义特征维度分析

赵元任(1979：233)先生曾经指出"名词是个开放的类，词典里大部分是名词。名词不但比任何别的词类都多，并且比别的词类加在一块儿还多"。因此名词词义基因的分析与提取是整个工程的主要部分。

根据[个性义素]+[共性义素]或者"种差+类"的释义模式，对名词的词义基因结构描写我们首先需要确定一个跟[共性义素]或者"类"相对应的词义基因。这个基因是一个常量基因，也是在最小词义家族(最小语义场)中的家族基因，代表词所属的上位类别。这类基因难以从词典释义模式中提取，其核心集的预定义可以从通用上层词汇本体和词频表等其他数据资源中筛选。除常量基因外，词义的其他部分都通过一个特征函数表示，函数算子就是词义的一个维度特征基因。名词所指称的对象特征纷繁复杂，涉及的特征维度很多。综合参考词典释义和词典学研究文献，大致可以归纳出词典释义中用到的名词各个方面的维度特征。

(1)限值维度特征：指该维度特征函数的取值被限定在一个指定范围内，构成一个数量微小的取值集合，这个集合的成员可以穷尽枚举，而且数量不多。例如"性别"维度特征函数，其取值只能是"男"或"女"。这个维度特征及其取值可以直接提取为词义基因，为表述方便，暂时记为{[性别]：[男]，[女]}。名词的限值维度特征及其取值基因有如下几种。

①{[性别]：[男]，[女]}

②{[极性]：[褒]，[中]，[贬]}

③{[语体]：[口]，[书面]，[方言]，[译语]}

④{[方位]：[上]，[下]，[左]，[右]，[前]，[后]，[内]，[外]，[东]，[南]，[西]，[北]，[东北]，[西北]，[东南]，[西南]}

⑤{[逻辑]：[真]，[假]}

⑥{[判断]：[对]，[错]，[是]，[否]}

⑦{[模态]：[可能]，[不可能]，[必须]，[不必]，[难]，[易]}

⑧{[称呼]：$_{Gs}$[面称]，$_{Gs}$[背称]，$_{Gs}$[敬称]，$_{Gs}$[谦称]，$_{Gs}$[自称]，$_{Gs}$[他

称］，$_{Gs}$［鄙称］，$_{Gs}$［爱称］，$_{Gs}$［专称］，$_{Gs}$［代称］，$_{Gs}$［通称］}

⑨{［情态］：$_{Gs}$［委婉］，$_{Gs}$［客套］，［敬辞］，［谦辞］，$_{Gs}$［骄傲］，［喜爱］，$_{Gs}$［惋惜］，$_{Gs}$［亲昵］，$_{Gs}$［厌恶］，$_{Gs}$［讥讽］，$_{Gs}$［轻蔑］，$_{Gs}$［戏谑］，$_{Gs}$［斥责］，$_{Gs}$［詈骂］}}①

（2）非限值维度特征：指该维度特征函数的取值可以限定在一个范围内，构成一个取值集合，但是该集合的成员具有一定的能产性，不能穷尽枚举②。例如"材料"维度特征函数，其取值只能是"具体物质"，但是自然界中的具体物质是无法穷尽枚举的。名词的非限值维度特征及其取值基因有如下几种。

①{［材料］：［金属］，［金］，［银］，［铜］，［铁］，［锡］，$_{Gs}$［玻璃］，$_{Gs}$［木材］，$_{Gs}$［塑料］，$_{Gs}$［纤维］，［棉］，$_{Gs}$［布］，$_{Gs}$［尼龙］……}

②{［颜色］：［红］，［橙］，［黄］，［绿］，［青］，［蓝］，［紫］，$_{Gs}$［深红］，$_{Gs}$［灰白］，$_{Gs}$［青紫］……}

③{［外观］：［美］，［丑］，［普通］，［光滑］，［粗糙］，［平整］，［凸］，［凹］，［起］，［伏］……}

④{［外貌］：［美］，［丑］，［普通］，［胖］，［瘦］，［高］，［矮］，［苗条］，$_{Gs}$［粗狂］，$_{Gs}$［强壮］，$_{Gs}$［纤弱］，$_{Gs}$［魁梧］，$_{Gs}$［憔悴］……}③

⑤{［物理属性］：［软］，［硬］，［浓］，［淡］，［稀］，［稠］，［密］，［轻］，［重］，［高］，［矮］，［大］，［小］，［长］，［短］……}

⑥{［性格］：$_{Gs}$［坚强］，$_{Gs}$［脆弱］，$_{Gs}$［勇敢］，$_{Gs}$［胆小］，$_{Gs}$［亲切］，$_{Gs}$［温柔］，$_{Gs}$［粗暴］，$_{Gs}$［直爽］，$_{Gs}$［慈祥］，$_{Gs}$［热情］，$_{Gs}$［冷漠］，$_{Gs}$［深沉］，$_{Gs}$［随和］，$_{Gs}$［保守］，$_{Gs}$［激进］，［活泼］，$_{Gs}$［散漫］，$_{Gs}$［天真］……}

---

① 标$_{Gs}$的为一个基因簇，在词义基因分析中可以当作一个基因使用，但是基因簇需要进一步分析为词义基因。此处不展开分析。

② "不能穷尽枚举"是针对特征函数的取值而言，这跟"一种语言的词义基因集是有限的"这一假设并不矛盾，因为特征函数取值不一定是单个词义基因，还可以是基因簇或者基因链，单个词义基因是有限的，而由它们构成的基因簇是不能穷尽枚举的。

③ ［外观］和［外貌］适用的词义类别不同，前者用于描写表事物的名词，后者用于指人名词。

⑦{[品行]：[善]，[恶]，[忠]，[奸]，[诈]，Gs[诚实]，Gs[虚伪]，Gs[狡猾]，[凶]，Gs[残忍]，[狠]，[毒]，[谦]，[傲]，Gs[正直]，[廉]，[贪婪]，[勤]，[懒]，Gs[高尚]，Gs[卑鄙]，[雅]，[俗]，Gs[圆滑]，Gs[自私]，Gs[刁蛮]，Gs[可耻]……}

⑧{[才干]：Gs[聪明]，[蠢]，Gs[幼稚]，Gs[卓越]，Gs[平庸]，Gs[杰出]，Gs[博学]，Gs[著名]……}

⑨{[情绪]：[喜]，[怒]，[哀]，[乐]，[烦]，[忧]，[安]，[恐]，[慌]，Gs[郁闷]，Gs[沮丧]，Gs[消沉]，Gs[痛苦]，Gs[惭愧]，Gs[内疚]，Gs[沉重]，Gs[孤独]，Gs[寂寞]，Gs[迷茫]……}

⑩{[相对位置]：[垂直]，[水平]，[平行]，[交叉]……}

⑪{[语域]：Gs[书信]，Gs[公文]，Gs[政治]，Gs[科学]，Gs[文艺]，Gs[体育]，Gs[军事]，Gs[经济]，Gs[法律]……}

(3)离散值维度特征：指该维度特征函数的取值分布是离散的，难以约定一个范围，很多情况下这种离散值用单个的词义基因或基因簇无法表述清楚，需用到一条基因链。例如"结构"维度，名词所指事物结构复杂，在词义描写的时候，有时候指内部结构，有时候指外部结构，该维度特征函数的取值往往嵌套有其他特征函数，特征值可以包括一条甚至多条基因链。对这类型的词义维度，我们只能预定义其特征函数基因，取值基因不能预定义，需视具体的词而区别对待。这类维度特征基因有：

{[结构]，[组成]，[习性]，[地位]，[境况]，[处所]，[方式]，[原因]，[结果]，[工具]，[影响]……}

(4)混合值维度特征：指该维度特征函数的取值范围由限值、非限值、离散等两种或三种类型的数据混合而成。例如"气味"维度，特征值既可以是限值的{[香]，[臭]}，也可以是非限值的{Gs[好闻]，Gs[难闻]，Gs[刺鼻]……}最终的取值是由这两个集合合并而成的一个混合集。这类维度特征及其取值基因有：

①{[味道]：[酸]，[甜]，[苦]，[辣]，[咸]，[好]，[坏]，

[重]，$_{Gs}$[醇厚]，$_{Gs}$[纯正]，$_{Gs}$[清淡]，$_{Gc}$[难以接受]，$_{Gc}$[很受欢迎]①……}

②{[气味]：[香]，[臭]，$_{Gs}$[好闻]，$_{Gs}$[难闻]，$_{Gs}$[刺鼻]，$_{Gs}$[浓烈]，[重]，[特殊]，$_{Gs}$[清淡]，$_{Gs}$[刺激性]，$_{Gc}$[像 X 的]……}

③{[时间]：[世纪]，[朝代]，[年]，[月]，[日]，[周]，[时]，[分]，[秒]，[起]，[终]，$_{Gs}$[前天]，$_{Gs}$[昨天]，$_{Gs}$[今天]，$_{Gs}$[明天]，$_{Gs}$[后天]，$_{Gs}$[前年]，$_{Gs}$[去年]，$_{Gs}$[今年]，$_{Gs}$[明年]，$_{Gs}$[后年]，$_{Gs}$[从前]，$_{Gs}$[现在]，$_{Gs}$[今后]，$_{Gs}$[上周]，$_{Gs}$[下周]，$_{Gc}$[时点量值]，$_{Gc}$[时段量值]……}

④{[年龄]：[大]，[小]，$_{Gs}$[老年]，$_{Gs}$[中年]，$_{Gs}$[壮年]，$_{Gs}$[青年]，$_{Gs}$[少年]，$_{Gs}$[幼年]，$_{Gs}$[童年]，[年龄量值]……}

⑤{[长度]：[长]，[短]，$_{Gc}$[长度量值]……}

⑥{[高度]：[高]，[矮]，$_{Gc}$[高度量值]……}

⑦{[面积]∨[体积]∨[容积]∨[密度]：[大]，[小]，$_{Gc}$[具体量值]……}

⑧{[重量]：[大]，[小]，[轻]，[重]，$_{Gc}$[重量量值]……}

⑨{[浓度]：[浓]，[淡]，$_{Gc}$[浓度量值]……}

⑩{[温度]：[高]，[低]，$_{Gs}$[热]，$_{Gs}$[暖]，$_{Gs}$[温]，$_{Gs}$[凉]，$_{Gs}$[冰]，$_{Gs}$[冷]，$_{Gs}$[寒]，$_{Gs}$[冰]，$_{Gc}$[浓度量值]……}

⑪{[形状]：[方]，[圆]，[长方]，[三角]，[椭圆]，[直]，[弯]，$_{Gs}$[梯形]，$_{Gs}$[圆锥]，$_{Gc}$[X 状]……}

(三)动词与形容词的词义特征维度分析

词典中动词与形容词多采用说明描写型释义模式，也可以用"种差+类"的模式，基本规律还是[个性义素]+[核心义素]。跟名词的词义基因结构描写类似，在词义基因分析中，这两种词类也需先确定一个常量基

---

① $_{Gc}$[难以接受]、$_{Gc}$[很受欢迎]是离散值，需分别用基因链{[接受([受事]([i]))]}+{[模态]([难])}和{[欢迎([受事]([i]))]}+{[程度]([很])}来表示，这两条基因链不能构成相对稳定的一个语义单位(即一个词)，因而不能表示为一个基因簇。

因，来界定动词所属的动作行为或形容词所属的性质状态的上位语义类别。其他维度特征基因跟名词相比结构性、系统性更强一些。从定义看，动词表示人或事物的动作、行为和变化，形容词表示人或事物的性质状态，这两种词类的意义都以名词为依托。因此，对动词和形容词的词义基因描写，只需要在名词词义基因集的基础上，增加它们各自语义性质所决定的维度特征基因就行。

（1）动词的维度特征基因

动词的词义基因描写一般围绕动词的语义角色展开。包括：

①{[施事]，[主事]，[受事]，[与事]，[系事]}，特征值基因皆为相关名词，可按名词部分的分析方法展开。

②{[时间]，[处所]}，特征值为离散型或混合型，与名词相关特征值相同。

③{[方向]：$_{Gc}$[[朝向]([方位]∨[n])]}，特征值为离散型，其中的[n]为某个具体的名词。

④{[路径]：$_{Gc}$[[起点]([n])]，$_{Gc}$[[终点]([n])]，$_{Gc}$[[途经]([n])]……}特征值为离散型，其中的[n]一般为地点名词。

⑤{[量]：[次]，[下]，[回]，[遍]，[趟]，[顿]，[番]，[阵]，[场]，[n]……}特征值为离散型，一般由表"具体量"或"概量"的词假设以上动量词构成，其中具体量为数词，不作为词义基因收入基因集。[n]为借用相关名词表示的动量词。

⑥{[序次]：[前]，[中]，[后]，[n]……}特征值为非限值型，其中[n]为数词，不收入词义基因集。

⑦{[原因]，[结果]，[条件]，[目的]，[范围]，[依据]，[工具]，[方式]，[手段]，[影响]}，特征值多为离散型，需要用一条或多条基因链来表示。

（2）形容词的维度特征基因

形容词固定的维度特征基因相对而言比较简单，只有少数几类：

①{[对象]，[方面]，[性状]，[情状]……}特征取值为离散型，其

215

中[对象]的值为某个名词，形容词对其所能描述的某个或某类对象有语义约束，比如"英俊"只能跟表人名词搭配，"牢固"只能跟表物名词搭配。[方面]不是一个具体的基因，而是代表形容词描写对象的一个特征维度。"英俊"是描写人的"外貌"维度，这里[方面]＝[外貌]；"牢固"是描写物的结构维度，这里[方面]＝[结构貌]。对于难以明确界定的维度，以[性状]、[情状]概称。

②{[程度]，[范围]}，特征值为离散型。

除这些外，形容词的词义基因描写大部分需借助名词和动词的基因集。

三、从语义学研究文献中分析词义维度特征与提取词义维度基因

语义学，尤其是词汇语义学中关于词义描写的研究文献中，也有不少的理论和实践可为我们分析词义维度特征和提取词义维度基因提供参考。

(一)名词的格系统

语义格原本不是名词独立的语义特征，而是指名词和动词搭配时产生的一种语义关系特征。刘顺(2003：141)指出"格是名词跟动词组成语义结构时所担当的语义角色。在一个语义结构中，有些语义角色的出现是强制性的，有些语义角色的出现则是非强制性的，强制性出现的语义角色称为强制格，非强制性语义角色称为自由格"。词汇语义描写表面上看是词汇系统内部的工作，而词的组合关系似乎是句法语义层面的工作，但是事实上，我们在对名词或动词进行释义或语义描写的时候，往往不能回避彼此之间的组合关系。所以，无论是词典的释义，还是我们的词义基因结构描写，都有相当部分的内容涉及语义格。自 Fillmore(1968)提出格理论以来，关于语义格的研究不断得到发展。其中刘顺(2003：143-165)对现代汉语名词的语义格做了如下细致分类(见图 5.1)：

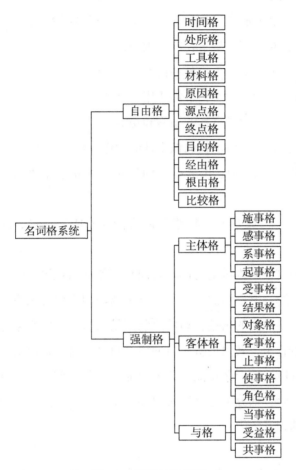

图 5.1　名词的格系统

(二) 名词的物性角色

袁毓林(2014)则以生成词库理论为基础，设计了现代汉语名词物性描写系统，在大规模语料库调查的基础上，定义了十种名词物性角色。

(1)形式：名词的分类属性、语义类型和本体层级特征。

(2)构成：名词所指的事物的结构属性，包括构成状态、组成成分、跟其他事物的关系、构成或组成其他的事物，也包括物体的大小、形状、维度、颜色和方位等。

（3）单位：名词所指事物的计量单位，即跟名词相应的量词。

（4）评价：对名词所指事物的主观评价、情感色彩。

（5）施成：名词所指事物是如何形成的。

（6）材料：制造名词所指事物所用的材料。

（7）功用：名词所指事物的用途和功能。

（8）行为：名词所指事物的惯常性的动作、行为、活动。

（9）处置：人或其他事物对名词所指事物的惯常性的动作、行为、影响。

（10）定位：人或其他事物跟名词所指的处所、时间等的位置和方向关系。

语义格和物性结构讨论的都是名词与其他词语在语义组合结构中语义角色的分配问题，所不同的是，语义格是以动词为中心来考察名词在跟动词的语义组合中充当的角色，物性角色则是以名词为中心来考察其他词跟名词的语义组合中，其他词所充当的语义角色。这两种语义角色都能反映名词在某个维度上的词义特征，其中大部分与我们前面根据词典释义提取的词义基因吻合，部分不适合词义内部的基因描写，还有部分可以补充到我们的词义基因系统中。

第二节　现代汉语名词的词义基因提取

一、名词的分类与分析样本的选取

（一）汉语名词的再分类

语言学界对汉语名词的再分类一向多有争议。学者们从不同的研究视角出发，有的根据语义划分，有的根据语法功能划分，有的根据语义语法范畴相结合进行划分。归纳起来，有如下几种观点。

（1）马建忠（1927）在《马氏文通》中就提出了名词再分类的观点：

①公名与本名。"以名同类之人物，曰公名"，"以名某人某物者，曰本名"。公名和本名大约对应于现在所说的"普通名词"和"专有名词"。

②通名与群名。公名下再分通名和群名。"通名，所以表事物之色相者，盖离乎体质以为言也"，"群名，所以称人物之聚者"，大约对应于现在所说的"抽象名词"和"集体名词"。

马建忠的分类法按现在的语言学术语体系可表示为：

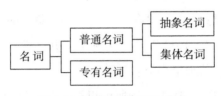

图 5.2　马建忠对名词的分类

（2）黎锦熙（1924：102-111）在《新著国语文法》中将名词分为三类：

①特有名词。"某人或某物特有的名称，虽在同类的人或物也不得通用。"下面又细分六小类：人名、特种团体名、地名、国家种族名、时代名、书篇名。

②普通名词。"同类事物之名称，凡属同类，都可通用，其他方面便和他种事物有区别。"下面细分三小类：表个体、表质料、表集合。

③抽象名词。"无形可指、无数可数的事物之名称。离开事物指实在的体质，而抽象出它的性、象或功用，称为一种虚体名词。"下面细分三小类：无形的名物、事物的性质和状态、人事的动作。

（3）吕叔湘（1942：17）"按意义和作用相近的归为一类"的原则，把名词分为四类：

①表人物。如"孔子""父""子""官""兵""友""敌"等。

②表物件。如"猫""犬""桃""李""耳""目""书""画""山""川"等。

③表物质。如"水""火""米""布""铁""空气"等。

④表无形物。如"念头""苦头""战争""睡眠""经济""道德""法

219

律"等。

（4）王力（1985：11）按所指对象的性质将名词分三类：

①通名。泛指一类事物的名词。

②专名。专指某一个人或某一个地方的名词。

③单位名词。表示人或事物的单位。

（5）赵元任（1979：233-236）按名词所带区别词和量词的性质，将名词分为四类：①个体名词。②物质名词。③集体名词。④抽象名词。

（6）朱德熙（1982：41-42）根据名词与量词的关系，将名词分为五类：①可数名词。②不可数名词。③集合名词。④抽象名词。⑤专有名词。

（7）彭睿（1996：93-103）以功能为标准，并且兼顾意义，将名词分为五类，每类下面再分若干个小类：

①个体名词。包括实体类、场所山川类、群体组织类、地域类、符形类、行为事件类、时点时段类、视听艺术类。

②抽象名词。包括意念类、性状类、知识领域类、度量类、疾病类、策略法则类、权益类、余类。

③物质名词。包括无机物类、有机物类、风雨类、光声电色彩类、钱款类。

④集合名词。包括由语义相关的语素构成的并列式的集合名词（如报刊、师生、饭菜等）、由名词素和相关量词素构成的集合名词（如书本、枪支等）。

⑤专有名词。

（8）范晓（2001）从三个平面的语法理论出发，将名词分为八类：①指人名词。②指物名词。③机构名词。④处所名词。⑤时间名词。⑥方位名词。⑦专有名词。⑧代名词。

（9）王珏（2001：83）从语义角度，讨论了名词的八个小类：①称谓名词。②身体器官名词。③植物名词。④抽象名词。⑤集合名词。⑥生命义名词。⑦歧义名词。⑧同义名词。从严格意义上讲，王珏所讨论的并不是一个周延的名词分类体系，而是有选择性地分析了按不同标准聚类的几种典型名词类，属于归类而非分类。

（10）王惠、朱学峰（2000）根据名词与量词的关系，对名词进行了多层级的划分，如图5.3所示。这也是《现代汉语语法信息词典》中所采用的名词分类体系。

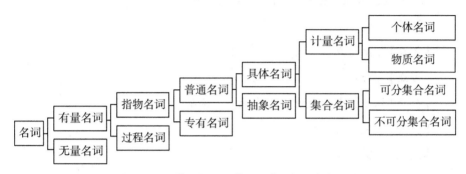

图5.3　《现代汉语语法信息词典》名词分类系统

名词的分类问题之所以复杂，是因为分类标准的不统一。对事物的任何分类要做到逻辑严密，必须自始至终坚持按同一个标准分类。在对名词分类的时候，既要考虑语义，即名词所指对象的自然类属，又要考虑语法，即名词与其他词类的组合限制，所以往往左右为难。上述各种分类法越是细致，越难以避免分类的交叉。相对而言，单纯以语义（名词所指对象）为标准分类，更适合本书的研究。

（二）名词词义基因信息分析样本的选取

本着覆盖性、代表性的原则，综合参考各家名词分类的观点，我们以语义为主要依据，选取如下几类名词作为分析样例：

（1）指人名词。按称谓习惯再分若干小类。

（2）表物名词。分具体物和抽象物，每类再细分若干小类。

（3）事件名词。

每个小类选取两到三个最小语义场进行分析，并提取该小类的通用词义维度特征基因和部分赋值基因。

二、指人名词词义分析与词义基因提取

(一)表人泛称名词

1. ｛大众，万众，公众，民众，众人，群众｝

词典释义①：

【大众】劳动群众：~化。

【万众】大众：~欢腾。

【公众】社会上大多数的人；大众：~领袖。

【民众】人民大众：唤起~。

【众人】大家。

【群众】❶泛指人民大众：~大会｜~路线｜领导干部必须深入~，听取~的意见｜~是真正的英雄。

分析：

《现汉7》对这组词的释义中，"万众""公众""民众""群众"的核心释义词都指向"大众"，我们可以先解析"大众"的词义基因结构，再以基因簇_{Gs}[大众]为基因簇去分析其他词。而"大众"的释义有两个问题：(1)又指向了"群众"，这是循环释义，不可取。(2)加了"劳动"义素，值得商榷，因各种原因丧失劳动能力或其他不参加社会劳动者，如学生、老年人等，皆不能排除在"大众"之外。

《大词典》对"大众"的释义，有两个义项跟本语义场相关：❷泛指民众，群众。❸犹言众人或大伙儿。《商务国际》对"大众"的释义为：大范围的民众，众多的人。综合起来分析，我们将"大众"的词义解析为：社会上的大多数人。

从词典的释义还可以分析出这几个词的词义差异：

①　以下释义未标明出处者为《现汉7》，《现汉7》未收录或释义不适合本书词义基因分析者，采用其他权威语文词典释义，均已标明来源。

其一，词义所指对象范围大小不同。"大众""万众""公众"的词义范围都是"全社会"，"众人"的释义为"大家"，后者是一个代词，在《现汉7》中释义为：【大家】❷代词，指一定范围内所有的人：~的事~办｜~坐好，现在开会了。其词义范围不是全社会，这个范围的大小由说话者当时的语境决定，因此是动态的、不确定的。"民众"和"群众"的范围是"人民"，"人民"的词义范围在下面进一步分析，此处可按基因簇$_{Gs}$[大众]处理。"群众"是跟"领导干部"相对而言的，即不包括"领导干部"。

其二，有语用差异。"万众"有强调"数量多"的意思，在词典举例"万众欢腾"中若替换其他词，意义就有所不同了。"公众"有强调"公共意识、公共利益"的意思，用例中同样不宜替换成其他词。

根据以上分析，这组词的词义基因结构可描写如下：

$$S_{大众} = \{[人]：\{[范围]([社会])\}+\{[比例]([大])\}\}$$

$$S_{万众} = \{_{Gs}[大众]：\{[强调]([数量](多))\}\}$$

$$S_{公众} = \{_{Gs}[大众]：\{[强调](_{Gs}[公共])\}\}$$

$$S_{民众} = \{_{Gs}[大众]：\{[范围](_{Gs}[人民])\}\}$$

$$S_{群众} = \{_{Gs}[大众]：\{[范围](_{Gs}[人民] \wedge !_{Gs}[干部])\}\}$$

$$S_{众人} = \{_{Gs}[大众]：\{[范围]([u])\}\}$$

据此我们提取这个语义场的所有词义基因{[范围]，[比例]，[强调]，[数量]，[人]，[社会]，[大]，[多]}，三个基因簇$_{Gs}$[公共]、$_{Gs}$[人民]、$_{Gs}$[干部]留待下一步分析。

2. {人民，公民，国民，居民，百姓}

词典释义：

【人民】以劳动群众为主体的社会基本成员。

【公民】取得某国国籍，并根据该国法律规定享有权利和承担义务的人。

【国民】具有某国国籍的人是这个国家的国民。

【居民】固定住在某一地方的人：街道~。

【百姓】人民(旧时区别于"官吏")。

分析：

这组词的差异主要体现在其所附加的政治含义不同。除"居民"外，其他几个词的词义范围通过附加的政治含义进行约定。"居民"不带政治附加义，通过居住地来约定其词义范围。"百姓"是跟"官吏"相对的，即不包括"官吏"。

词义基因结构描写如下：

$S_{人民}$ = {[人]：{[构成]({[社会]：{[成员]([i]) + [比例]([大])}}})} + {[劳动]([施事]([i]))}}

$S_{公民}$ = {[人]：{[拥有]([[国籍]([u])] ∧$_{Gs}$[权利])} + {[承担]($_{Gs}$[义务])}}

$S_{国民}$ = {[人]：{[拥有]([国籍]([u]))}}

$S_{居民}$ = {[人]：{[居住]([[处所]([u])] ∧ [固定])}}

$S_{百姓}$ = {$_{Gs}$[人民]：{[范围](!$_{Gs}$[官吏])}}

据此我们提取这个语义场的所有词义基因{[范围]，[构成]，[成员]，[比例]，[劳动]，[施事]，[拥有]，[国籍]，[承担]，[居住]，[处所]，[固定]，[人]，[社会]，[大]}，以及三个有待进一步分析的基因簇$_{Gs}$[权利]、$_{Gs}$[义务]、$_{Gs}$[官吏]。

这组词构成的语义场和上一组是相邻子场，两组基因合并去重，得到{[范围]，[比例]，[强调]，[数量]，[构成]，[成员]，[施事]，[承担]，[拥有]，[居住]，[处所]，[人]，[社会]，[大]，[多]，[劳动]，[国籍]，[固定]}。

上一组遗留的基因簇$_{Gs}$[人民]在这一组中已经分析完成，可以暂存于单独的数据库中供后续分析直接调用。剩下的基因簇中，上一组遗留的$_{Gs}$[干部]和这一组的$_{Gs}$[官吏]可以考虑合并。

《现汉7》解释"百姓"时附加了注"旧时区别于'官吏'"，只说明了旧时的用法，并未注明当代的用法。事实上，跟"群众"类似，当代用法中"百姓"也是跟"干部"相对的。"干部"和"官吏"概念意义类似，只是时代色彩不同。这两个基因簇可以统一合并为$_{Gs}$[官员]，则这两个相邻语义场的词义基因归并后，只剩下 $_{Gs}$［公共］、$_{Gs}$［权利］、$_{Gs}$［义务］、$_{Gs}$［官员］四个基因簇等待下一步分析。相应地，"群众"和"百姓"的词义基因结构式调整为：

$$S_{群众} = \{_{Gs}[大众]:\{[范围](_{Gs}[人民] \wedge !_{Gs}[官员])\}\}$$

$$S_{百姓} = \{_{Gs}[人民]:\{[范围](!_{Gs}[官员])\}\}$$

3.｛自家，本人，别人，他人，某人，旁人｝

词典释义：

【自家】<方>人称代词，自己。

【自己】人称代词。❶代词，复指前头的名词或代词(多强调不由于外力)：改造~｜鞋我~去买吧｜瓶子不会~倒下来，准是有人碰了它。

【本人】人称代词。❶说话人指自己：这是~的亲身经历。❷指当事人自己或前边所提到的人自己：结婚要~同意，别人不能包办代替。｜他的那段坎坷经历，还是由他~来谈吧。

【别人】❶名词，另外的人：家里只有母亲和我，没有~。❷人称代词，指自己或某人以外的人：~都同意，就你一人反对。｜把方便让给~，把困难留给自己。

【他人】人称代词。别人：关心~，比关心自己为重。

【某人】❶表示不知道的那个人。❷指确定的、无须说出姓名或说不出姓名的人。(《汉语大词典》①，以下简称《大词典》)

【旁人】人称代词。其他的人；另外的人：这件事由我负责，跟~不相干。

分析：这组词在词典中大部分被标注为代词。"别人"在《现汉 7》中被立为两个词条，分别标注名词和代词，其意义并无多大区别；"某人"在《现汉 7》中未收录，《大词典》收录了但未标注词性。《商务国际现代汉语大词典》②(以下简称《商务国际》)将"自家"标为形容词，"某人"和"旁人"未收录。

---

① 上海辞书出版社 2010 年版，本书引用释义数据来自该词典在线电子版《汉语大词典 & 康熙字典知网版》，http://hd.cnki.net/kxhd/。

② 龚学胜主编，商务印书馆国际有限公司，2016 年出版。

这一组词和典型的人称代词"你""我""他"不完全一样，介于名词和代词之间，分别具有名词和代词的部分语法功能。语义上这组词在指人泛称词中较具有代表性，所有我们暂且将它们放在指人名词中分析，不影响我们对其词义基因结构的解析。

这组词的对立性词义基因成分主要体现在两个方面：人称序次（第一、第二或第三）和有无定指。"自己""自家"，指称的是说话者，因此是有定指的；"本人"用于第一、第二、第三人称都行，指说话者或听话者，或听说双方都明确的第三人，也是有定指的。"别人""某人""旁人"只能是第二或第三人称，"他人"只能是第三人称，其中"别人"和"旁人"都不能确定指称对象，是无定指的，而"某人"有两个义项，分别表示不定指和定指。"别人"和"他人"在用于第三人称时还有一个语体的差异，前者常用于口语，后者常用于书面语（吉文玉，2003：75）。

根据以上分析，这组词的词义基因结构描写为：

$S_{自己}=\{[称代]：\{[人称]([1])\}+[定指]([T])\}$

$S_{自家}=\{[称代]：\{[人称]([1])\}+[定指]([T])+[语体]([方])\}$

$S_{本人}=\{[称代]：\{[人称]([1]\vee[2]\vee[3])\}+[定指]([T])\}$

$S_{别人}=\{[称代]：\{[人称]([2]\vee[3])\}+[定指]([F])+[语体]([口])\}$

$S_{他人}=\{[称代]：\{[人称]([3])\}+[定指]([F])+[语体]([书])\}$

$S_{旁人}=\{[称代]：\{[人称]([2]\vee[3])\}+[定指]([F])\}$

$S_{某人}=\{[称代]：\{[人称]([2]\vee[3])\}+[定指]([T]\vee[T])\}$

据此提取该语义场的词义基因{[称代]，[人称]，[定指]，[语体]，[方]，[口]，[书]}。其中[人称]和[定指]维度特征值之间用数字和逻辑真值判断符表示，不收入词义基因集。

（二）亲属称谓名词

1.{兄弟，兄，哥，哥哥，弟，弟弟，姐妹，姊妹，姐，姐姐，姊，姊姊，妹，妹妹，堂兄弟，堂兄，堂弟，堂姐妹，堂姐，堂妹，表兄弟，

表兄，表弟，表姐妹，表姐，表妹}

　　词典释义：

　　【兄弟】❶哥哥和弟弟：~二人◇~单位｜~国家。

　　【兄】❶哥哥：父~｜胞~｜从~。❷亲戚中同辈而年纪比自己大的男子：表~。

　　【哥】❶哥哥：大~｜二~。❷亲戚中同辈而年纪比自己大的男子：表~。

　　【哥哥】〈轻〉❶同父母(或只同父、只同母)而年纪比自己大的男子。❷同族同辈而年纪比自己大的男子：叔伯~｜远房~。

　　【弟】❶弟弟：二~｜小~｜胞~｜堂~。❷亲戚中同辈而年纪比自己小的男子：表~｜妻~。

　　【弟弟】❶同父母(或只同父、只同母)而年纪比自己小的男子。❷同辈而年纪比自己小的男子：叔伯~。

　　【姐妹】❶姐姐和妹妹。

　　【姊妹】❶姐姐和妹妹。(《大词典》)

　　【姐】❶姐姐：大~｜二~｜~妹。❶亲戚中同辈而年纪比自己大的女子(一般不包括可以称作嫂的人)：表~。

　　【姐姐】❶同父母(或只同父、只同母)而年纪比自己大的女子。❷同族同辈而年纪比自己大的女子(一般不包括可以称做嫂的人)：叔伯~。

　　【姊】姐姐：~妹。

　　【姊姊】❶姐姐。(《大词典》)

　　【妹】❶妹妹：姐~｜兄~。❷亲戚中同辈而年纪比自己小的女子：表~。

　　【妹妹】❶同父母(或只同父、只同母)而年纪比自己小的女子。❷同族同辈而年纪比自己小的女子：叔伯~｜远房~。

　　【堂兄弟】同祖的兄弟。(《大词典》)

　　【堂兄】称年龄比自己大的叔伯的儿子。(《商务国际》)

　　【堂弟】称年龄比自己小的叔伯的儿子。(《商务国际》)

　　【堂姐妹】对堂姐、堂妹的合称。(《商务国际》)

　　【堂姐】称年龄比自己大的叔伯的女儿。(《商务国际》)

【堂妹】称年龄比自己小的叔伯的女儿。(《商务国际》)

【表兄弟】谓表兄与表弟的亲属关系。(《大词典》)

【表兄】姑母、舅父、姨母之子，年长于己者称表兄。(《大词典》)

【表哥】即表兄。(《大词典》)

【表弟】姑母、舅父、姨母之子，年幼于己者称表弟。(《大词典》)

【表姐】姑母、舅父、姨母之女，年长于己者称表姐。(《大词典》)

【表妹】姑母、舅父、姨母之女，年幼于己者称表妹。(《大词典》)

分析：亲属称谓词是很多人类学家和语言学家感兴趣的研究对象，是很多词汇学、语义学中语义场分析、义素分析必举的例子。亲属关系和亲属称谓词的语义分析看似复杂，但其实其内部的系统性很强，结构比较整齐，只要分析维度设计合理，亲属称谓词的语义描写也很简单。

跟上面各组词的讨论中从词义结构分析逐个提取词义基因不同，这组词我们采取先定义词义基因再逐个描写的方法。根据汉语文化中亲属称谓词的特点，我们预定义一组词义特征维度基因及其取值基因：

{[亲属称谓]}，词义类别基因，为常量。

{[辈分]：[具体数值]}，[辈分]维度基因表示辈分的序，取值为具体的数值，同辈为0，上一辈(父母辈)取值为1，上两辈(爷爷辈)取值为2，下一辈(子女辈)取值为-1，下两辈(孙子辈)取值为-2。以此类推。

{[长幼]：[大]，[小]}，[长幼]维度基因表示同辈人的年龄大小，一般取值为[大]或[小]。理论上讲，[长幼]也有序，比如"大哥""二姐""三弟"等。但是这些称谓一般不作为词处理，因此不在词义基因描写中讨论。如果要表示也很方便，将该维度取值由定值型改为混合型就行。

{[族系]：[直系]，[近系]，[旁系]，[父系]，[母系]}：在汉语文化中，[族系]维度的取值多数情况下是复合值，需一个以上赋值基因组合使用。比如"爷爷"和"外公"在这个维度上的取值分别为[直系]∧[父系]和[直系]∧[母系]。需要特别说明的是，生物学上[直系]仅指有生育关系的上下辈亲属，不包括兄弟姐妹。为区分"兄弟姐妹"和"堂/表兄弟姐妹"，我们增加一个[近系]，表示近亲，即"兄弟姐妹"。需要特别说明的是，在[族系]特征维度上还需要区分[性别]特征，这个[性别]不是指被称谓对象的性别，而是指被称谓对象上辈的性别。比如，"堂兄弟"是父亲的兄弟的儿子，"表兄弟"是父亲的姐妹的儿子(母亲的兄弟姐妹的儿子也称"表兄妹")。这种关系需要在[族系]特征维度上设置一个复合变量，比如[[父系]：[性别]([男])]表示叔伯的后代的族系特征，[[父系]：[性别]([女])]表示姑姑的后代的族系特征。

{[血缘]：[血亲]，[姻亲]，[养亲]，[继亲]}

{[性别]：[男]，[女]}表示

下面用这个基因集来分析上述各词：

$S_{兄弟}$={[亲属称谓]：{[辈分]([0])}+{[长幼]([大]∨[小])}+{[族系]([近系])}+{[血缘]([血亲])}+{[性别]([男])}}

$S_{兄}$={[亲属称谓]：{[辈分]([0])}+{[长幼]([大])}+{[族系]([近系])}+{[血缘]([血亲])}+{[性别]([男])}}

$S_{哥}$={[亲属称谓]：{[辈分]([0])}+{[长幼]([大])}+{[族系]([近系])}+{[血缘]([血亲])}+{[性别]([男])}}

$S_{哥哥}$={[亲属称谓]：{[辈分]([0])}+{[长幼]([大])}+{[族系]([近系])}+{[血缘]([血亲])}+{[性别]([男])}}

$S_{弟}$={[亲属称谓]：{[辈分]([0])}+{[长幼]([小])}+{[族系]([近系])}+{[血缘]([血亲])}+{[性别]([男])}}

$S_{弟弟}$={[亲属称谓]：{[辈分]([0])}+{[长幼]([小])}+{[族系]([近系])}+{[血缘]([血亲])}+{[性别]([男])}}

$S_{姐妹}$={[亲属称谓]：{[辈分]([0])}+{[长幼]([大]∨[小])}+{[族系]([近系])}+{[血缘]([血亲])}+{[性别]([女])}}

$S_{姊妹}$={[亲属称谓]：{[辈分]([0])}+{[长幼]([大]∨[小])}+{[族系]([近系])}+{[血缘]([血亲])}+{[性别]([女])}}

$S_{姐}$={[亲属称谓]：{[辈分]([0])}+{[长幼]([大])}+{[族系]([近系])}+{[血缘]([血亲])}+{[性别]([女])}}

$S_{姐姐}$={[亲属称谓]：{[辈分]([0])}+{[长幼]([大])}+{[族系]

（[近系]）}+{[血缘]（[血亲]）}+{[性别]（[女]）}}

$S_{姊}$ ={[亲属称谓]：{[辈分]（[0]）}+{[长幼]（[大]）}+{[族系]（[近系]）}+{[血缘]（[血亲]）}+{[性别]（[女]）}}

$S_{姊姊}$ ={[亲属称谓]：{[辈分]（[0]）}+{[长幼]（[大]）}+{[族系]（[近系]）}+{[血缘]（[血亲]）}+{[性别]（[女]）}}

$S_{妹}$ ={[亲属称谓]：{[辈分]（[0]）}+{[长幼]（[小]）}+{[族系]（[近系]）}+{[血缘]（[血亲]）}+{[性别]（[女]）}}

$S_{妹妹}$ ={[亲属称谓]：{[辈分]（[0]）}+{[长幼]（[小]）}+{[族系]（[近系]）}+{[血缘]（[血亲]）}+{[性别]（[女]）}}

$S_{堂兄弟}$ ={[亲属称谓]：{[辈分]（[0]）}+{[长幼]（[大]∨[小]）}+{[族系]（[旁系]∧{[父系]：[性别]（[男]）}）}+{[血缘]（[血亲]）}+{[性别]（[男]）}}

$S_{堂兄}$ ={[亲属称谓]：{[辈分]（[0]）}+{[长幼]（[大]）}+{[族系]（[旁系]∧{[父系]：[性别]（[男]）}）}+{[血缘]（[血亲]）}+{[性别]（[男]）}}

$S_{堂弟}$ ={[亲属称谓]：{[辈分]（[0]）}+{[长幼]（[小]）}+{[族系]（[旁系]∧{[父系]：[性别]（[男]）}）}+{[血缘]（[血亲]）}+{[性别]（[男]）}}

$S_{堂姐妹}$ ={[亲属称谓]：{[辈分]（[0]）}+{[长幼]（[大]∨[小]）}+{[族系]（[旁系]∧{[父系]：[性别]（[男]）}）}+{[血缘]（[血亲]）}+{[性别]（[女]）}}

$S_{堂姐}$ ={[亲属称谓]：{[辈分]（[0]）}+{[长幼]（[大]）}+{[族系]（[旁系]∧{[父系]：[性别]（[男]）}）}+{[血缘]（[血亲]）}+{[性别]（[女]）}}

$S_{堂妹}$ ={[亲属称谓]：{[辈分]（[0]）}+{[长幼]（[小]）}+{[族系]（[旁系]∧{[父系]：[性别]（[男]）}）}+{[血缘]（[血亲]）}+{[性别]（[女]）}}

$S_{表兄弟}$ ={[亲属称谓]：{[辈分]（[0]）}+{[长幼]（[大]∨[小]）}+

{[族系]（[旁系]∧[{[父系]：[性别]（[女]）}∨[母系]]）}+{[血缘]（[血亲]）}+{[性别]（[男]）}}

S_{表兄}={[亲属称谓]：{[辈分]（[0]）}+{[长幼]（[大]）}+{[族系]（[旁系]∧[{[父系]：[性别]（[女]）}∨[母系]]）}+{[血缘]（[血亲]）}+{[性别]（[男]）}}

S_{表弟}={[亲属称谓]：{[辈分]（[0]）}+{[长幼]（[小]）}+{[族系]（[旁系]∧[{[父系]：[性别]（[女]）}∨[母系]]）}+{[血缘]（[血亲]）}+{[性别]（[男]）}}

S_{表姐妹}={[亲属称谓]：{[辈分]（[0]）}+{[长幼]（[大]∨[小]）}+{[族系]（[旁系]∧[{[父系]：[性别]（[女]）}∨[母系]]）}+{[血缘]（[血亲]）}+{[性别]（[女]）}}

S_{表姐}={[亲属称谓]：{[辈分]（[0]）}+{[长幼]（[大]）}+{[族系]（[旁系]∧[{[父系]：[性别]（[女]）}∨[母系]]）}+{[血缘]（[血亲]）}+{[性别]（[女]）}}

S_{表妹}={[亲属称谓]：{[辈分]（[0]）}+{[长幼]（[小]）}+{[族系]（[旁系]∧[{[父系]：[性别]（[女]）}∨[母系]]）}+{[血缘]（[血亲]）}+{[性别]（[女]）}}

2.{父亲，爸，爹，爸爸，叔叔，叔父，伯伯，伯父，舅舅，娘舅，舅父，姨夫，姨父，姨丈，姑夫，姑父，姑丈}

词典释义：

【父亲】有子女的男子是子女的父亲。

【爸】<口>父亲。也说爸爸。

【爹】<口>父亲：～娘｜～妈。

【叔叔】<口>❶叔父：亲～｜堂房～。

【叔父】父亲的弟弟。

【伯伯】<口>伯父：二～｜张～。

【伯父】❶父亲的哥哥。

【舅舅】<口>舅父。

【娘舅】<方>舅父。

【舅父】母亲的弟兄。

【姨夫】姨母的丈夫。

【姨父】姨夫。

【姨丈】姨夫。

【姑夫】姑母的丈夫。

【姑父】姑夫。

【姑丈】姑夫。

直接用上面一组词中预定义的词义基因描写如下：

$S_{父亲}$＝{[亲属称谓]：{[辈分]([1])}+{[族系]([直系])}+{[血缘]([血亲])}+{[性别]([男])}}

$S_{爸}$＝{[亲属称谓]：{[辈分]([1])}+{[族系]([直系])}+{[血缘]([血亲])}+{[性别]([男])}+{[语体]([口])}}

$S_{爹}$＝{[亲属称谓]：{[辈分]([1])}+{[族系]([直系])}+{[血缘]([血亲])}+{[性别]([男])}+{[语体]([口])}}

$S_{爸爸}$＝{[亲属称谓]：{[辈分]([1])}+{[族系]([直系])}+{[血缘]([血亲])}+{[性别]([男])}}

$S_{叔叔}$＝{[亲属称谓]：{[辈分]([1])}+{[族系]([旁系]∧{[父系]：[长幼]([小])})}+{[血缘]([血亲])}+{[性别]([男])}+{[语体]([口])}}

$S_{叔父}$＝{[亲属称谓]：{[辈分]([1])}+{[族系]([旁系]∧{[父系]：[长幼]([小])})}+{[血缘]([血亲])}+{[性别]([男])}}

$S_{伯伯}$＝{[亲属称谓]：{[辈分]([1])}+{[族系]([旁系]∧{[父系]：[长幼]([大])})}+{[血缘]([血亲])}+{[性别]([男])}+{[语体]([口])}}

$S_{伯父}$＝{[亲属称谓]：{[辈分]([1])}+{[族系]([旁系]∧{[父系]：[长幼]([大])})}+{[血缘]([血亲])}+{[性别]([男])}}

$S_{舅舅}$＝{[亲属称谓]：{[辈分]([1])}+{[族系]([旁系]∧{[母系]：

[性别]([男])}）}+{[血缘]([血亲])}+{[性别]([男])}+{[语体]
([口])}}

$S_{娘舅}$={[亲属称谓]：{[辈分]([1])}+{[族系]([旁系]∧{[母系]：
[性别]([男])}）}+{[血缘]([血亲])}+{[性别]([男])}+{[语体]
([方])}}

$S_{舅父}$={[亲属称谓]：{[辈分]([1])}+{[族系]([旁系]∧{[母系]：
[性别]([男])}）}+{[血缘]([血亲])}+{[性别]([男])}}

$S_{姨夫}$={[亲属称谓]：{[辈分]([1])}+{[族系]([旁系]∧{[母系]：
[性别]([男])}）}+{[血缘]([姻亲])}+{[性别]([男])}}

$S_{姨父}$={[亲属称谓]：{[辈分]([1])}+{[族系]([旁系]∧{[母系]：
[性别]([男])}）}+{[血缘]([姻亲])}+{[性别]([男])}}

$S_{姨丈}$={[亲属称谓]：{[辈分]([1])}+{[族系]([旁系]∧{[母系]：
[性别]([男])}）}+{[血缘]([姻亲])}+{[性别]([男])}}

$S_{姑夫}$={[亲属称谓]：{[辈分]([1])}+{[族系]([旁系]∧[父
系])}+{[血缘]([姻亲])}+{[性别]([男])}}

$S_{姑父}$={[亲属称谓]：{[辈分]([1])}+{[族系]([旁系]∧[父
系])}+{[血缘]([姻亲])}+{[性别]([男])}}

$S_{姑丈}$={[亲属称谓]：{[辈分]([1])}+{[族系]([旁系]∧[父
系])}+{[血缘]([姻亲])}+{[性别]([男])}}

显然，这种描写方式比较烦琐。另一种描写方法是把已经描写完的基
本称谓词作为基因簇，再用领属关系符 *of* 连接起来，词义基因表达式就会
简洁很多。

3.{母亲，妈，妈妈，娘，婶母，婶娘，婶婶，婶子，舅母，舅妈，
姨，姨母，姨妈，姑，姑姑，姑母，姑妈}

词典释义：

【母亲】有子女的女子，是子女的母亲◇祖国，我的~！

【妈】❶<口>母亲。

【妈妈】❶<口>母亲。

【娘】<口>母亲：爹~｜亲~。

【婶母】叔父的妻子。

【婶娘】<方>婶母。

【婶婶】<方>婶母。

【婶子】<口>婶母。

【舅母】舅父的妻子。

【舅妈】<口>舅母。

【姨】❶姨母。

【姨母】母亲的姐妹。

【姨妈】<口>姨母（指已婚的）。

【姑】❶（~儿）姑母：大~｜二~｜表~。

【姑母】父亲的姐妹。

【姑姑】<口>姑母。

【姑妈】<口>姑母（指已婚的）。

这一组词我们采用第二种描写方法。需引入一个新的基因簇$_{Gs}$［配偶］。先参考词典释义描写这个基因簇：

【配偶】婚姻关系的对象。（《商务国际》）

$S_{配偶}$＝{［对象］：{［关系］（［婚姻］）}}，其中［婚姻］提取为一个词义基因，不宜再做分析。

"母亲""妈""妈妈""娘"是核心亲属关系称谓词，还是用详细描写的方法；其他的词用基因簇加领属关系符组合描写如下：

$S_{母亲}$＝{［亲属称谓］：{［辈分］（［1］）}＋{［族系］（［直系］）}＋{［血缘］（［血亲］）}＋{［性别］（［女］）}}

$S_{妈}$＝{［亲属称谓］：{［辈分］（［1］）}＋{［族系］（［直系］）}＋{［血缘］（［血亲］）}＋{［性别］（［女］）}＋{［语体］（［口］）}}

$S_{妈妈}$＝{［亲属称谓］：{［辈分］（［1］）}＋{［族系］（［直系］）}＋{［血缘］（［血亲］）}＋{［性别］（［女］）}＋{［语体］（［口］）}}

$S_{娘}$＝{［亲属称谓］：{［辈分］（［1］）}＋{［族系］（［直系］）}＋{［血缘］

$([血亲])\}+\{[性别]([女])\}+\{[语体]([口])\}\}$

$S_{婶母}=\{[亲属称谓]:\{[关系](_{Gs}[配偶]\,of\,_{Gs}[叔父])\}\}$

$S_{婶娘}=\{[亲属称谓]:\{[关系](_{Gs}[配偶]\,of\,_{Gs}[叔父])\}+\{[语体]([方])\}\}$

$S_{婶婶}=\{[亲属称谓]:\{[关系](_{Gs}[配偶]\,of\,_{Gs}[叔父])\}+\{[语体]([方])\}\}$

$S_{婶子}=\{[亲属称谓]:\{[关系](_{Gs}[配偶]\,of\,_{Gs}[叔父])\}+\{[语体]([口])\}\}$

$S_{舅母}=\{[亲属称谓]:\{[关系](_{Gs}[配偶]\,of\,_{Gs}[舅父])\}\}$

$S_{舅妈}=\{[亲属称谓]:\{[关系](_{Gs}[配偶]\,of\,[舅父])\}+\{[语体]([口])\}\}$

$S_{姨}=\{[亲属称谓]:\{[关系](_{Gs}[姐妹]\,of\,_{Gs}[母亲])\}\}$

$S_{姨母}=\{[亲属称谓]:\{[关系](_{Gs}[姐妹]\,of\,_{Gs}[母亲])\}\}$

$S_{姨妈}=\{[亲属称谓]:\{[关系](_{Gs}[姐妹]\,of\,_{Gs}[母亲])\}+\{[语体]([口])\}+\{[[状况]([婚姻])]([已婚])]\}\}$

$S_{姑}=\{[亲属称谓]:\{[关系](_{Gs}[姐妹]\,of\,_{Gs}[父亲])\}\}$

$S_{姑姑}=\{[亲属称谓]:\{[关系](_{Gs}[姐妹]\,of\,_{Gs}[父亲])\}+\{[语体]([口])\}\}$

$S_{姑母}=\{[亲属称谓]:\{[关系](_{Gs}[姐妹]\,of\,_{Gs}[父亲])\}\}$

$S_{姑妈}=\{[亲属称谓]:\{[关系](_{Gs}[姐妹]\,of\,_{Gs}[父亲])\}+\{[语体]([口])\}+\{[[状况]([婚姻])]([已婚])]\}\}$

合并以上三组基因，得到表亲属关系的词义基因集：$\{[亲属称谓],$ $[辈分],$ $[长幼],$ $[大],$ $[小],$ $[族系],$ $[直系],$ $[近系],$ $[旁系],$ $[父系],$ $[母系]\},$ $[血缘],$ $[血亲],$ $[姻亲],$ $[养亲],$ $[继亲],$ $[性别]:[男],$ $[女],$ $[关系],$ $[婚姻],$ $[状况],$ $[已婚],$ $[未婚],$ $[离婚]$①$\}$。

---

① 其中[未婚]、[离婚]两个基因在这三组词义分析中没有用到。

(三)职业称谓名词

1. {农民,农夫,农妇,庄稼汉,庄稼人}

词典释义:

【农民】在农村从事农业生产的劳动者。

【农夫】旧称从事农业生产的男子。

【农妇】农家妇女。

【庄稼汉】<口>种庄稼的男人。

【庄稼人】<口>种庄稼的人;农民。

分析:这组词的释义模式差异较大,这不利于机器进行语义推理。知识工程中,惯常的做法是用统一的框架来描写一个知识域。如果我们能在词义描写中将同一语义类的词义表示为一个统一框架的知识域,对语义的计算处理而言无疑是大有裨益的。比如,职业知识域的统一描写框架可表示为:

{[职业]([a])}+{[领域]([b])}+{[内容]([c])}+{[地点]([d])}+{[方式]([e])}

这个域框架由五个函数式构成,它们不一定要求全部出现,可根据实际情况取舍。基于这种思想,这组词可描写为(其中"农民"一词在第四章的举例中已经分析过):

$S_{农民}$={[人]:{[职业]([生产])}+{[领域]([农业])}+{[地点]([农村])}+{[方式]([直接])}}

$S_{农夫}$={[人]:{[职业]([生产])}+{[领域]([农业])}+{[地点]([农村])}+{[方式]([直接])}+{[性别]([男])}+{[语体]([旧])}}

$S_{农妇}$={[人]:{[职业]([生产])}+{[领域]([农业])}+{[地点]([农村])}+{[性别]([女])}}

$S_{庄稼汉}$={[人]:{[职业]([生产])}+{[领域]([农业])}+{[地点]([农村])}+{[内容]([种植]([庄稼]))}+{[性别]([男])}}

$S_{庄稼人}$={[人]:{[职业]([生产])}+{[领域]([农业])}+{[地点]

（［农村］）｝+｛［内容］（［种植］（［庄稼］））｝

2.｛渔民，渔夫，渔翁｝

词典释义：

【渔民】以捕鱼为业的人。

【渔夫】捕鱼为业的男子。

【渔翁】捕鱼的老人。

采用上面的知识域框架描写如下：

$S_{渔民}$=｛［人］：｛［职业］（［生产］）｝+｛［领域］（［渔业］）｝+｛［内容］（［捕］（［鱼］））｝

$S_{渔夫}$=｛［人］：｛［职业］（［生产］）｝+｛［领域］（［渔业］）｝+｛［内容］（［捕］（［鱼］））｝+｛［性别］（［男］）｝｝

$S_{渔翁}$=｛［人］：｛［职业］（［生产］）｝+｛［领域］（［渔业］）｝+｛［内容］（［捕］（［鱼］））｝+｛［年龄］（［老］）｝｝

3.｛商人，商贩，行商，坐商，货郎，贩子，小贩，摊贩｝

词典释义：

【商人】贩卖商品从中获取利润的人。

【商贩】指现买现卖的小商人。

【行商】往来贩卖、没有固定营业地点的商人（区别于"坐商"）。

【坐商】有固定营业地点的商人（区别于"行商"）。

【货郎】在农村、山区或城市小街僻巷流动地贩卖日用品的人，有的也兼营收购：~担（货郎装货物的担子）。

【贩子】往来各地贩卖东西的人（多含贬义）：牲口~◇战争~。

【小贩】指本钱很小的行商。

【摊贩】摆摊子做小买卖的人。

继续采用职业知识域框架描写：

$S_{商人}$=｛［人］：｛［职业］（$_{Gs}$［经营］）｝+｛［领域］（［商业］）｝+｛［内容］（$_{Gs}$［贩卖］（［商品］））+｛［目的］（［获得］（［利润］））｝｝

$S_{商贩}$=｛［人］：｛［职业］（$_{Gs}$［经营］）｝+｛［领域］（［商业］）｝+｛［内容］

($_{Gs}$[贩卖]([商品]))+{[规模]([小])}+{[方式]([即时])}}}

$S_{行商}$={[人]：{[职业]($_{Gs}$[经营])}+{[领域]([商业])}+{[内容]}
($_{Gs}$[贩卖]([商品]))+{[地点](！[固定])}}}

$S_{坐商}$={[人]：{[职业]($_{Gs}$[经营])}+{[领域]([商业])}+{[内容]}
($_{Gs}$[贩卖]([商品]))+{[地点]([固定])}}}

$S_{货郎}$={[人]：{[职业]($_{Gs}$[经营])}+{[领域]([商业])}+{[内容]}
([$_{Gs}$[贩卖]∨[收购]]([商品]))+{[地点]([农村]∨[山区]∨
[巷])}}}

$S_{贩子}$={[人]：{[职业]($_{Gs}$[经营])}+{[领域]([商业])}+{[内容]}
($_{Gs}$[贩卖]([商品]))+{[地点]([u])}+{[极性]([贬])}}

$S_{小贩}$={[人]：{[职业]($_{Gs}$[经营])}+{[领域]([商业])}+{[内容]}
($_{Gs}$[贩卖]([商品]))+{[地点](！[固定])}}+{[规模]([小])}}

$S_{摊贩}$={[人]：{[职业]($_{Gs}$[经营])}+{[领域]([商业])}+{[内容]}
($_{Gs}$[贩卖]([商品]))+{[地点]($_{Gs}$[摊子])}}}

　　这里基因簇$_{Gs}$[经营]和$_{Gs}$[贩卖]是高频基因簇，而且跟本语义场语义关系密切，先依据词典释义一并进行解析：

　　【经营】❷指商业、服务业出售某类商品或提供某方面的服务：本店~各种文具。

　　$S_{经营}$={[行为]：{[卖]([商品]∨[服务])}}

　　【贩卖】(商人)买进货物再卖出以获取利润：~干鲜果品。

　　$S_{贩卖}$={[行为]：{[[买]<[卖]]([商品])}+{[目的]([获得]([利润]))}}}

　　归并以上各组基因，得到职业称谓名词的部分词义基因集：{[职业]，[领域]，[内容]，[地点]，[方式]，[目的]，[生产]，[农业]，[农村]，[直接]，[种植]，[庄稼]，[渔业]，[捕]，[鱼]，[商业]，[商品]，[获得]，[利润]，[规模]，[小]，[即时]，[固定]，[收购]，[山区]，[巷]，[行为]，[买]，[卖]，[服务]}，以及一个基因簇$_{Gs}$[摊子]留待后续分析。

(四)职衔称谓名词

1.{省长,县长,镇长,乡长,村长}

词典释义：

【省长】一省政府的最高负责人。(《商务国际》)

【县长】负责管理一县的最高行政长官。(《商务国际》)

【镇长】一个镇的行政领导,低于县长,与乡长级别相同。(《商务国际》)

【乡长】一个乡的行政领导,低于县长,与镇长级别相同。(《商务国际》)

【村长】❶某些以村为名称的机构的主要负责人：亚运~。❷村主任的俗称。(《商务国际》)

【长】❹领导人：部~|校~|社~|首~。

分析：职衔称谓名词的语义结构也比较整齐规范,可以通过知识域描写框架来分析。这组词属于官衔称谓,知识域框架可定义为：

{[身份]($_{Gs}$[官员])}+{[职位]([领导者])}+{[级别]([x])}+{[单位]([y])}

这个框架由四个函数构成,其中[级别]函数的取值为[正]或[副],[单位]是一个泛称函数,根据单位性质的部分,该函数可分化为[党委]、[政府]、[机构]、[部门]、[委员会]、[组织]等若干个子函数,取值为单位名称。

基因簇$_{Gs}$[官员]为前面分析中遗留下来的待分析词义单位,此处为高频分析单位,先按词典释义展开分析其基因结构：

【官员】经过任命的,一定等级的政府工作人员：外交~|地方~|~问责制

【官员】具有一定级别的政府工作人员：随访~(《现代汉语规范词典

（第 3 版)》①，以下简称《规范 3》)

《规范 3》比《现汉 7》释义更简洁，其精简的部分并不影响对该词的词义理解，因此我们采用《规范 3》的释义为分析依据。

$S_{官员}$＝{[人]：{[工作]([处所]([政府]))}＋{[身份]：{[级别]([u])}}}

根据以上讨论，对这组词的词义基因描写如下：

$S_{省长}$＝{[人]：{[身份]($_{Gs}$[官员])}＋{[职位]([领导者])}＋{[级别]([正])}＋{[政府]([省])}}

$S_{县长}$＝{[人]：{[身份]($_{Gs}$[官员])}＋{[职位]([领导者])}＋{[级别]([正])}＋{[政府]([县])}}

$S_{镇长}$＝{[人]：{[身份]($_{Gs}$[官员])}＋{[职位]([领导者])}＋{[级别]([正])}＋{[政府]([镇])}}

$S_{乡长}$＝{[人]：{[身份]($_{Gs}$[官员])}＋{[职位]([领导者])}＋{[级别]([正])}＋{[政府]([乡])}}

$S_{村长}$＝{[人]：{[身份]($_{Gs}$[官员])}＋{[职位]([领导者])}＋{[级别]([正])}＋{[委员会]([村])②}}

2. {教授，副教授，讲师，助教，博士，硕士，学士}

词典释义：

【教授】❷高等学校中职别最高的教师。

【副教授】学校中仅次于教授的职别。(《商务国际》)

【讲师】高等学校中职别次于副教授的教师。

【助教】高等学校中职别最低的教师。

【博士】学位的最高一级。

【硕士】学位的一级。大学毕业生在研究机关学习一、二年以上，成绩合格者，即可授予。

---

① 李行健主编，外语教学与研究出版社，2017 年第 5 次印刷。
② 按我国行政建制，乡、镇是最低一级的政府组织，村委会不属于政府行政机关。

【学士】❷学位中最低的一级，大学毕业时由学校授予。

分析：职称和学位称谓名语义结构也很规范整齐，跟官衔不同的是，这类称谓词有明确的等级序次，可以量化表示。类似的词还有军衔、军职、警衔等。这类词既可以指人，表示拥有某个职衔或学位的人，也可以指物，表示某个职衔或学位的名称。例如：

(1)我们学校今年引进了两名博士。（指人）

(2)小张今年获得博士学位。（指物）

(3)一共有三位教授上台做了报告。（指人）

(4)你什么时候评的教授？（指物）

其知识域描写框架可以统一表示为：

(1)表物：{[衔名]：{[级别]([x])+[领域]([y])}}

由一个常量基因[衔名]和两个函数构成，其中常量基因[衔名]是一个泛称基因量，根据具体情况，可分化为[职称]、[学位]、[军衔]、[警衔]、[军职]等具体基因。[级别]函数取值[x]为数值，不纳入词义基因集，[领域]函数取值为具体领域名。

(2)表人：{[人]：{[身份]([a])+{[衔名]：{[级别]([x])}+{[领域]([y])}}}

表人的时候增加一个常量基因[人]和一个函数[身份]。增加[身份]基因的目的是为了知识域框架的完整性，方便计算机进行语义推理。该函数的取值[a]为具体的行业身份名称，比如"教授"的[身份]值是$_{Gs}$[教师]，"元帅"的身份是$_{Gs}$[军人]。需要说明的是，"博士"等学位称谓词指人时，身份并不固定，因为具有某种学位的人并不会跟固定的行业对应，因此[a]的取值为泛值[u]，同理，其[领域]函数取值[y]也为泛值[u]。

根据以上分析，这组词(指人)的基因结构描写为：

$S_{教授}$={[人]：{[身份]($_{Gs}$[教师])}+{[职称]：{[级别]([1])}+{[领域]($_{Gs}$[教育])}}}

$S_{副教授}$={[人]：{[身份]($_{Gs}$[教师])}+{[职称]：{[级别]([2])}+{[领域]($_{Gs}$[教育])}}}

$S_{讲师} = \{[人]: \{[身份]({}_{Gs}[教师])\} + \{[职称]: \{[级别]([3])\} + \{[领域]({}_{Gs}[教育])\}\}$

$S_{助教} = \{[人]: \{[身份]({}_{Gs}[教师])\} + \{[职称]: \{[级别]([4])\} + \{[领域]({}_{Gs}[教育])\}\}$

$S_{博士} = \{[人]: \{[身份]([u])\} + \{[学位]: \{[级别]([1])\} + \{[领域]([u])\}\}$

$S_{硕士} = \{[人]: \{[身份]([u])\} + \{[学位]: \{[级别]([2])\} + \{[领域]([u])\}\}$

$S_{学士} = \{[人]: \{[身份]([u])\} + \{[学位]: \{[级别]([3])\} + \{[领域]([u])\}\}$

综合以上各组，得到表职衔称谓的部分词义基因集：{[身份]，[职位]，[领导者]，[级别]，[单位]，[党委]，[政府]，[机构]，[部门]，[委员会]，[组织]，[工作]，[处所]，[正]，[副]，[省]，[县]，[乡]，[镇]，[村]，[领域]，[职称]，[学位]，[军衔]，[警衔]，[军职]}，以及两个基因簇${}_{Gs}$[教师]和${}_{Gs}$[教育]留待后续分析。

（五）身份称谓名词

1. {老板，掌柜，店主，雇主，业主}

词典释义：

【老板】❶私营工商业的财产所有者；掌柜的。

【掌柜】旧时称商店老板或负责管理商店的人。也叫掌柜的。

【店主】店铺的所有者。（《商务国际》）

【雇主】雇佣他人工作并支付薪酬的人。（《商务国际》）

【业主】私有制社会里的企业或财产的所有者。

【业主】土地和房子等产业的所有人。（《商务国际》）

【业主】产业、企业（多指私营的）的所有者。（《规范3》）

分析：这组词可分为两种释义类型："老板""店主""业主"是"某物的所有者"，"老板""雇主"是"干某事的人"，词义基因结构不同。《现汉7》

对"业主"的释义有失偏颇，我们综合采用《商务国际》和《规范3》的释义。

"某物的所有者"这个知识域框架可描写为：

｛[人]：｛[身份]（[x]of[i]）｝｝，由一个常量基因[人]和一个[身份]特征函数构成，函数取值中[x]为具体的某物，[i]为反身基因，指被描写的词所指对象本身。

"干某事的人"这个知识域框架可描写为：

｛[人]：｛[行为]（[施事]（[i]）∧[受事]（[x]））｝｝，由一个常量基因[人]和一个[行为]特征函数构成，该函数为一个泛称函数，可根据具体情况替换成表具体行为动作的词义基因或基因簇。这是一个嵌套函数，函数取值由[施事]函数和[受事]构成。其中[施事]函数取值为反身基因[i]，表示施事者是被描写的词所指对象本身，[受事]函数取值[x]为具体的行为动作的对象。

根据以上分析，这组词描写如下：

$S_{老板}$＝｛[人]：｛[身份]（｛$_{Gs}$[企业]：｛[性质]（[私有]）｝｝of[i]）｝｝

$S_{掌柜}$＝｛[人]：｛[管理]（[施事]（[i]）∧[受事]（$_{Gs}$[店铺]）｝∨｛[身份]（$_{Gs}$[店铺]of[i]）｝｝

$S_{店主}$＝｛[人]：｛[身份]（$_{Gs}$[店铺]of[i]）｝｝

$S_{雇主}$＝｛[人]：｛[雇]（[施事]（[i]）∧[受事]（$_{Gs}$[他人]）｝∧｛[雇]（$_{Gs}$[支付]（[i]）∧[受事]（$_{Gs}$[薪酬]）｝｝

$S_{业主}$＝｛[人]：｛[身份]（[[土地]∨$_{Gs}$[房屋]∨$_{Gs}$[企业]]of[i]）｝｝

2.｛学生，门生，徒弟，弟子，门徒，学徒｝

词典释义：

【学生】❶在学校读书的人。

【门生】❶旧时指跟从老师或前辈学习的人。（《规范3》）

【徒弟】跟从师傅学艺的人，泛指跟内行学习的人。（《规范3》）

【弟子】指学生或徒弟。（《规范3》）

【门徒】弟子，徒弟。（《规范3》）

【学徒】❷拜师学习技艺的人。（《规范3》）

分析：这组词的释义还是属于"干某事的人"知识域，不过这里的动词"学习"跟前面的动词相比域框架有所不同。学习是一个获得知识的行为过程，涉及"知识获取者""知识的内容""获取知识的来源"三个基本论元，以及"时间""处所""领域"等可选论元。"学习"域基本框架可描写为：

{[行为]：{([施事]([x])∧[受事]([y])∧[来源]([z]))}}，[施事]是必要基因，在具体语境中，[受事]和[来源]不一定出现，只在需要特别强调或明确具体对象的时候才凸显。

根据以上分析，这组词描写如下：

$S_{学生}$={[人]：{[学习]([施事]([i]))}}

$S_{门生}$={[人]：{[学习]([施事]([i])∧[来源]($_{Gs}$[老师]∨$_{Gs}$[前辈]))}+{[语体]([旧])}}

$S_{徒弟}$={[人]：{[学习]([施事]([i])∧[来源]($_{Gs}$[师傅]))}}

$S_{弟子}$={[人]：{[学习]([施事]([i]))∧[{[来源]($_{Gs}$[师傅])}∨{[处所]($_{Gs}$[学校])}]}}

$S_{门徒}$={[人]：{[学习]([施事]([i])∧[来源]($_{Gs}$[师傅]))}+{[语体]([书])}}

$S_{学徒}$={[人]：{[学习]([施事]([i])∧[受事]($_{Gs}$[技艺]))}}

这里面$_{Gs}$[老师]和$_{Gs}$[师傅]是跟"学习"域高度相关的两个基因簇，这里一起分析如下：

【老师】❶尊称传授知识、技艺或处世道理的人。(《规范3》)

【师傅】❶传授某种技术、技艺的人。(《规范3》)

$S_{老师}$={[人]：{[传授]([施事]([i])∧[受事]([知识]∨$_{Gs}$[技艺]∨[道理]))}+{[语气]([尊重])}}

$S_{师傅}$={[人]：{[传授]([施事]([i])∧[受事]([技术]∨$_{Gs}$[技艺])}}

3.{名人，名流，名士，名宿，闻人}

词典释义：

【名人】著名的人物：~墨迹。

【名流】旧时称著名的人士(多指学术界、政治界)。

【名士】❶旧时指以诗文等著称的人。❷旧时指名望很高而不做官的人。

【名士】❶有名的人士。❷指名望高而没做官的人；以诗文著称的人。(《规范 3》)

【名宿】素有名望的人。(《大词典》)

【闻人】❶有名气的人。

分析：这一组词的概念意义都是指名声好或名气大的人。先顺便分析一组与之相关的词：

【名声】在社会上流传的评价：好~｜~很坏｜~在外。

【名气】<口>名声：小有~｜他是一位很有~的医生。

【名望】好的名声，声望：~高｜张大夫医术高明，在这一带很有~。

$S_{名声} = \{[评价]：\{[范围]([社会] \wedge [广])\}\}$

$S_{名气} = \{[评价]：\{[范围]([社会] \wedge [广])\} + \{[语体]([口])\}\}$

$S_{名望} = \{[评价]：\{[范围]([社会] \wedge [广])\} + \{[性质]([好])\}\}$

通过分析得到基因簇$_{Gs}$[名声]、$_{Gs}$[名气]、$_{Gs}$[名望]，再用这些基因簇分析上述身份称谓词：

$S_{名人} = \{[人]：\{_{Gs}[名气]([大])\}\}$

$S_{名流} = \{[人]：\{_{Gs}[名气]([大])\} + \{[领域]([学术] \vee [政治])\} + \{[语体]([旧])\}\}$

$S_{名士} = \{[人]：\{_{Gs}[名望]([高])\} + \{[领域](_{Gs}[文学])\} + \{[身份](!_{Gs}[官员])\} + \{[语体]([旧])\}\}$

$S_{名宿} = \{[人]：\{_{Gs}[名望]([高])\}\}$

$S_{闻人} = \{[人]：\{_{Gs}[名气]([大])\}\}$

合并以上各组，得到表身份称谓名词的部分基因集：{[管理]，[施事]，[受事]，[性质]，[私有]，[土地]，[雇]，[来源]，[学习]，[传授]，[知识]，[道理]，[技术]，[语气]，[尊重]，[评价]，[范围]，[社会]，[广]，[性质]，[好]，[领域]，[学术]，[政治]，[文学]}，以及基因簇$_{Gs}$[房屋]、$_{Gs}$[企业]、$_{Gs}$[店铺]、$_{Gs}$[薪酬]、$_{Gs}$[支付]、$_{Gs}$[技艺]、$_{Gs}$[学校]、$_{Gs}$[文学]留待后续分析。

（六）表人际关系的名词

1. {同事，同仁，同人，同僚，同伴，同学，同窗，同门}

词典释义：

【同事】❷在同一单位工作的人：老～。

【同人】旧时称在同一单位工作的人或同行业的人。

【同仁】同[同人]。

【同僚】旧时称同在一个单位任职的官吏。

【同伴】(～儿)在一起工作或生活的人。

【同学】❶在同一个学校学习的人。

【同窗】❷同在一个学校学习的人。

【同门】❷旧指受业于同一个老师的人。

分析："同"是一种对比关系，表示两个或多个人和事物进行对比，在某一个特征维度上具有一样的取值。这组词表示两个人之间的对比，对比的一方是目标词所指的对象，另一方是一个确定的隐含对象，一般是说话者本人，也可能是说话者和听话者都明确的第三方。比较的维度不固定，具有相同取值的那个维度就是该语义场中各词之间的区别性特征。"同"的知识域框架可表示为：

{[关系]：{[同]([x])}}，该域有常量基因[关系]和一个函数[同]，函数值[x]为一个维度特征基因或一个维度特征函数，因此该函数往往比较复杂，具有多重嵌套。比较的对象为缺省值，不在域框架中凸显。利用这个域框架，这组词义可描写为：

$S_{同事}$ ＝{[人]：{[关系]：{[同]([处所]([单位]))}}

$S_{同人}$ ＝ $S_{同仁}$ ＝{[人]：{[关系]：{[同]([处所]([单位]∨[行业]))}}+{[语体]([旧])}}

$S_{同僚}$ ＝{[人]：{[关系]：{[同]([处所]([单位]))}}+{[身份]

246

$(_{Gs}[官员])$}$+$}[语体]$([旧])$}}

$S_{同伴}=$}[人]：}[关系]：}[同]$([行为]([工作]∨[生活]))$}}}

$S_{同学}=$}[人]：}[关系]：[同]}$([[行为]$($_{Gs}[学习]$)] ∧ [[处所]$

$(_{Gs}[学校])])$}}}

$S_{同窗}=$}[人]：}[关系]：[同]}$([[行为]$($_{Gs}[学习]$)] ∧ [[处所]$

$(_{Gs}[学校])])$}}$+$}[语体]$([书])$}}

$S_{同门}=$}[人]：}[关系]：}[同]$(_{Gs}[老师] of [i])$}}

2.{朋友，友人，好友，知己，挚友，至交，死党，发小，闺蜜}

词典释义：

【朋友】❶彼此有交情的人。

【朋友】❶彼此了解、关心并有交情的人。(《商务国际》)

【朋友】❶同学；志同道合的人。后泛指交谊深厚的人。(《大词典》)

【朋友】❶虽无亲属、师生关系，但彼此熟识、了解并能相互关心、帮助的人。(《规范3》)

【友人】朋友：国际~。

【好友】交情深厚的朋友。(《商务国际》)

【知己】❷彼此相互了解而情谊深切的人。

【挚友】亲密的朋友。

【至交】最相好的朋友。

【死党】❶为某人或某集团出死力的党羽(贬义)。❷顽固的反动集团。

【死党】❶死硬顽固的反动集团。❷死心塌地为某人或某集团出力的党羽。(《规范3》)

【死党】❶为朋党效死尽力。❷为某人或集团出死力的党羽。含贬义。(《大词典》)

【死党】❶能尽死力互相帮助的同党。❷顽固、死硬的集团(含贬义)。❸比喻为难时能竭尽全力、两肋插刀的朋友。(《商务国际》)

【发小】从小一起长大的朋友。一般不分男女，常用于口语。(《商务国际》)

【闺蜜】年轻女性的闺中密友。(《商务国际》)

分析：这组词的核心概念意义都是指"朋友"，附加义各有不同，主要表现在感情深浅的程度上，大致可以排成一个等级：朋友(友人)<好友<知己<挚友<至交<死党。为了方便计算机进行语义推理，我们用一个[感情等级]维度特征函数来描写，取值为数值，从[1]至[6]级。另外，"发小"和"闺蜜"另有其他附加义。

对"朋友""死党"二词，四部词典的释义有较大差异。《规范3》对"朋友"的释义排除了"亲属、师生关系"，这一点值得肯定。其他三部词典只解释了"交情好、关心"等，显然这不是"朋友"的充要语义特征，事实上大部分"亲属、师生关系"的人具有这个方面的特征属性，但是一般不称为"朋友"，因此《规范3》的释义更符合事实。"死党"在《现汉7》《大词典》和《规范3》中都只收了两个贬义的义项，但是这个词现在流行且高频的用法并不是这两个义项，而是表示感情极深的、可以生死相助的朋友，口语中常用，且含有亲昵的语气。《商务国际》收录了一个义项，这也是值得肯定的。

对"彼此了解、关心"的描写，我们引用复指反身基因[I]，"关心"和"了解"作为典型的行为动词，其语义知识域中不能缺少[施事]、[受事]。但是因为"彼此"一词的语义制约，这里的[施事]、[受事]无法分开，动词关涉的论元双方互为施、受事。复指反身基因[I]是专为这种情况设计的。

根据以上分析，对这组词义描写如下：

$S_{朋友}$={[人]：{[关系]([好])}+{[了解]([I])}+{[关心]([I])}+{[包含]（！[[亲属]$\lor_{Gs}$[师生]]）}+{[感情等级]([1])}}

$S_{友人}$={[人]：{[关系]([好])}+{[了解]([I])}+{[关心]([I])}+{[包含]（！[[亲属]$\lor_{Gs}$[师生]]）}+{[感情等级]([1])}+{[语体]([书])}}

$S_{好友}$={[人]：{[关系]([好])}+{[了解]([I])}+{[关心]([I])}+{[包含]（！[[亲属]$\lor_{Gs}$[师生]]）}+{[感情等级]([2])}}

$S_{知己}$ ={[人]：{[关系]([好])}+{[了解]([I])}+{[关心]([I])}+
{[包含]（！[[亲属]∨$_{Gs}$[师生]]）}+{[感情等级]([3])}}

$S_{挚友}$ ={[人]：{[关系]([好])}+{[了解]([I])}+{[关心]([I])}+
{[包含]（！[[亲属]∨$_{Gs}$[师生]]）}+{[感情等级]([4])}}

$S_{至交}$ ={[人]：{[关系]([好])}+{[了解]([I])}+{[关心]([I])}+
{[包含]（！[[亲属]∨$_{Gs}$[师生]]）}+{[感情等级]([5])}}

$S_{死党}$ ={[人]：{[关系]([好])}+{[了解]([I])}+{[关心]([I])}+
{[包含]（！[[亲属]∨$_{Gs}$[师生]]）}+{[感情等级]([6])}+{[语气]
([亲昵])}}

3.{敌人，敌寇，外敌，外寇，穷寇，政敌，公敌，情敌}

词典释义：

【敌人】敌对的人；敌对的方面。

【敌人】与我方为敌的人，敌对的方面。(《规范3》)

【敌人】敌对的人或方面。(《商务国际》)

【敌人】敌对的方面；敌对的人。(《大词典》)

【敌寇】从国外入侵的敌人。(《大词典》)

【敌寇】武装入侵的敌人。(《规范3》)

【外敌】外来的敌人。

【外寇】指入侵的武装力量。

【外寇】外来的敌寇；外来侵掠。(《大词典》)

【穷寇】穷途末路的贼寇，泛指残败的敌人。

【政敌】指在政治上跟自己处于敌对地位的人。

【公敌】共同的敌人。

【情敌】因追求同一异性而彼此发生矛盾的人。

分析：这组词共同的核心概念意义是"敌人"。四部词典的释义类似，存在两个问题：①用"敌对"解释"敌人"，意义仍然不清晰。②"敌对的人"和"敌对的方面"可分为两个义项，一个指人，一个指事物，后者是前者的引申义。词典中可以不分义项，但在面向计算的词义描写中不能混在一起。

对于第①个问题，我们继续追溯词素"敌"的释义：

【敌】有利害冲突不能相容的。~人｜~军。

根据这个释义再来描写"敌人"就不会循环释义了。

$S_{敌人} = \{[人]：[冲突]([I]) \wedge !_{Gs}[相容]([I])\}$

$S_{敌人} = \{[事物]：[冲突]([I]) \wedge !_{Gs}[相容]([I])\}$①

$S_{敌寇} = \{[人]：\{[冲突]([I]) \wedge !_{Gs}[相容]([I])\} + \{[行为](_{Gs}[侵略])\} + \{[方式](_{Gs}[武力])\} + \{[来源](_{Gs}[国外])\}\}$

$S_{外敌} = \{[人]：\{[冲突]([I]) \wedge !_{Gs}[相容]([I])\} + \{[来源]([外部])\}\}$

$S_{外寇} = \{[人]：\{[冲突]([I]) \wedge !_{Gs}[相容]([I])\} + \{[行为](_{Gs}[侵略])\} + \{[方式](_{Gs}[武力])\} + \{[来源](_{Gs}[国外])\}\}$

$S_{穷寇} = \{[人]：\{[冲突]([I]) \wedge !_{Gs}[相容]([I])\} + \{[方式](_{Gs}[武力])\} + \{[状态](_{Gs}[残败])\}\}$

$S_{政敌} = \{[人]：[冲突]([I]) \wedge !_{Gs}[相容]([I]) + \{[领域]([政治])\}\}$

$S_{公敌} = \{[人]：[冲突]([I]) \wedge !_{Gs}[相容]([I]) + \{[性质]([共同])\}\}$

$S_{情敌} = \{[人]：[冲突]([I]) \wedge !_{Gs}[相容]([I]) + \{[方面]([爱情])\}\}$

合并以上各组，得到表人际关系名词的部分词义基因集：{[关系]，[同]，[单位]，[行业]，[旧]，[工作]，[生活]，[了解]，[关心]，[包含]，[感情]，[等级]，[语气]，[亲昵]，[冲突]，[来源]，[方式]，[状态]，[方面]，[政治]，[爱情]，[共同]}，以及基因簇$_{Gs}$[师生]、$_{Gs}$[相容]、$_{Gs}$[侵略]、$_{Gs}$[武力]、$_{Gs}$[国外]、$_{Gs}$[残败]留待后续分析。

---

①　同一个词的多个义位或者同形异义词在描写的时候词义基因结构不同，在词义基因数据库中，每一个义位会被分配一个唯一的身份代码，因此在计算中不会混淆。

（七）表处境状况的名词

1. {病人，病员，病号，伤员，伤号，伤兵}

词典释义：

【病人】生病的人；受治疗的人。

【病员】部队、机关、团体中称生病的人员。

【病员】指集体单位中生病的人。(《规范3》)

【病号】病人(多指部队、学校、机关等集体中的)：老～(经常生病的人) ｜～饭(给病人特做的饭)。

【病号】病人(多指集体单位的)(《规范3》)

【伤员】受伤的人员(多用于军队)。

【伤号】受伤的人(多用于军队)。

【伤兵】作战受伤的士兵。

分析：这组词的词义结构比较简单，区别性特征是健康状况，用一个维度特征基因[健康]来描写，该特征函数取值为[病]和[伤]。其中[伤]涉及受伤的对象(此处为被描写词所指称的对象)，即受事。可表示为[伤]([受事]([i]))。

$S_{病人}$ = {[人]：[健康]([病])}

$S_{病员}$ = {[人]：{[健康]([病])}+{[处所]([单位])}}

$S_{病号}$ = {[人]：{[健康]([病])}+{[处所]([单位])}}

$S_{伤员}$ = {[人]：{[健康]([伤]([受事]([i])))}+{[处所]($_{Gs}$[军队])}}

$S_{伤号}$ = {[人]：{[健康]([伤]([受事]([i])))}+{[处所]($_{Gs}$[军队])}}

$S_{伤兵}$ = {[人]：{[健康]([伤]([受事]([i])))}+{[身份]($_{Gs}$[士兵])}+{[原因]([战争])}}

2. {瞎子，盲人，聋子，哑巴}

词典释义：

【瞎子】❶失去视觉能力的人。

【瞎子】对盲人不尊重的称呼。(《规范3》)

【盲人】失去视力的人。

【盲人】失去视力的人。俗称"瞎子"。亦喻胡涂、不明事理的人。(《大词典》)

【聋子】耳聋的人。

【聋子】对丧失听力的人的不尊重的称呼。(《规范3》)

【哑巴】由于生理缺陷或疾病而不能说话的人。

【哑巴】因生理缺陷或疾病而丧失说话能力的人。(《规范3》)

【哑巴】失去生理上的语言功能，不能说话的人。(《商务国际》)

【哑巴】不能言语者。(《大词典》)

分析：这组词共同的概念意义是"丧失某种能力的人"，知识域框架可以表示为{[人]：[丧失]([主体]([i])∧[受事([能力]([x])))])}。这个框架描写了[主体]和[客体]两个维度特征，这两个特征在词义中是隐含的，明确描写出来有利于语义推理。

这组词的语义结构本来很整齐，但是词典释义时有所差异。比如《现汉7》和《规范3》对"哑巴"的释义强调了原因"生理缺陷或疾病"，其实这些原因维度信息对其他几个词也适用，而且没有意义区别功能，即不存其他的词来指称除"生理缺陷或疾病"之外的原因而导致的丧失这些能力的人，所以这属于冗余信息，在词义基因结构中不必描写。

除"盲人"外，其他几个词均含有"不尊重"的语气。《规范3》解释了"瞎子"和"聋子"二词的这个语用维度特征，"哑巴"的释义没体现这一点。其他词典都没有体现。

根据以上分析，这组词描写如下：

$S_{瞎子}$ = {[人]：{[丧失]([主体]([i])∧[受事([能力]([看])))])} + {[语气](! [尊重])}}

$S_{盲人}$ = {[人]：[丧失]([主体]([i])∧[受事([能力]([看])))])}

$S_{聋子}$ = {[人]：{[丧失]([主体]([i])∧[受事([能力]([听])))])} +

{[语气](！[尊重])}}

S_{哑巴}={[人]：{[丧失]([主体]([i])∧[受事([能力]([说])))])}+
{[语气](！[尊重])}}

3.{寡妇，遗孀，鳏夫，孤儿}

词典释义：

【寡妇】死了丈夫的妇人。

【遗孀】丈夫死后寡居的妇女，用于背称。(《商务国际》)

【鳏夫】无妻或丧妻的人。

【鳏夫】成年无妻或丧妻的人。(《大词典》)

【孤儿】❶死了父亲的儿童：～寡妇。❷失去父母的儿童：～院。

分析：这组词是对重要直系亲属死亡了的人的特殊称谓语，蕴含对指称对象的生存境况的附加社会意义。知识域框架可表示为：{[人]：{[境况]([状态]([死亡]([x] of[i])))}+{[性别]([y])}+{[年龄]([z])}}，其中[死亡]特征函数的变量取值为复合基因[x] of[i]，[x]为死亡的亲人，反身基因[i]表示被指称对象本人。根据这个域框架，这组词义可描写为：

S_{寡妇}={[人]：{[境况]([状态]([死亡]([配偶]of[i])))}+{[性别]([女])}+{[年龄]([成年])}}

S_{遗孀}={[人]：{[境况]([状态]([死亡]([配偶]of[i])))}+{[性别]([女])}+{[年龄]([成年])}+{[语用]([背称])}+{[语体]([书])}+{[语气]([庄重])}}

S_{鳏夫}={[人]：{[境况]([状态]([[死亡]∨[φ]]([配偶] of[i])))}+{[性别]([男])}+{[年龄]([成年])}}①

S_{孤儿}={[人]：{[境况]([状态]([死亡]([[父]∨[[父]∧[母]] of[i])))}+{[年龄](！[成年])}}

---

①　"鳏夫"不仅指死了妻子的男人，也指年纪大而没有结婚的男人。"无妻"的状态用虚值基因[φ]表示。

4.{富翁，富豪，阔佬}

词典释义：

【富翁】指拥有大量私有财产的人。

【富豪】指有钱又有权势的人。

【阔佬】指有钱有势的人。(《大词典》)

分析：这组词的核心概念意义为"很有钱或权势的人"，知识域框架为"拥有……的人"，可表示为{[人]：[拥有]([主体]([i])∧[客体](x))}。该组词义可用这个框架描写如下：

$S_{富翁}$={[人]：[拥有]([主体]([i])∧[客体]([财产]：{[数量]([多])}))}

$S_{富豪}$={[人]：[拥有]([主体]([i])∧[客体]([财产]∧[权势]))}

$S_{阔佬}$={[人]：[拥有]([主体]([i])∧[客体]([财产]∧[权势]))+{[语体]([口])}}

合并以上各组，得到表人际关系名词的部分词义基因集：{[健康]，[处所]，[境况]，[语用]，[数量]，[原因]，[病]，[伤]，[死亡]，[战争]，[丧失]，[能力]，[看]，[尊重]，[听]，[说]，[背称]，[庄重]，[财产]，[多]，[权势]}，以及基因簇$_{Gs}$[军队]、$_{Gs}$[士兵]留待后续分析。

(八)敬谦称谓

1.{令尊，令堂，令郎，令爱，令媛，令兄，令弟}

词典释义：

【令尊】尊称对方的父亲。

【令堂】尊称对方的母亲。

【令郎】尊称对方的儿子。

【令爱】尊称对方的女儿。也作令媛。

【令兄】敬称对方的兄长。(《商务国际》)

【令弟】尊称对方的弟弟。(《商务国际》)

分析：敬、谦、鄙、恶、委婉等称谓语可以用一个[语气]特征基因来描写，取值基因集为{[敬]，[尊]，[谦]，[鄙]，[恶]，[昵]，[戏]，[婉]……}

$S_{令尊}$ ＝{[人]：{[称谓]($_{Gs}$[父亲]of[对方])}+{[语气]([尊])}}

$S_{令堂}$ ＝{[人]：{[称谓]($_{Gs}$[母亲]of[对方])}+{[语气]([尊])}}

$S_{令郎}$ ＝{[人]：{[称谓]($_{Gs}$[儿子]of[对方])}+{[语气]([尊])}}

$S_{令爱}$ ＝ $S_{令媛}$ ＝{[人]：{[称谓]($_{Gs}$[女儿]of[对方])}+{[语气]([尊])}}

$S_{令兄}$ ＝{[人]：{[称谓]($_{Gs}$[兄]of[对方])}+{[语气]([尊])}}

$S_{令弟}$ ＝{[人]：{[称谓]($_{Gs}$[弟]of[对方])}+{[语气]([尊])}}

2.{尊驾，尊夫人，尊师}

词典释义：

【尊驾】对对方的敬称。(《大词典》)

【尊夫人】敬词，用于对方的妻子。(《规范3》)

【尊师】❷对他人老师或师傅的敬称。

$S_{尊驾}$ ＝{[人]：{[称谓]([对方])}+{[语气]([敬])}}

$S_{尊夫人}$ ＝{[人]：{[称谓]($_{Gs}$[妻子]of[对方])}+{[语气]([敬])}}

$S_{尊师}$ ＝{[人]：{[称谓]($_{Gs}$[老师]of[对方])}+{[语气]([敬])}}

3.{家父，家严，家母，家慈}

词典释义：

【家父】对人称说自己的父亲。(《大词典》)

【家严】<书>谦辞，对人称自己的父亲。

【家母】对人称自己的母亲为家母。(《大词典》)

【家慈】<书>谦辞，对人称自己的母亲。

$S_{家父}$ ＝{[人]：{[称谓]($_{Gs}$[父亲]of$_{Gs}$[自己])}+{[语气]([谦])}}

$S_{家严}$ ＝{[人]：{[称谓]($_{Gs}$[父亲]of$_{Gs}$[自己])}+{[语气]([谦])}+{[语体]([书])}}

$S_{家母}$ ＝{[人]：{[称谓]($_{Gs}$[母亲]of$_{Gs}$[自己])}+{[语气]([谦])}}

$S_{家慈} = \{[人]: \{[称谓]({}_{Gs}[母亲] \text{of}_{Gs}[自己])\} + \{[语气]([谦])\} + \{[语体]([书])\}\}$

4. {鄙人，拙荆}

词典释义：

【鄙人】谦辞，旧时用做自称。

【拙荆】旧时谦辞，称自己的妻子。

$S_{鄙人} = \{[人]: \{[称谓]([i])\} + \{[语气]([谦])\}\}$

$S_{拙荆} = \{[人]: \{[称谓]({}_{Gs}[妻子] \text{of}[i])\} + \{[语气]([谦])\}\}$

归纳起来，敬谦称谓词的词义基因集主要为语气维度特征函数的取值基因{[敬]，[尊]，[谦]，[鄙]，[恶]，[昵]，[戏]，[婉]……}描写中用到的其他基因簇已在上文分析完。

三、表物名词词义分析与词义基因提取

(一)表自然物的名词

1. {陆地，海洋，河，山}

词典释义：

【陆地】地球表面除去海洋(有时也除去江河湖泊)的部分。

【陆地】地球表面未被海洋浸没的部分，总面积约 14900 万平方千米，约占地球总面积的 29.2%。(《规范 3》)

【陆地】地球表面除去海洋以外的部分；地球表面除去海洋以外的部分。(《商务国际》)

【陆】❶陆地：大~｜登~｜~路｜水~交通。

【陆】陆地(跟"水"相对)：大~｜登~｜内~(《规范 3》)

【海洋】海和洋的统称。(《现汉 7》《大词典》)

【海洋】海和洋的统称。地球上海洋面积约为 362000 平方千米，约占地球总面积的 71%。(《规范 3》)

【海洋】位于地球表面，充满盐水，面积广大的海和洋的统称。(《商务

国际》)

【洋】❷地球表面上被水覆盖的广大地方，约占地球面积的十分之七，分成四个部分，即太平洋、大西洋、印度洋、北冰洋。

【洋】❷地球表面比海更广大的水域：太平~|海~(《规范3》)

【洋】地球表面的广大水域：海~|南~|巡~|太平~|……(《商务国际》)

【海】❶大洋靠近陆地的部分，有的大湖也叫海，如青海、里海。

【河】❶天然的或人工的大水道：江~|~流|内~|运~|护城~。

【河】❷泛指大的水道：城外有一条~|江~湖海|运~|……(《规范3》)

【河】❶通称较大的水道：运~|江~|内~|沿~|……(《商务国际》)

【山】❶地面形成的高耸的部分：一座~|高~。

【山】地面上由土石形成的巨大而高耸的部分：村子周围都是~|~峰|~区。(《规范3》)

【山】陆地上高耸的部分：高~|青~|深~|矿~|火~|……(《商务国际》)

分析：地理地貌是自然物中典型的部分，人类自诞生以来跟大自然接触最多最直接的便是河海山川等自然物，因此语言中表达这部分事物的词数量繁多、意义复杂，而且词与词之间的意义彼此纠缠，很多情况下词义间的差异细小入微。从综合考察多本权威语文词典的释义情况来看，"陆""海""河""山"等几个词需先描写，然后作为基因簇继续描写其他词。

描写自然地理物，我们先预定义几个核心词义基因{[土]，[石]，[水]，[水域]，[路]，[地球]，[地物]}。这些是基本认知概念，不必或不能进一步从语言层面解析，因为这几个基因涉及很多百科知识，越分析会越复杂，并不能帮助语义理解。

从这组词的词典释义看，存在几个问题：①对"洋""陆地"二词的释义，有面积数、面积占地表总面积的比例、区域划分及名称等内容，这些属于百科知识，我们在词义基因描写中省去这部分内容，并不影响对词义

257

的理解。②"海"是"洋"靠近大陆的地方，是"洋"的组成部分，从逻辑上说二者并非并列关系，四部词典对"海洋"的解释基本上是"海和洋的统称"，这相当于说"桌子腿和桌子的统称"，语义逻辑上存在瑕疵。在实际运用中，多称"海洋"而不是"海"或"洋"的语境，并非语义表达需要，而是受韵律等语用条件制约。因此，我们在词义基因描写中，"海洋"和"洋"当成同义词处理。

$$S_{洋} = S_{海洋} = \{[地物]：\{[水域]：\{[构成]([i] of [[表面] of [地球]]) \} + \{[范围]([广大])\}\}$$

$$S_{陆} = S_{陆地} = \{[地物]：\{[水域]：\{[构成]([i] of [[表面] of [地球]]) \} + \{[范围](!\,[水域])\}\}$$

$$S_{海} = \{[地物]：\{[水域]：\{[构成]([i] of _{Gs}[洋]) \} + \{[位置]([i] \uparrow _{Gs}[洋]([邻接]))\}\}$$

$$S_{河} = \{[地物]：\{[水域]：\{[构成]([i] of [路]) \} + \{[状态]([流动])\} + \{[规模]([大])\} + \{[成因]([天然] \vee [人工])\}\}$$

$$S_{山} = \{[地物]：\{[构成]([土] \wedge [石]) \} + \{[处所]([[表面] of [地球]]\} + \{[外貌]([高] \wedge [大])\}\}$$

2. {江，河流，川，河川，溪}

词典释义：

【江】❶大河：长~｜珠~｜黑龙~。

【河流】地球表面较大的天然水流(如江、河等)的统称。

【川】河流：高山大~。

【河川】大小河流的统称。

【溪】原指山里的小河沟，现在泛指小河沟：清~｜~水。

这一组词的核心概念意义都是"河"，附加义有所不同。上面已经对"河"的词义基因进行了分析，可以用基因簇$_{Gs}$[河]来继续分析：

$$S_{江} = \{[地物]：\{_{Gs}[河]：\{[规模]([大])\}\}\}$$

$$S_{河流} = \{[地物]：\{_{Gs}[河]：\{[规模]([大])\} + \{[语用]([统称])\}\}\}$$

$$S_{川} = \{[地物]：\{_{Gs}[河]：\{[语体]([书])\}\}\}$$

$$S_{河川} = \{[地物]: \{_{Gs}[河]: \{[语用]([统称])\} + \{[语体]([书])\}\}\}$$

$$S_{溪} = \{[地物]: \{_{Gs}[河]: \{[规模]([小])\}\}\}$$

3. {鸟，禽，兽，虫，昆虫，鱼}

词典释义：

【鸟】脊椎动物的一纲，体温恒定，卵生，嘴内无齿，全身有羽毛，胸部有龙骨突起，前肢变成翼，后肢能行走。一般的鸟都会飞，也有的两翼退化，不能飞行。麻雀、燕、鹰、鸡、鸭、驼鸟等都属于鸟类。

【禽】❶鸟类：飞～｜鸣～｜家～。

【兽】❶哺乳动物的通称。一般指有四条腿、全身生毛的哺乳动物：野～｜禽～｜走～。

【虫】虫子，昆虫。

【昆虫】节肢动物的一纲，身体分头、胸、腹三部。头部有触角、眼、口器等。胸部有足三对，翅膀两对或一对，也有没翅膀的。腹部有节，两侧有气孔，是呼吸器官。多数昆虫都经过卵、幼虫、蛹、成虫等发育阶段。对人类有益的如寄生蜂、蜜蜂等，对人类有害的如传染疾病的蚊、蝇、跳蚤和危害农作物的蝗虫、蚜虫等。

【鱼】❶生活在水中的脊椎动物，体温随外界温度而变化，一般身体侧扁，有鳞和鳍，用鳃呼吸。种类极多，大部分可供食用或制鱼胶。

分析：类似于第1组，这一组词也是描写其他表动物类词的基础。

表示动、植物类名称的词语语义描写也比较复杂，主要面临的困难是百科知识的取舍问题。这类词在词典中的释义一般包含较多的生物学专门知识，表示词所指称的动植物的某些生物学特征，比如"鸟"的生物学特征"体温恒定"、"鱼"的生物学特征"体温随外界温度而变化"。这些知识对普通人认知相关概念和理解词义并无太大影响。大部分人并不了解这些知识，但是不会影响他们理解这些词的词义。因此，在词义描写中我们根据实际情况取舍，指选取典型的、能帮助人和机器理解词义、区分概念的特征进行描写。我们采用一个基本的域框架来描写表示动物的词义：$\{[动物]: \{[类]([a])\} + \{[结构]([b])\} + \{[颜色]([c])\} + \{[能力]$

（[d]）｝+｛[习性]（[e]）｝｝。其中[类]函数变量[a]的取值为生物学分类名；[结构]函数[b]的取值一般为复合值，包含多组其他特征函数，描写指称对象的典型性身体结构特征；[颜色]一般只在描写具体的、身体颜色具有典型辨识意义的物种时出现，比如"乌鸦""火烈鸟"；[能力]函数也指描写动物的典型能力，比如"鱼"能"游泳"、"猫"能"捕鼠"；[习性]函数描写动物的食性、栖居等方面的生活习性。总之，除[类]函数外，其他各个特征维度函数都只选取代表性的内容。

根据以上约定，这组词义可描写为：

$S_鸟$=｛[动物]：｛[类]（$_{Gs}$[脊椎动物]）｝+｛[结构]（$_{Gs}$[羽毛]∧[$_{Gs}$[翅膀]（[数量]（[2]）)] ∧[$_{Gs}$[牙齿]（[φ]）]｝+｛[能力]（$_{Gs}$[飞]（[主体]（[多数]of[i]）))｝｝

$S_禽$=｛[动物]：｛[类]（$_{Gs}$[脊椎动物]）｝+｛[结构]（[[羽毛]∧[$_{Gs}$[翅膀]（[数量]（[2]）)] ∧[[牙齿]（[φ]）]｝+｛[能力]（$_{Gs}$[飞]（[主体]（[多数]of[i]）)))｝+｛[语用]（[统称]）｝｝

$S_兽$=｛[动物]：｛[类]（$_{Gs}$[哺乳动物]）｝+｛[结构]（[$_{Gs}$[腿]（[数量]（[4]）)] ∧[[毛]（[部位]（$_{Gs}$[全身]))]｝+｛[语用]（[统称]）｝｝

$S_昆虫$=｛[动物]：｛[类]（$_{Gs}$[节肢动物]）｝+｛[结构]（｛[头]：[结构]（$_{Gs}$[触角]∧$_{Gs}$[眼睛]∧$_{Gs}$[口]）｝ ∧｛$_{Gs}$[胸]：[结构]（[$_{Gs}$[足]（[数量]（[6]））] ∧$_{Gs}$[翅膀]（[数量]（[4]∨[2]∨[0]）)）｝ ∧｛$_{Gs}$[腹]：[结构]（$_{Gs}$[节]∧[$_{Gs}$[气孔]（[功能]（$_{Gs}$[呼吸]）)]｝)｝｝

$S_鱼$=｛[动物]：｛[类]（$_{Gs}$[脊椎动物]）｝+｛[结构]（$_{Gs}$[鳞]∧$_{Gs}$[鳍]∧[$_{Gs}$[鳃]（[功能]（$_{Gs}$[呼吸]))]｝+｛[能力]（$_{Gs}$[游泳]）｝｝

4.｛牲畜，家畜，家禽｝

【牲畜】家畜：~家禽。

【家畜】人类为了经济或其他目的而驯养的兽类，如猪、牛、羊、马、骆驼、家兔、猫、狗等。

【家畜】经过人类长期驯养的兽类。（《规范3》《商务国际》）

【家禽】人类为了经济或其他目的而驯养的鸟类，如鸡、鸭、鹅等。

【家禽】经过人类长期驯养的鸟类。(《规范3》)

【家禽】人类可以在家里饲养的禽类。(《商务国际》)①

分析：直接用上一组分析过的"兽"和"禽"作为基因簇，增加其他维度特征函数来描写。

$$S_{牲畜} = S_{家畜} = \{[动物]: \{[类]({}_{Gs}[兽])\} + \{{}_{Gs}[驯养]([施事]([人]) \wedge [施事]([i]))\} + \{[用途]([经济] \vee [u])\}\}$$

$$S_{家禽} = \{[动物]: \{[类]({}_{Gs}[禽])\} + \{{}_{Gs}[驯养]([施事]([人]) \wedge [施事]([i]))\} + \{[用途]([经济] \vee [u])\}\}$$

5. {树，树木，树丛，树林，丛林，森林，林海}

【树】❶木本植物的通称：柳~｜一棵~。

【树木】树(总称)。

【树丛】丛生的树木。

【树林】成片生长的许多树木，比森林小。也叫树林子。

【丛林】❶树林子。

【丛林】成片的树林：岛上有一片~。《规范3》

【丛林】❶大片林木丛生的地方。(《商务国际》)

【丛林】茂密的树林。(《大词典》)

【森林】通常指大片生长的树木；林业上指在相当广阔的土地上生长的很多树木，连同在这块土地上的动物以及其他植物所构成的整体。森林是木材的主要来源，同时有保持水土，调节气候，防止水、旱、风、沙等灾害的作用。

【林海】形容像海洋一样的一望无际的森林。

分析：表植物类名词和表动物类名词域框架类似，这里我们不展开分析。这一组词主要指"树"的不同生长形态。其中"丛林"一词在四部词典中释义差异较大，可以综合参考。

① 此释义不可取。鹦鹉、八哥等宠物鸟也是人类在家里饲养的，但一般不称为家禽。

这组词义描写如下：

$S_{树} = \{[植物]: \{[类]({}_{Gs}[木本])\} + \{[语用]([通称])\}\}$

$S_{树木} = \{[植物]: \{[类]({}_{Gs}[木本])\} + \{[语用]([总称])\}\}$

$S_{树丛} = \{[植物]: \{[类]({}_{Gs}[木本])\} + \{[形态]([密集])\}\}$

$S_{树林} = \{[植物]: \{[类]({}_{Gs}[木本])\} + \{[形态]([成片])\}\}$

$S_{丛林} = \{[植物]: \{[类]({}_{Gs}[木本])\} + \{[形态]([成片] \wedge [密集])\}\}$

$S_{森林} = \{[植物]: \{[类]({}_{Gs}[木本])\} + \{[形态]([成片])\} + \{[范围]([广阔])\}\}$

$S_{林海} = \{[植物]: \{[类]({}_{Gs}[木本])\} + \{[形态]([成片])\} + \{[范围]([广阔])\} + \{[比较]([i]\uparrow {}_{Gs}[海]([相似]))\} + \{[修辞]([比喻])\}\}$

6.｛庄稼，作物，农作物｝

【庄稼】地里长着的农作物(多指粮食作物)。

【庄稼】生长中的农作物。(《规范3》)

【庄稼】农作物(多指粮食作物)。(《商务国际》)

【作物】农作物的简称。

【农作物】农业上栽种的各种植物，包括粮食作物、油料作物、蔬菜、果树和作工业原料用的棉花、烟草等。简称作物。

$S_{农作物} = S_{作物} = \{[植物]: \{[类]([u])\} + \{[种植]([施事]([人]) \wedge [施事]([i]))\} + \{[领域]([农业])\}\}$

$S_{庄稼} = \{[植物]: \{[类]([u])\} + \{[种植]([施事]([人]) \wedge [施事]([i]))\} + \{[领域]([农业])\} + \{[状态]([生长])\} + \{[粮食]: [组成]([多数]of[i])\}\}$

归并以上各组，得到表自然物的名词的部分词义集：｛[土]，[石]，[水]，[水域]，[路]，[地球]，[地物]，[流动]，[规模]，[成因]，[天然]，[人工]，[构成]，[位置]，[邻接]，[外貌]，[统称]，[类]，[颜色]，[能力]，[习性]，[数量]，[多数]，[部位]，[用途]，[经济]，[动物]，[植物]，[形态]，[密集]，[成片]，[广阔]，[比较]，[相似]，[修辞]，[比喻]，[种植]，[农业]，[状态]，[生长]，[粮食］｝，以及部分基因簇$_{Gs}$［脊椎动物］、$_{Gs}$［哺乳动物］、［节肢动物］、$_{Gs}$［羽毛］、$_{Gs}$［翅膀］、$_{Gs}$［牙齿］、$_{Gs}$［飞］、$_{Gs}$［腿］、$_{Gs}$［全身］、$_{Gs}$［触角］、$_{Gs}$［眼睛］、$_{Gs}$［口］、$_{Gs}$［胸］、$_{Gs}$［足］、$_{Gs}$［腹］、$_{Gs}$［节］、$_{Gs}$［气孔］、$_{Gs}$［呼吸］、$_{Gs}$［鳞］、$_{Gs}$［鳍］、$_{Gs}$［鳃］、$_{Gs}$［呼吸］$_{Gs}$［游泳］、$_{Gs}$［驯养］、$_{Gs}$［木本］。可以看出这一类表自然物名词词义的分析中，遗留的基因簇较多，主要原因是在描写动物名称时，需要用到大量表身体部位的名词。这一部分留待后续分析。

（二）表人造物的名词

1.｛器具，工具，用具，器械，机械，机器，装置｝

【器具】用具。(《现汉7》《大词典》)

【器具】用具，工具。(《规范3》)

【器具】用具或工具的统称：医疗~。(《商务国际》)

【工具】❶进行生产劳动时所使用的器具，如锯、刨、犁、锄。

【工具】❶从事生产劳动所用的器具。包括手工操作的锄、斧、刀、锤等，也包括机器上所使用的车头、钻头、砂轮等。(《规范3》)

【工具】❶劳动、工作时使用的器具。(《商务国际》)

【工具】人们在生产过程中用来加工制造产品的器具。(《大词典》)

【用具】日常生活、生产等所使用的器具：炊事~。

【用具】工作、生活中所用的各种器具的统称：学习~｜办公~(《规范3》)

【用具】日常应用的器具。(《商务国际》)

【用具】供人使用的器具。

【器械】❶有专门用途的或构造较精密的器具：体育~｜医疗~｜杠杆是一种助力~。

【机械】❶利用力学原理组成的各种装置。杠杆、滑轮、机器以及枪炮等都是机械。

【机器】由零件装成、能运转、能变换能量或产生有用的功的装置。机器可以作为生产工具，能减轻人的体力劳动，提高生产率。

【机器】执行机械运动，以变换或传递能量、物料与信息的装置。如内燃机、发电机、起重机、机床、打字机、绘图机等。(《规范3》)

【机器】由多种零件组成，利用动力代替以节省人力和提高工作效率的工具。(《商务国际》)

【装置】❷机器、仪器或其他设备中，构造较复杂并具有某种独立的功用的物件。

分析：器械类是人造物的典型代表。这类词义知识域的核心框架可表示为：$\{[人造物]: \{[结构]([a])\}+\{[材料]([b])\}+\{[形状]([c])\}+\{[功能]([b])\}\}$。

分析词典释义发现，其中三个最基本的核心词"器具""工具""用具"在四部词典中的释义基本上是循环释义。这说明这三个词离开彼此相互释义就很难独立解释清楚，即其词义难以再分割。但是如果我们用上述的知识域框架可以先对其中意义最泛的第一个词"器具"进行独立描写：

$$S_{器具}=\{[人造物]: \{[结构]([u])\}+\{[材料]([u])\}+\{[形状]([u])\}+\{[功能]([u])\}\}$$

这里所有的特征函数取值都为泛值，翻译成自然语言为"由一定材料制作而成，具有某种结构、形状和功能的人造物"。"用具"可以重新释义为"日常用的器具"，"工具"则可重新释义为"劳动、生产用的器具"，只需要在"器具"词义基因结构的基础上增加[场所]维度特征函数，就避免了循环释义。

$$S_{器具}=\{[人造物]: \{[结构]([精密])\}+\{[材料]([u])\}+\{[形状]([u])\}+\{[功能]([专用])\}\}$$

$$S_{工具}=\{[人造物]: \{[结构]([u])\}+\{[材料]([u])\}+\{[形状]([u])\}+\{[功能]([u])\}+\{[场所]([劳动]\vee[生产])\}\}$$

$$S_{用具}=\{[人造物]: \{[结构]([u])\}+\{[材料]([u])\}+\{[形状]([u])\}+\{[功能]([u])\}+\{[场所]([日常])\}\}$$

$$S_{装置}=\{[人造物]: \{[部件]([i]\,\text{of}_{Gs}[设备])\}+\{[结构]([复杂])\}+\{[功能]([u])\}+\{[方式]([独立])\}\}$$

$$S_{机械} = \{_{Gs}[装置]:\{[原理](_{Gs}[力学])\}\}$$

$$S_{机器} = \{_{Gs}[装置]:\{[功能]([[转换] \vee [传递]]([[能量] \vee [信息] \vee [物]]))\}$$

2.{房屋，房子，住宅，宅子，院子，宅院}

词典释义：

【房屋】房子(总称)。

【房子】有墙、顶、门、窗，供人居住或做其他用途的建筑物。

【住宅】住房(多指规模较大的)：~区。

【宅子】<口>住宅：一所~。

【院子】房屋前后用墙或栅栏围起来的空地。

【宅院】带院子的宅子，泛指宅子。

分析：建筑物是人造物的另一类典型代表，房屋是建筑物的重要组成部分。"建筑物"知识域的基本描写框架可表示为：$\{_{Gs}[建筑物]:\{[结构]([a])\}+\{[材料]([b])\}+\{[功能]([c])\}+\{[位置]([d])\}+\{[外形]([e])\}\}$。按这个框架，这组词义可描写如下：

$$S_{房子} = \{_{Gs}[建筑物]:\{[结构]([顶]) \wedge_{Gs}[门] \wedge_{Gs}[窗] \wedge_{Gs}[墙]\}+\{[功能]([居住] \vee [u])\}\}$$

$$S_{房屋} = \{_{Gs}[建筑物]:\{[结构]([顶]) \wedge_{Gs}[门] \wedge_{Gs}[窗] \wedge_{Gs}[墙]\}+\{[功能]([居住] \vee [u])\}+\{[语用]([总称])\}\}$$

$$S_{住宅} = \{_{Gs}[建筑物]:\{[结构]([顶]) \wedge_{Gs}[门] \wedge_{Gs}[窗] \wedge_{Gs}[墙]\}+\{[功能]([居住])\}+\{[规模]([大])\}\}$$

$$S_{宅子} = \{_{Gs}[建筑物]:\{[结构]([顶]) \wedge_{Gs}[门] \wedge_{Gs}[窗] \wedge_{Gs}[墙]\}+\{[功能]([居住])\}+\{[语体]([口])\}\}$$

$$S_{院子} = \{[空间]:\{[结构](_{Gs}[墙]) \wedge_{Gs}[栅栏]\}+\{[处所](_{Gs}[房屋]([前] \vee [后]))\}\}$$

$$S_{宅院} = \{[空间]:\{[结构](_{Gs}[宅子]) \wedge_{Gs}[院子]\}\}$$

上述描写中用到的几个基因簇 $_{Gs}[建筑物]$、$_{Gs}[墙]$、$_{Gs}[门]$、$_{Gs}[窗]$、$_{Gs}[栅栏]$，综合参考它们对应的词典中的释义，一并予以描写：

【建筑物】建筑而成的东西，如房屋、桥梁、隧道、水坝等。

【建筑物】人工建造的土木工程，如房屋、桥梁等。(《规范3》)

【建筑物】人工建造在土地上或地面下，具有顶盖、梁柱或墙壁，可供个人或公共使用的各种土木工程。如厂房、住宅、厅堂馆所、亭台楼阁和纪念性建筑。(《商务国际》)

【建筑物】用人工建造的，供人们进行生产、生活及其他活动的房屋或场所，如厂房、住宅、剧院、庙宇、车站、桥梁、隧道等。(《大词典》)

【墙】❶砖、石或土等筑成的屏障或外围：一堵~｜土~｜城~。

【墙】用土、石、砖等筑成的承架房顶或隔断内外的构筑物：土~｜城~(《规范3》)

【墙】用砖、石、土等筑成的间隔或防护用的屏障：城~｜围~｜隔~｜高~｜……(《商务国际》)

【墙】房屋、院落、城邑等的四围。多为土筑或砖砌而成，垂直于地面。(《大词典》)

【门】❶房屋、车船或用围墙、篱笆围起来的地方的出入口：前~｜屋~｜送货上~。

【门】建筑物或车、船、飞机等的出入口。(《规范3》)

【门】建筑或车船等可以开关的出入口，也指设于出入口可以开关的装置：前~｜房~｜车~｜拱~｜……(《商务国际》)

【门】❶房屋、围墙、车船等出入口能开关的障蔽装置。❷房屋、围墙、车船等出入口。(《大词典》)

【窗户】窗户：玻璃~｜门~户壁｜~明几净。

【窗户】墙壁等物体上通气透光的装置。

【窗户】房屋、车船等的通气透光装置。(《规范3》)

【窗户】装在墙上可通气透光的框形结构，也指房屋中透气、透光的孔洞。(《商务国际》)

【窗】设在屋顶或壁上用以透光通风的洞口。今一般装有窗扇。(《大词典》)

266

【栅栏】用铁条或木条做成的类似篱笆而较坚固的东西：~门｜工地四周围着~儿。

【栅栏】用竹木、铁条等做成的围栏：铁~｜街心公园四周围着~（《规范3》）

【栅栏】用铁条、木条、竹子、芦苇等做成的类似篱笆而较坚固的围栏。（《商务国际》）

【栅栏】用铁条或木条等做成的类似篱笆而较坚固的东西。（《大词典》）

四部词典对这几个词的释义差异较大，经过分析筛选，描写如下：

$S_{建筑物} = \{[人造物]: \{[工程]: \{[材料]([土] \wedge [木] \wedge [u])\} + \{[功能]([生产] \vee [生活])\}\}\}$

$S_{墙} = \{[人造物]: \{[材料]([土] \vee [石] \vee [砖])\} + \{[功能]([分隔] \vee [保护])\} + \{[位置]([i] \uparrow_{Gc} [地面]([垂直]))\}\}$

$S_{门} = \{[人造物]: \{[构成]([部分]([i] \text{of}_{Gs} [建筑物] \wedge_{Gs} [车] \vee_{Gs} [船]))\} + \{[功能]([[进] \wedge [出]]([路径]([i]))\} + \{[操作]([开] \wedge [关])\}\}$

$S_{窗} = S_{窗户} = \{[人造物]: \{[处所](_{Gs}[墙] \vee [顶])\} + \{[功能]([透]([主体]([光] \wedge [空气]) \wedge [路径]([i])))\}\}$

$S_{栅栏} = \{[人造物]: \{[材料]([铁] \vee [木] \vee [竹])\} + \{[功能]([分隔])\} + \{[性质]([坚固])\}\}$

3.｛书，书籍，书本，丛书，杂志，期刊，刊物，书刊，报纸，报刊｝
词典释义：

【书】❸装订成册的著作：一本~｜一部~｜一套~｜丛~｜新~｜古~｜~店。（《现汉7》《规范3》）

【书】❶有文字或图画、装订成册的著作：图~｜丛~｜新~｜古~｜经~｜教科~｜……（《商务国际》）

【书】❼书籍，装订成册的著作。

【书籍】书(总称)。

【书本】书(总称)：～知识。

【丛书】由许多书汇集编成的一套书。也叫丛刊或丛刻。

【杂志】❶期刊。

【期刊】定期出版的刊物，如周刊、月刊、季刊等。

【刊物】登载文章、图片、歌谱等定期的或不定期的出版物：定期～｜内部～。

【书刊】书籍和刊物。

【报纸】❶以国内外社会、政治、经济、文化等新闻为主要内容的散页的定期出版物，一般指日报。

【报刊】报纸和杂志的总称。

分析：这组词词义纠缠也比较复杂，其中最核心的概念是"书""刊""报"三个，它们都是图文作品等各种知识信息的载体，区别在于两个方面：①"书"和"刊"是装订成册的，"报"是散页、不装订的，我们把这个特征维度归于[形态]基因。②"报"和"刊"都是出版物，而且是连续出版物，这个特征维度归于[形态]（这一点四部词典释义均未提及），现代社会的"书"一般也是指出版物，古代也有"书"，但不一定是现代社会"出版"的定义，所以四部词典关于"书"的定义都未提及"出版"。

根据以上分析，这组词义描写如下：

$S_{书}$＝{[人造物]：{[功能]([载体]of[知识])}＋[内容]([文字]∨[图])}＋{[形态]([册])}}

$S_{书籍}$＝$S_{书本}$＝{[人造物]：{[功能]([载体]of[知识])}＋{[内容]([文字]∨[图])}＋{[形态]([册])}＋{[语用]([统称])}}

$S_{丛书}$＝{[人造物]：{[功能]([载体]of[知识])}＋[内容]([文字]∨[图])}＋{[形态]([册])}＋{[数量]([多])}＋{[形式]([套])}}

$S_{刊物}$＝{$_{Gs}$[出版物]：{[功能]([载体]of[知识])}＋[内容]([文字]∨[图])}＋{[形态]([册])}＋{[形式]([连续])}}

$S_{杂志}$＝$S_{期刊}$＝{$_{Gs}$[出版物]：{[功能]([载体]of[知识])}＋[内容]([文字]∨[图])}＋{[形态]([册])}＋{[形式]([连续])}＋{[周期]([定

期])｝｝

$S_{书刊}=\{\{_{Gs}[书]+_{Gs}[刊物]\}+\{[语用]([总称])\}\}$

$S_{报纸}=\{_{Gs}[出版物]:\{[功能]([载体]of[知识])\}+[内容]([文字]\vee$
[图])\}+\{[形态](！[册])\}+\{[形式]([连续])\}+\{[周期]([定期])\}\}$

$S_{报刊}=\{\{_{Gs}[报纸]+_{Gs}[刊物]\}+\{[语用]([总称])\}\}$

归纳以上各组，得到表人造物名词的部分词义基因集：｛［材料］，［形状］，［功能］，［人造物］，［结构］，［场所］，［日常］，［劳动］，［生产］，［精密］，［专用］，［复杂］，［方式］，［独立］，［原理］，［转换］，［传递］，［能量］，［信息］，［物］，［居住］，［语用］，［总称］，［处所］，［空间］，［前］，［后］，［工程］，［材料］，［土］，［木］，［生活］，［石］，［砖］，［分隔］，［保护］，［位置］，［垂直］，［进］，［出］，［路径］，［操作］，［开］，［关］，［顶］，［透］，［光］，［空气］，［铁］，［竹］，［分隔］，［性质］，［坚固］，［内容］，［形态］，［形式］，［载体］，［知识］，［文字］，［图］，［册］，［套］，［周期］，［定期］｝，以及三个基因簇$_{Gs}$［力学］、$_{Gs}$［车］、$_{Gs}$［船］留待后续分析。

（三）表抽象物的名词

1.｛知识，科学，理论，学问，学说，学术，思想，技术｝

词典释义：

【知识】❶人们在改造世界的实践中所获得的认识和经验的总和。❷指有关学术文化的：～分子｜～界。

【科学】❶反映自然、社会、思维等的客观规律的分科的知识体系。

【理论】❶人们由实践概括出来的关于自然界和社会的知识的有系统的结论。

【学问】❶正确反映客观事物的系统知识：这是一门新兴的～。❷知识；学识：有～。

【学问】❶学术上自成系统的理论、主张。❷研究客观规律而形成的系统知识。（《规范3》）

【学问】❶系统的知识。❷由求学获得的知识。

【经验】❶由实践得来的知识或技能：他对嫁接果树有丰富的～。

【学说】学术上的有系统的主张或见解。

【学术】有系统的、较专门的学问：～界｜～思想｜～团体｜钻研～。

【思想】客观存在反映在人的意识中经过思维活动而产生的结果。思想的内容为社会制度的性质和人们的物质生活条件所决定，在阶级社会中，思想具有明显的阶级性。

【技术】❶人类在认识自然和改造自然的反复实践中积累起来的有关生产劳动的经验和知识，也泛指其他操作方面的技巧。

分析：这一组词总体而言都是指人类的思维成果，都带有较为典型的元概念意义，词义互相纠缠，从词典释义中彼此难以区分。一般而言，当词典中对一组词的释义互相纠缠的时候，说明这些词所表达的概念往往是最基本的认知概念，从这些概念中我们可以选取最核心的、能够最大限度避免循环释义的对象预定义为词义基因。例如，"技术"被解释为"……的经验和知识"，而"知识"又被解释为"……经验的总和"，"经验"再被解释为"……的知识或技能"。这样就陷入一个无限循环的怪圈，词义永远无法求解。实际上，"技术"和"经验"是有区别的。"技术"不但是"经验"和"知识"的积累，还包括根据"经验"和"知识"创新出来的解决问题的办法。所以，我们直接把[经验]和[技术]预定义为词义基因，不对它们进行更多的分析。

此外，再进一步考察这组词的释义，我们还选取[系统]、[认知]、[思维]、[规律]、[实践]、[结论]作为词义基因。以这些词义基因为基础，对这组词义描写如下：

$S_{知识}=\{[抽象物]:\{[构成]([认知]\wedge[经验])\}+\{[来源]([实践])\}\}$

$S_{科学}=\{[抽象物]:\{[构成]([系统]of_{Gs}[知识])\}+\{[内容]([规律]([客观]))\}\}$

$S_{理论}=\{[抽象物]:\{[构成]([系统]of_{Gs}[结论])\}+\{[内容](_{Gs}[知$

识]}+{[来源]([实践])}}

$S_{学问}$={[抽象物]：{[构成]([系统]of $_{Gs}$[知识])}+{[来源]([研究]∨[学习]}+{[性质]([正确]}}

$S_{学术}$={[抽象物]：{[构成]([系统]of $_{Gs}$[知识])}+{[领域]([u]∧[专门]}}

$S_{学说}$={[抽象物]：{[构成]([系统]of[$_{Gs}$[主张]∨$_{Gs}$[见解])}+{[领域]($_{Gs}$[学术]}}

$S_{思想}$={[抽象物]：{[构成]([结果]of[思维])}}

2.{消息，音信，新闻，报道，谣言，传说，故事}

词典释义：

【消息】❶关于人或事物情况的报道。❷音信：杳无~。(《商务国际》)

【消息】❶音信。❷新闻报道的一种，以简要形式，即时报道最近发生的重要事情。(《规范3》)

【消息】❶关于人或事物情况的报道。❷信息，音信：你有没有她的~？(《商务国际》)

【消息】❽音信，信息。❹新闻体裁名。其特点是简要而迅速地报道新闻事实。以电报传递的消息，又叫"电讯"。(《大词典》)

【音信】往来的信件和消息：互通~｜杳无~。

【音信】消息，信件。(《规范3》)

【音信】消息或书信。(《商务国际》)

【音信】音讯，信息。(《大词典》)

【新闻】❶报纸或广播电台等报道的国内外消息：~广播｜采访~。❷泛指社会上最近发生的新事情。

【新闻】❶媒体所报道的新近发生事件的各种信息。❷泛指社会上新近发生的重大或新奇的事情。(《规范3》)

【新闻】❶由各种媒体报道的最新消息。❷泛指社会上发生的新鲜事。(《商务国际》)

【新闻】❶新近听来的事。社会上新近发生的事情。❹指报纸。亦指

271

报纸、广播电台、电视台对新近发生的事情的报道。(《大词典》)

【报道】❷用书面或广播形式发表的新闻稿。(《现汉7》《大词典》)

【报道】❷通过媒体发表的新闻稿。(《规范3》)

【报道】❷以各种传播方式发表的新闻稿。(《商务国际》)

【谣言】没有事实根据的消息。

【谣言】凭空捏造的消息：~四起｜……(《规范3》)

【谣言】凭空虚构、没有根据的话或传闻。(《商务国际》)

【谣言】没有事实根据的传言。(《大词典》)

【传说】❷人民口头上流传下来的关于某人某事的叙述：鲁班的~。

【传说】❶辗转述说；相传。❷传说的事情，特指民间传说。(《规范3》)

【传说】❷口耳相传的民间故事。(《商务国际》)

【传说】❸指民间长期流传下来的对过去事迹的记述和评价等。(《大词典》)

【故事】❶真实的或虚构的用做讲述对象的事情，有连贯性、富吸引力、能感染人：红军长征的~｜民间~。

【故事】❶用来作为讲述对象的真实或虚构的事情，特点是情节连贯、有吸引力、能感染人。(《规范3》)

【故事】❶有连贯性，富有吸引力和感染力的传说或虚构的事。(《商务国际》)

分析：这又是一个循环释义的例子。从四部词典可以看到"消息"的两个义项的释义路径：消息→报道→新闻→消息；消息→音信→消息。从本组其他词的释义情况看，"消息"是用得较多的一个释义用语。因此我们把［消息］预定义为词义基因。此外，"故事"实际上可以当作一个元认知概念。小孩从懂事起就会听家长讲各种故事，家长并不会给孩子解释何谓"故事"，但这并不影响孩子对这个概念的认知和对这个词词义的理解。《现汉7》《规范3》《商务国际》(《大词典》未收录此义项)三部词典对"故事"的释义，反而使得对该词意义的认知更困难。因此我们把［故事］也定义为一个词义基因，用于描写其他词。

这组词义描写如下：

$S_{音信}$＝{[抽象物]：[构成]（[消息]∧$_{Gs}$[书信]）}

$S_{新闻❶}$＝{[消息]：{[内容]（[事件]）}＋{[时间]（[近]）}＋{[范围]（[社会]）}＋{[渠道]（$_{Gs}$[媒体]）}}

$S_{新闻❷}$＝{[事件]：{{[时间]（[近]）}＋{[范围]（[社会]）}＋{[性质]（$_{Gs}$[新奇]）}}

$S_{报道}$＝{[抽象物]：{[构成]（$_{Gs}$[稿件]）}＋{[内容]（$_{Gs}$[新闻]）}＋{[渠道]（$_{Gs}$[媒体]）}}

$S_{谣言}$＝{[消息]：{[性质]（[假]）}＋{[极性]（[贬]）}}

$S_{传说}$＝{[故事]：{[渠道]（$_{Gs}$[口传]）}＋{[范围]（$_{Gs}$[民间]）}}

3.{政策，准则，原则，策略}

词典释义：

【政策】国家或政党为实现一定历史时期的路线而制定的行动准则。

【政策】国家或政党为完成一定历史时期的任务而制定的具体行动准则。（《规范3》）

【政策】政府或企业团体为解决问题、实现目标而制定的准则和策略。（《商务国际》）

【政策】国家或政党为实现一定历史时期的路线和任务而制定的行动根据和准则。（《大词典》）

【准则】言论、行动等所依据的原则：党内生活～。

【原则】说话或行事所依据的法则或标准：～性｜～问题｜坚持～。

【策略】❶根据形势发展而制定的行动方针和斗争方式。（《现汉7》）

【策略】❶为实现一定战略任务，根据形势发展而制定的行动方针和斗争方式。（《规范3》）

【策略】谋略；计划：制定全球性～｜诚实是最高等的～。（《商务国际》）

【策略】❶谋略；计谋。❷根据形势发展而制定的行动方针和斗争方

法。(《大词典》)

分析：①这组词同样存在循环释义情况，我们约定［规则］、［规定］两个词义基因作为描写基准。②对"策略"的释义，《现汉 7》《规范 3》和《大词典》所收录的义项❷都使用了一个色彩意义较强的词"斗争"，实际使用中，大多数情况下"策略"一词并不一定包含该意义成分。《商务国际》和《大词典》所收的第一个义项更符合事实，而且该释义也可涵盖前一个释义。

这组词义描写如下：

$S_{原则}$ ＝{［抽象物］：{［规则］：{[［说］∨［行动］]（［依据］（［i］)}}

$S_{准则}$ ＝{［抽象物］：{［规则］：{[［说］∨［行动］]（［依据］（［i］)}＋{［性质］（［标准］)}}

$S_{策略}$ ＝{［抽象物］：［构成］（［计划］∧$_{Gs}$［计谋])}

$S_{政策}$ ＝{［抽象物］：{［构成］（$_{Gs}$准则］∧$_{Gs}$［计谋])}＋{［来源］（［规定］（［施事］（［政党］∨［国家］)∧［受事］（［i]))}＋{［目的］（［实现］（［目标］∧$_{Gs}$［路线])))}

4.{能力，天赋，天分，天资，才能，才华，才干，才智}

词典释义：

【能力】能胜任某项任务的主观条件：～强｜生活～｜有～担当这项工作。

【天赋】❶自然赋予；生来就具备。❷天资。

【天分】天资。

【天资】资质。

【才能】知识和能力。

【才华】表现于外的才能(多指文艺方面)。

【才干】办事的能力：增长～。

【才智】才能和智慧。

分析：这一组词所描写的对象只能是人，词典释义没有指明这一点，为方便机器进行语义推理，我们在词义基因分析中需明确描写。约定三个词义基因[资质]、[能力]、[天生]为描写基准。其中[资质]为维度特征基因，[天生]为赋值基因，[能力]既可作为维度特征基因也可以作为赋值基因。

这组词义描写如下：

$S_{天赋} = S_{天分} = S_{天资} = \{[抽象物]：\{[资质]of[人]：\{[构成]([能力])\}+\{[来源]([天生])\}\}\}$

$S_{才能} = \{[抽象物]：\{[资质]of[人]：\{[构成](_{Gs}[知识]\wedge[能力])\}\}\}$

$S_{才华} = \{[抽象物]：\{[资质]of[人]：\{[构成](_{Gs}[知识]\wedge[能力])\}\}+\{[形态](_{Gs}[外显])\}\}$

$S_{才干} = \{[抽象物]：\{[资质]of[人]：\{[构成]([能力]of[处理]([事务]))\}\}\}$

$S_{才智} = \{[抽象物]：\{[资质]of[人]：\{[构成](_{Gs}[才能]\wedge[智慧])\}\}\}$

归纳以上各组，得到描写虚拟物的部分词义基因集：{[经验]，[技术]，[系统]，[认知]，[思维]，[规律]，[实践]，[结论]，[客观]，[来源]，[研究]，[学习]，[性质]，[正确]，[专门]，[消息]，[故事]，[事件]，[近]，[社会]，[渠道]，[性质]，[假]，[极性]，[贬]，[规则]，[规定]，[说]，[行动]，[依据]，[标准]，[构成]，[计划]，[计谋]，[政党]，[国家]，[实现]，[目标]，[资质]，[能力]，[天生]，[形态]，[处理]，[事务]，[智慧]}，以及基因簇$_{Gs}$[主张]、$_{Gs}$[见解]、$_{Gs}$[书信]、$_{Gs}$[新奇]、$_{Gs}$[稿件]、$_{Gs}$[媒体]、$_{Gs}$[口传]、$_{Gs}$[民间]、$_{Gs}$[计谋]、$_{Gs}$[路线]，$_{Gs}$[外显]留待后续描写。

（四）表虚拟物的名词

1.{神仙，妖精，妖怪，妖魔，魔，魔鬼}

词典释义：

【神仙】❶神话传说中的人物，有超人的能力，可以超脱尘世、长生不老。

【妖怪】神话、传说、童话中所说的形状奇怪可怕、有妖术、常常害人的精灵。

【妖精】❶妖怪。

【妖魔】妖怪。

【鬼】❶迷信的人所说的人死后的灵魂。

【魔鬼】宗教或神话传说里指迷惑人、害人性命的鬼怪，比喻邪恶的势力。

分析：这一组词都表示神话或宗教文化中的虚拟人物，但语用有差异，带有不同的感情色彩，神仙一般是正面的，妖魔鬼怪是邪恶的，词典释义未指明这一点，词义基因描写中需予以明确。约定几个词义基因［神话］、［宗教］、［正义］、［邪恶］、［灵魂］来描写这组词：

$S_{神仙}$＝｛［虚拟物］：｛［人物］：｛［能力］$(_{Gs}$［超常］$\wedge_{Gs}$［永生］)｝＋｛［领域］(［神话］)｝＋｛［色彩］(［正义］)｝｝

$S_{妖怪}$＝$S_{妖魔}$＝$S_{妖精}$＝｛［虚拟物］：｛［人物］：｛［能力］$(_{Gs}$［法术］)｝＋｛［领域］(［神话］)｝＋｛［习性］$(_{Gs}$［害人］)｝＋｛［色彩］(［邪恶］)｝｝

$S_{鬼}$＝｛［虚拟物］：｛［灵魂］of［［人］(［状态］(［死亡］))］｝＋｛［领域］(［神话］①)｝｝

$S_{魔鬼}$＝｛［虚拟物］：｛$_{Gs}$［鬼］：｛［领域］(［神话］$\vee$［宗教］)｝＋｛［习性］$(_{Gs}$［害人］)｝＋｛［色彩］(［邪恶］)｝｝

2.｛天堂，地狱，天宫，地府｝

词典释义：

【天堂】❶某些宗教指人死后灵魂居住的美好的地方(跟"地狱"相对)。

【地狱】❷某些宗教指人死后灵魂受苦的地方(跟"天堂"相对)。

【天宫】神话中天神的宫殿。

【地府】人死后灵魂所在的地方(迷信)。

---

① 词典对"鬼"的释义用语"迷信"所指内容和"神话"基本相同，但该词有贬义色彩，有很大的主观性和不确定性，"神话"中的哪些部分属于"迷信"无法界定。所以我们采用中性基因［神话］，而不用［迷信］。下一组中"地府"的描写与此相同。

分析：这组词表示神话传说中虚拟的处所。描写如下：

$S_{天堂}$ ＝{[虚拟物]：{[处所]：{[功能]（[居住]（[主体]（[灵魂]of [[人]（[状态]（[死亡]))))}＋{[状况]（[美好])}＋{[领域]（[宗教]))}}

$S_{地狱}$ ＝{[虚拟物]：{[处所]：{[功能]（[居住]（[主体]（[灵魂]of [[人]（[状态]（[死亡]))))}＋{[状况]（[苦难])}＋{[领域]（[宗教]))}}

$S_{天宫}$ ＝{[虚拟物]：{$_{Gs}$[宫殿]：{[功能]（[居住]（[主体]（$_{Gs}$[神仙]))}＋{[领域]（[神话])}}}

$S_{地府}$ ＝{[虚拟物]：{$_{Gs}$[宫殿]：{[功能]（[居住]（[主体]（[灵魂]of [[人]（[状态]（[死亡]))))}＋{[领域]（[神话])}}}

3. {龙，凤，凰，凤凰，麒麟}

词典释义：

【龙】❶我国古代传说中的神异动物，身体长，有鳞，有角，有脚，能走，能飞，能游泳，能兴云降雨。

【凤】❶凤凰：龙~｜丹~朝阳。

【凤凰】古代传说中的百鸟之王，羽毛美丽，雄的叫凤，雌的叫凰。常用来象征祥瑞。

【麒麟】古代传说中的一种动物，形状像鹿，头上有角，全身有鳞甲，有尾。古人拿它象征祥端。

分析：这组词表示传说中的虚拟动物，汉语中这类词数量不少，《山海经》中就有几百种。这类词可以模仿表动物名词的词义知识域来定义其基本描写框架。{[虚拟物]：{[动物]：{[结构]（[a]）}＋{[外貌]（[b]）}＋{[能力]（[d]）}＋{[色彩]（[e]）}}}描写如下：

$S_{龙}$ ＝{[虚拟物]：{[动物]：{[结构]（$_{Gs}$[鳞]∧$_{Gs}$[角]∧$_{Gs}$[脚])}＋{[外貌]（$_{Gc}$[似蛇])}＋{[能力]（$_{Gs}$[行走]∧$_{Gs}$[飞]∧$_{Gs}$[游泳]∧$_{Gs}$[降雨])}}}

$S_{凤}$ ＝{[虚拟物]：{[动物]：{[结构]（$_{Gs}$[羽毛]（[外观]（[美])))}＋

{[外貌]($_{Gc}$[似鸟])}+{[地位]([王]of $_{Gs}$[鸟]}+{[性别]([雄]}+{[色彩]($_{Gs}$[祥瑞]}}}

S$_{凤}$={[虚拟物]：{[动物]：{[结构]($_{Gs}$[羽毛]([外观]([美])))}+{[外貌]($_{Gc}$[似鸟])}+{[地位]([王]of $_{Gs}$[鸟]}+{[性别]([雌]}+{[色彩]($_{Gs}$[祥瑞]}}}

S$_{凤凰}$ = {[虚拟物]：{[动物]：{[结构]($_{Gs}$[羽毛]([外观]([美])))}+{[外貌]($_{Gc}$[似鸟])}+{[地位]([王]of $_{Gs}$[鸟]}+{[色彩]($_{Gs}$[祥瑞]}}}

S$_{麒麟}$={[虚拟物]：{[动物]：{[结构]($_{Gs}$[鳞甲]∧$_{Gs}$[角]∧$_{Gs}$[尾巴])}+{[外貌]($_{Gc}$[似鹿])}+{[色彩]($_{Gs}$[祥瑞]}}}

这组词描写中用到了基因链缩写式$_{Gc}$[似蛇]和$_{Gc}$[似鹿]，因为这两个基因单位不能成词，所以不能表示为基因簇，只能表示为基因链。这种基因链可以用一个函数式展开：

{[X]：[比较]([a]↑[b]([相似]))}

其中[a]和[b]表示两个比较的对象，[X]表示比较的方面，比如上面"龙"和"麒麟"的词义基因描写式中$_{Gc}$[似蛇]、$_{Gc}$[似鹿]可展开为：

{[外貌]：[比较]([i]↑$_{Gs}$[蛇]([相似]))}（反身基因[i]表示被描写对象"龙"）

{[外貌]：[比较]([i]↑$_{Gs}$[鹿]([相似]))}（反身基因[i]表示被描写对象"麒麟"）。

归纳以上各组，得到描写虚拟物的部分词义基因集：{[神话]，[宗教]，[正义]，[邪恶]，[灵魂]，[色彩]，[死亡]，[习性]，[居住]，[状况]，[美好]，[苦难]，[地位]，[王]，[性别]，[雄]，[雌]，[外观]，[美]，[雌]}，以及基因簇$_{Gs}$[超常]、$_{Gs}$[永生]、$_{Gs}$[法术]、$_{Gs}$[害人]、$_{Gs}$[宫殿]、$_{Gs}$[鳞]、$_{Gs}$[角]、$_{Gs}$[降雨]、$_{Gs}$[祥瑞]、$_{Gs}$[鳞甲]、$_{Gs}$[角]、$_{Gs}$[尾巴]留待后续分析。

四、事件名词词义分析与词义基因提取

(一)自然事件类名词

1.{雨，阵雨，暴雨，雷雨}

词典释义：

【雨】云层中降向地面的水。云里的小水滴体积增大到不能悬浮在空气中时，就下降成为雨。

【阵雨】降雨的时间较短，雨的强度变化很大，开始与停止都很突然，这种雨叫作阵雨。阵雨有时伴有闪电和雷声，多发生在夏天。

【暴雨】❶大而急的雨。

【雷雨】由积雨云产生的一种天气现象，降水伴随着闪电和雷声，往往发生在夏天的下午。

分析："雨""雪"等自然现象类词语其实包含两重含义：一是指"下雨""下雪"这种自然现象，实际上就是一个事件；二是这种自然现象所产生的相应物质：天上降下的水滴和冰晶。所以这些词可以被称为事件名词。从词典的释义可以看出①，对"雨"的释义，倾向于其物质义；而对由语素"雨"构成的合成词"阵雨""暴雨"等，则倾向于其事件义。"雪"的情况也类似。

因为"雨""雪"是人们所熟知的认知基本概念，这两个词的词义，无论是事件义还是物质义，都是最基本的词义单位，因此我们不对这两个词进行分析，直接把它们预定义成核心词义基因[雨]、[雪]，再用它们去描写其他词义结构。

根据以上分析，这组词义描写如下：

$S_{阵雨}$={[自然事件]：{[现象]([天气])}+{[表现]([雨])}+{[持

---

①　此处仅列出《现汉7》的释义，《规范3》《商务国际》《大词典》三部词典的释义模式与此类似，不一一列举。

续]（[短暂]）}+{[程度]（[强]）}+{[性状]（[突然]∧[变化]）}+{[时间]（[夏季]）}}

S_{暴雨}={[自然事件]：{[现象]（[天气]）}+{[表现]（[雨]）}+{[程度]（[强]）}+{[性状]（[急]）}}

S_{雷雨}={[自然事件]：{[现象]（[天气]）}+{[表现]（[雨]）}+{[伴随]（[雷]∧[闪电]）}+{[时间]（[夏季]）}}

2.{风，风暴，飓风，台风，龙卷风}

词典释义：

【风】❶跟地面大致平行的空气流动，是由于气压分布不均匀而产生的。通常根据风力的大小，从零到十二共分为十三级。

【风暴】刮大风而且往往同时有大雨的天气现象。

【飓风】发生在大西洋西部和西印度群岛一带海洋上的热带空气旋涡，是一种极强烈的风暴，相当于西太平洋上的台风。

【台风】发生在太平洋西部海洋和南海海上的热带空气旋涡，是一种极猛烈的风暴，风力常达十级以上，同时有暴雨。夏秋两季常侵袭我国。

【龙卷风】风力极强而范围不大的旋风，形状像一个大漏斗，风速往往达到每秒一百多米，破坏力非常大。在陆地上，能把大树连根拔起来，毁坏各种建筑物和农作物；在海洋上，可以把海水吸到空中，形成水柱。这种风较少见。

分析：类似于上一组。将[风]预定义为词义基因。

这组词义描写如下：

S_{风暴}={[自然事件]：{[现象]（[天气]）}+{[表现]（[风]∧[雨]）}+{[强度]（[大]）}}

S_{飓风}={[自然事件]：{[现象]（[天气]）}+{[表现]（_{Gs}[风暴]）}+{[强度]（[强烈]）}+{[处所]（[[大西洋]∨[印度群岛]][1]]∧[方向]

---

① 七大洲四大洋名称、国家名、行政区划名、政党名、其他地名、人名等专有名词不作为基因簇，也不分析词义基因结构，语义计算中专门有命名实体识别技术处理。

（[西]）}}

$S_{台风}$＝{[自然事件]：{[现象]（[天气]）}＋{[表现]（$_{Gs}$[风暴]）}＋{[强度]（[猛烈]）}＋{[速度]（[>100 米/秒]）}＋{[处所]（[[太平洋]∧[方向]（[西]）]]∧[南海]）}＋{[伴随]（$_{Gs}$[暴雨]}＋{[时间]（[夏季]∧[秋季]）}}

$S_{龙卷风}$＝{[自然事件]：{[现象]（[天气]）}＋{[表现]（$_{Gs}$[风暴]）}＋{[强度]（[猛烈]）}＋{[量级]（[>10]）}＋{[形状]：[比较]（[i]↑$_{Gs}$[漏斗]（[相似]））}＋{[范围]（[小]）}＋{[危害]（[大]）}}

3.{地震，海啸，日食，月食}

词典释义：

【地震】由地球内部的变动引起的地壳的震动。按照发生原因分为陷落地震、火山地震和构造地震三种。全球百分之九十五的地震属构造地震。俗称地动。

【海啸】由海底地震或风暴造成的海水剧烈波动。海水冲上陆地，往往造成灾害。

【日食】月球运行到地球和太阳的中间时，太阳的光被月球挡住，不能射到地球上来，这种现象叫日食。太阳全部被月球挡住时叫日全食，部分被挡住时叫日偏食，中央部分被挡住时叫日环食。日食都发生在农历初一。

【月食】地球运行到月亮和太阳的中间时，太阳的光正好被地球挡住，不能射到月亮上去，因此月亮上就出现黑影，这种现象叫月食。太阳光全部被地球挡住时，叫月全食，部分被挡住时，叫月偏食。月食一定发生在农历十五日或十五日以后一两天。

分析：这组词包含较多百科知识，词义分析时只选取核心概念意义部分。描写如下：

$S_{地震}$＝{[自然事件]：{[现象]（[地质]）}＋{[表现]（[震动]）}＋{[部位]（[地壳]）}＋{[原因]（[变化]（[主事]（[内部]of[地球]）））}

$S_{海啸}$＝{[自然事件]：{[现象]（[地质]）}＋{[表现]（[波动]）}＋{[部

281

位]（_{Gs}[海水]）}＋{[强度]（[剧烈]）}＋{[原因]（_{Gs}[地震]）∧[部位]
（_{Gs}[海底]）]∨[风暴]）}}

S_{日食}＝{[自然事件]：{[现象]（[天文]）}＋{[表现]（[阴影]）∧[部
位]（[地球]）}＋{[原因]（[遮挡]（[施事]（[月球]）∧[受事]（_{Gs}[阳
光]）））}＋{[[关系]of[位置]]（[太阳]↑[月球]↑[地球]（[直线]））}

S_{月食}＝{[自然事件]：{[现象]（[天文]）}＋{[表现]（[阴影]）∧[部
位]（[月球]）}＋{[原因]（[遮挡]（[施事]（[地球]）∧[受事]（_{Gs}[阳
光]）））}＋{[[关系]of[位置]]（[太阳]↑[地球]↑[月球]（[直线]））}

综合以上各组，得到自然现象类事件部分词义基因集：{[现象]，[天
气]，[表现]，[性状]，[伴随]，[处所]，[方向]，[持续]，[短暂]，
[强度]，[量级]，[形状]，[比较]，[范围]，[部位]，[原因]，[主
事]，[关系]，[位置]，[天文]，[变化]，[地质]，[雨]，[雪]，
[风]，[雷]，[闪电]，[强]，[急]，[强烈]，[突然]，[夏季]，[东]，
[南]，[西]，[北]，[猛烈]，[速度]，[春季]，[夏季]，[秋季]，[冬
季]，[相似]，[大]，[小]，[危害]，[震动]，[地壳]，[内部]，[地
球]，[月球]，[太阳]，[阴影]，[遮挡]，[阳光]，[直线]}，以及基因
簇_{Gs}[漏斗]、_{Gs}[海水]、_{Gs}[海底]、_{Gs}[阳光]留待后续分析。

（二）灾害类事件名词

1.{灾害，灾荒，灾祸，祸害，祸事，灾难，灾情}

词典释义：

【灾害】旱、涝、虫、雹、战争等所造成的祸害。

【灾荒】指自然给人造成的损害（多指荒年）：闹～。

【灾祸】自然的或人为的祸害。

【祸害】❷祸事：黄河在历史上经常引起～。

【祸事】危害性大的事情。

【灾难】天灾人祸所造成的严重损害和痛苦。

【灾情】受灾的情况。

分析：灾害类名词用于指称各种有害的事件，差异在于导致灾害的原因和危害的程度不同。我们用一个核心基因簇$_{Gs}$[有害]①来描写这类事件名词。

$S_{祸害} = S_{祸事} = \{[事件]: \{[性质]({}_{Gs}[有害])\} + \{[程度]([大])\}\}$

$S_{灾害} = \{[事件]: \{[性质]({}_{Gs}[有害])\} + \{[程度]([大])\} + \{[原因]$
$([自然] \vee {}_{Gs}[战争])\}\}$

$S_{灾荒} = \{[事件]: \{[性质]({}_{Gs}[有害])\} + \{[程度]([大])\} + \{[原因]$
$([自然]\} + \{[结果]({}_{Gs}[荒年])\}\}$

$S_{灾祸} = \{[事件]: \{[性质]({}_{Gs}[有害])\} + \{[程度]([大])\} + \{[原因]$
$([自然] \vee [人为])\}\}$

$S_{灾难} = \{[事件]: \{[性质]({}_{Gs}[有害])\} + \{[程度]([大])\} + \{[原因]$
$([自然] \vee [人为]) + \{[结果]([损失] \wedge [痛苦])\}\}$

$S_{灾情} = \{[情况]: [原因]({}_{Gs}[灾害])\}$

2.｛天灾，风灾，火灾，水灾，虫灾，旱灾｝

词典释义：

【天灾】自然灾害，如水灾、旱灾、风灾、地震等。

【风灾】因暴风、台风或飓风过境而造成的灾害。

【火灾】失火造成的灾害。

【水灾】因久雨、山洪暴发或河水泛滥等原因而造成的灾害。

【虫灾】因虫害较大而造成的灾害。

【旱灾】由于长期没有雨或少雨而又缺乏灌溉，影响作物正常生长或使作物枯死，造成大量减产的灾害。

分析：这组词主要区分不同原因导致的灾害，词义结构简单。描写如下：

$S_{天灾} = \{{}_{Gs}[灾害]: [原因]([自然])\}$

$S_{风灾} = \{{}_{Gs}[灾害]: [原因]({}_{Gs}[暴风] \vee {}_{Gs}[台风] \vee {}_{Gs}[飓风])\}$

---

① 下文将专门讨论该基因簇的词义分析。

$S_{火灾} = \{_{Gs}[灾害]：[原因](_{Gs}[失火])\}$

$S_{水灾} = \{_{Gs}[灾害]：[原因](\{_{Gs}[雨]：[时间]([长])\} \vee _{Gs}[洪水])\}$

$S_{虫灾} = \{_{Gs}[灾害]：[原因](_{Gs}[害虫])\}$

$S_{旱灾} = \{_{Gs}[灾害]：[原因](_{Gs}[干旱])\}$

3. {人祸，惨祸，车祸，战祸}

词典释义：

【人祸】人为的祸害：天灾～。

【惨祸】惨重的灾祸。

【车祸】行车(多指汽车)时发生的伤亡事故。

【战祸】战争带来的祸害。

分析：词义结构跟上一组类似。描写如下：

$S_{人祸} = \{_{Gs}[祸害]：[原因]([人为])\}$

$S_{惨祸} = \{_{Gs}[灾祸]：[结果]([惨] \wedge [重])\}$

$S_{车祸} = \{_{Gs}[灾祸]：\{[原因](_{Gs}[行车])\}[结果]([伤] \vee [亡])([受事](_{Gs}[人员])))\}$

$S_{战祸} = \{_{Gs}[祸害]：[原因](_{Gs}[战争])\}$

综合以上各组，得到灾害类事件核心词义基因集：{[事件]，[性质]，[程度]，[结果]，[有害]，[原因]，[损失]，[痛苦]，[惨]，[重]，[大]，[伤]，[亡]，[自然]，[人为]}，以及基因簇 $_{Gs}$[有害]、$_{Gs}$[战争]、$_{Gs}$[荒年]、$_{Gs}$[失火]、$_{Gs}$[洪水]、$_{Gs}$[害虫]、$_{Gs}$[干旱]、$_{Gs}$[行车]、$_{Gs}$[人员]留待后续分析。

(三)战争类事件名词

1. {战争，战斗，战役，战事，战火}

词典释义：

【战争】民族与民族之间、国家与国家之间、阶级与阶级之间或政治集团与政治集团之间的武装斗争。战争是政治的继续，是流血的政治，是解决政治矛盾的最高的斗争形式。

【战争】阶级和阶级、民族和民族、国家和国家或政治集团和政治集团之间为了一定的政治目的而进行的具有一定规模的武装斗争。(《规范3》)

【战争】两个或两个以上的敌对团体为了达到某种目的而发动的军事行动。(《商务国际》)

【战争】❶民族、国家、阶级、集团之间的武装斗争。(《大词典》)

【战斗】❶敌对双方所进行的武装冲突，是达到战争目的的主要手段。

【战斗】❶敌对双方的武装冲突。(《规范3》)

【战斗】敌对双方以武力为手段的争斗。(《商务国际》)

【战斗】❶敌对双方所进行的武装冲突。(《大词典》)

【战役】为实现一定的战略目的，按照统一的作战计划，在一定的方向上和一定的时间内进行的一系列战斗的总和。(《现汉7》《大词典》)

【战役】根据战略需要，在一定区域和时间内所进行的一系列战斗的总称。(《规范3》)

【战役】为实现某种战略目的，在同一期间和同一区域内进行的所有相关军事行动。(《商务国际》)

【战事】有关战争的各种活动，泛指战争。

【战事】战争，也指与战争有关的事情。(《规范3》)

【战事】战争。(《商务国际》)

【战事】❶军事行动；行阵征战之事。❷泛指战争。(《大词典》)

【战火】指战争或战事(就其破坏作用和带来的祸害而言)。

【战火】指战争。(《规范3》)

【战火】战争；战事。(《商务国际》)

【战火】战事，战争。(《大词典》)

分析：战争类事件名词数量较多，这组词是从不同角度对战争的概称。"战争"的核心概念意义是发生在多个对象之间的斗争，这里需要先定义三个基本的描写单位：[参事]、[之间]([x])和$_{Gs}$[斗争]。[参事]是一个维度特征基因，相当于动词的一个语义格，表示动作行为参与的各方，无法区分施、受事，或者互为施、受事的情况。[之间]([x])是一个特殊

285

的函数，之所以说它特殊，是因为它跟其他函数不一样，不表示词义的特征维度，而是作为其他维度特征函数的一个复合赋值基因，例如：［参事］（［之间］（［双方］））。

先描写基因簇$_{Gs}$［斗争］：

【斗争】❶矛盾的双方互相冲突，一方力求战胜另一方：阶级~｜思想~｜跟帝国主义作坚决的~。

$S_{斗争}$＝{［事件］：{［内容］（［冲突］）}＋{［参事］（［之间］（［双方］））}＋{［目的］（$_{Gs}$［取胜］）}}

对其他几个词，四部词典的释义各有侧重，我们综合参考，选取关键维度特征描写如下：

$S_{战争}$＝{［事件］：{［内容］（$_{Gs}$［斗争］）}＋{［参事］（［之间］（［国家］$\lor_{Gs}$［民族］$\lor_{Gs}$［阶级］$\lor_{Gs}$［集团］of［政治］）））}＋{［目的］（［政治］）}＋{［方式］（［武力］）}＋{［规模］（［大］）}}

$S_{战斗}$＝{［事件］：{［内容］（［冲突］）}＋{［参事］（［之间］（［双方］：［关系］（$_{Gs}$［敌对］）））}＋{［方式］（［武力］）}}

$S_{战役}$＝{［事件］：{［内容］（$_{Gs}$［战争］）}＋{［形式］（［系列］）}＋{［时间］：［区间］（［相同］）}＋{［处所］：［范围］（［相同］）}＋{［目的］（［相同］）}}

$S_{战事}$＝{［事件］：{［内容］（［活动］$\land$［事务］）}＋{［关涉］（$_{Gs}$［战争］）}}

$S_{战火}$＝{［事件］：{［内容］（$_{Gs}$［战争］）}＋{［结果］（［破坏］$\land_{Gs}$［祸害］）}}

2. {打仗，死仗，硬仗，胜仗，败仗}

词典释义：

【打仗】进行战争；进行战斗。

【死仗】硬仗。

【死仗】拼死决定输赢或决定生死存亡的战斗。（《商务国际》）

【死仗】不顾生命、拼死到底的战斗。（《大词典》）

【硬仗】正面硬拼的战斗：打～。

【硬仗】双方实力相当，需要付出很大代价的战斗。(《规范 3》)

【硬仗】正面硬拼、艰苦激烈的战斗。(《商务国际》)

【硬仗】正面硬拼的战斗；双方实力不相上下，需要付出很大代价才能取胜的战斗。(《大词典》)

【胜仗】打赢了的战役或战斗：打了一个大～。

【败仗】失利的战役或战斗：打～。

分析：这组词侧重描写战争某个维度的特征，如进行的情况或结果。对"死仗""硬仗"二词，四部词典的释义差异较大。综合参考各词典释义，这组词义描写如下：

$S_{打仗}=\{[事件]：\{[内容](_{Gs}[战争]\wedge_{Gs}[战斗])\}\}$

$S_{死仗}=\{[事件]：\{[内容](_{Gs}[战斗])\}+[影响]([[输]\vee[赢]]\vee[[生]\vee[死]]\}+\{[强度]([激烈])\}\}$

$S_{硬仗}=\{[事件]：\{[内容](_{Gs}[战斗])\}+[方式]([正面]\}+\{[强度]([激烈])\}+\{[过程]([艰苦])\}+\{[代价]([大])\}\}$

$S_{胜仗}=\{[事件]：\{[内容](_{Gs}[战斗]\vee_{Gs}[战役])\}+\{[结果]([赢])\}\}$

$S_{败仗}=\{[事件]：\{[内容](_{Gs}[战斗]\vee_{Gs}[战役])\}+\{[结果]([输])\}\}$

3.｛巷战，海战，空战｝

词典释义：

【巷战】在城镇街巷内进行的战斗。

【海战】敌对双方海军兵力在海洋上进行的战役或战斗。

【空战】用飞机在空中进行的战斗。

分析：这组词侧重指战斗的具体方式，包括地点和工具等特征维度。词义描写如下：

$S_{巷战}=\{[事件]：\{[内容](_{Gs}[战斗])\}+[处所](_{Gs}[街道]\wedge_{Gs}[巷子]\}\}$

$S_{海战}=\{[事件]:\{[内容](_{Gs}[战斗])\}+[参事]([之间](_{Gs}[海军]of[双方]:[关系](_{Gs}[敌对])))\}+[处所](_{Gs}[海洋])\}$

$S_{空战}=\{[事件]:\{[内容](_{Gs}[战斗])\}+[参事]([之间](_{Gs}[飞机]of[双方]:[关系](_{Gs}[敌对])))\}+[处所]([天空])\}$

综合以上各组，得到战争类事件名词核心词义基因集：\{[参事]，[之间]，[双方]，[事件]，[内容]，[冲突]，[目的]，[国家]，[政治]，[方式]，[武力]，[规模]，[大]，[关系]，[形式]，[系列]，[时间]，[区间]，[相同]，[处所]，[范围]，[目的]，[事务]，[关涉]，[结果]，[破坏]，[影响]，[输]，[赢]，[生]，[死]，[强度]，[激烈]，[正面]，[强度]，[激烈]，[过程]，[艰苦]，[代价]，[天空]\}，以及部分基因集留待进一步分析：$_{Gs}$[取胜]、$_{Gs}$[民族]、$_{Gs}$[阶级]、$_{Gs}$[集团]、$_{Gs}$[敌对]、$_{Gs}$[街道]、$_{Gs}$[巷子]、$_{Gs}$[飞机]。

（四）会展庆典类事件名词

1. \{会议，大会，年会，例会，盛会，晚会\}

词典释义：

【会议】❶有组织有领导地商议事情的集会：全体～｜工作～。（《现汉7》《大词典》）

【会议】由有关组织召开的听取情况、讨论问题和布置工作的集会。（《规范3》）

【会议】为商讨事情而组织的集会。（《商务国际》）

【大会】❶国家机关、团体等召开的全体会议。❷人数众多的群众集会：庆祝～。

【年会】(社会团体等)一年一度举行的集会。

【例会】按照规定定期举行的会。

【盛会】盛大的会：团结的～。

【晚会】晚上举行的以文娱节目为主的集会：联欢～｜篝火～。

分析："集会"类概念有几个关键要素——参与人、时间或周期、规模、目的。该类事件名词知识域基本描写框架可定义为｛［活动］：｛_{Gs}［集会］：｛［参事］（［a］）｝+｛［时间］（［b］）｝+｛［周期］（［c］）｝+｛［规模］（［d］）+｛［目的］（［e］）｝｝｝。先根据词典释义描写其核心基因簇_{Gs}［集会］：

【集会】集合在一起开会。

【开会】若干人聚在一起议事、联欢、听报告等。

$S_{集会}$=｛［活动］：｛［聚集］：｛［参事］（［人］：［数量］（［若干］））｝+｛［目的］（_{Gs}［议事］∨_{Gs}［联欢］∨［听］（_{Gs}［报告］））｝｝｝

根据以上域框架，对这组词义进行描写。其中"会议"在四部词典中释义差异较大，综合选取其中的重要维度特征加以描写。

$S_{会议}$=｛_{Gs}［集会］：｛［参事］（［u］）｝+｛［目的］（_{Gs}［议事］∨［听］（［情况］）∨_{Gs}［安排］（工作））｝｝

$S_{大会❶}$=｛_{Gs}［集会］：｛［参事］（［成员］：｛［规模］（［全体］）｝）｝+｛［范围］（_{Gs}［机关］∨_{Gs}［团体］）｝｝

$S_{大会❷}$=｛_{Gs}［集会］：｛［参事］（［群众］：｛［数量］（［多］）｝）｝

$S_{年会}$=｛_{Gs}［集会］：｛［范围］（［团体］）｝+｛［周期］（_{Gc}［每年］）｝｝

$S_{例会}$=｛_{Gs}［集会］：｛［周期］（［固定］）｝｝

$S_{盛会}$=｛_{Gs}［集会］：｛［规模］（［盛大］）｝｝

$S_{晚会}$=｛_{Gs}［集会］：｛［时间］（［夜晚］）｝+｛［目的］（_{Gs}［联欢］）｝｝

2.｛展览，画展，花展｝

词典释义：

【展览】陈列出来供人观看：~会｜摄影~。

【画展】绘画展览会。

【花展】花卉展览：牡丹~。

这组词的词义结构简单，直接描写如下：

$S_{展览}$=｛［活动］：｛［陈列］（［u］）｝+｛［目的］（［参观］（［施事］（［人］）））｝｝

$S_{画展}$=｛_{Gs}［展览］：_{Gs}［展品］（_{Gs}［画作］）｝

$$S_{花展} = \{_{Gs}[展览]:_{Gs}[展品](_{Gs}[花卉])\}$$

3. {典礼，庆典，盛典，大典}

词典释义：

【典礼】郑重举行的仪式，如开幕典礼、结婚典礼、毕业典礼等。

【典礼】隆重的仪式。(《规范3》)

【典礼】正式的仪式。(《商务国际》)

【典礼】❸指某些隆重的仪式。(《大词典》)

【庆典】隆重的庆祝典礼。

【盛典】盛大隆重的典礼：天安门广场举行国庆~。

【大典】隆重的典礼(指国家举行的)：开国~。

分析：这组词词义差别比较细微，四部词典的解释各不一样。综合描写如下：

$$S_{典礼} = \{[仪式]:[形式]([正式])\}$$

$$S_{庆典} = \{_{Gs}[典礼]:[目的]([庆祝])\}$$

$$S_{盛典} = \{_{Gs}[典礼]:[规模]([盛大])\}$$

$$S_{大典} = \{_{Gs}[典礼]:[气氛]([隆重])\}$$

4. {婚礼，葬礼，祭礼}

词典释义：

【婚礼】结婚仪式：举行~。

【葬礼】殡葬仪式：举行~。

【祭礼】❶祭祀或祭奠的仪式。

$$S_{婚礼} = \{[仪式]:[目的](_{Gs}[结婚])\}$$

$$S_{葬礼} = \{[仪式]:[目的](_{Gs}[殡葬])\}$$

$$S_{祭礼} = \{[仪式]:[目的](_{Gs}[祭祀] \vee _{Gs}[祭奠])\}$$

综合以上各组，得到会展庆典类事件名词核心词义基因集：{[活动]，[聚集]，[参事]，[时间]，[周期]，[规模]，[目的]，[数量]，[若干]，[安排]，[成员]，[规模]，[全体]，[范围]，[群众]，[固定]，[盛大]，[夜晚]，[陈列]，[参观]，[仪式]，[正式]，[庆祝]，[气氛]、[隆重]}，以及多个有待继续分析的基因簇$_{Gs}$[议事]、$_{Gs}$[联欢]、$_{Gs}$[报告]、$_{Gs}$[团体]、$_{Gs}$[机关]、$_{Gs}$[展品]、$_{Gs}$[画作]、$_{Gs}$[花卉]、$_{Gs}$[结婚]、$_{Gs}$[殡葬]、$_{Gs}$[祭祀]、$_{Gs}$[祭奠]。

以上归纳的各小类核心词义基因集中存在很多重复的成分，重复的部分在最后汇总优化的时候再予以剔除。遗留的词义基因簇会随着整个工程的推进，在工程的不同阶段展开分析。

第三节 现代汉语动词的词义基因提取

一、动词的分类与分析样本的选取

(一)汉语动词的再分类

跟名词的再分类一样，汉语动词的再分类也有很多不同的观点。分类主要是从语法和语义两个角度进行的。

(1)黎锦熙(1924：122-134)从意义角度，将动词分为四类。

①外动词："动作外射，及于他物。"下面又细分为八个小类：处分事物、经验方法、交接物品、交涉人事、认定名义、变更事物、情意作用、表示关系。

②内动词："动作内凝，止乎自身。"下面又细分为五个小类：通常动作、关系他物、自身变现、情意作用(兼作外动词)、表示存在。

③同动词："没有动态，只有动性。"又细分为两小类：表示决定、表示推较。

④助动词："帮助动词，占其一部。"有前附和后附两小类。其中前附助动词再分为七种：表可能、表意志、表当然、表必然、表或然、表被性、表趋势；后附助动词再分为三种：表可能、表完成、表持续。

(2)朱德熙(1982：58-61)从语法功能的角度，将动词分为六类。

①及物动词：可带真宾语和准宾语。

②不及物动词：只能带准宾语。

③体宾动词：只能带体词性宾语。

④谓宾动词：可带体词性宾语和谓词性宾语。

⑤名动词：可以充当宾语。

⑥助动词：只能带谓词性宾语，不能带体词性宾语。

（3）王洪轩（1987）按照动词的语义特征，从多个方面对动词进行分类。

①动态特征：分为静态动词和动态动词。

②方向性特征：分为内向动词、外向动词和双向动词。

③参与者特征：分为群体动词和个体动词。

④意愿性特征：分为非意愿动词与意愿动词。

⑤延续性特征：分为瞬间动词与延续动词。

⑥施益性特征：分为非施益性动词与施益性动词。

⑦依附性特征：分为非依附性动词与依附性动词。

（4）马庆株（1992：13）将动词分为自主动词和非自主动词两类，非自主动词又分为变化动词和属性动词两类。

（5）范晓胡、胡裕树（1995：156）从动词配价的角度，在意义自足的最小主谓结构中，按照动词强制要求的句法成分的数量，分为一价动词、二价动词、三价动词。

（6）袁毓林（1998：149-322）扩展了配价理论，从联、项、位、元四个层级讨论动词的配价配位，将动词分为一元、二元、准二元和三元四种配价类型，下面又分若干种配位和配项情况。

（7）郭大方（1994）的《现代汉语动词分类词典》按三个语义层级对动词进行分类，其中第一层分五类：①人体类。②心理类。③社会类。④自然类。⑤综合类。每个一级类下面再分若干二级类和三级类，最终共分出255个三级类。

（8）刘美君、万明瑜（2019）结合框架语义学和构式语法构建的面向中文信息处理的动词词网共描写了八类动词源框架：①情绪类。②感知类。③认知类。④沟通类。⑤评判类。⑥自动类。⑦致使移动类。⑧社交互动类。源框架下面再依次下分初级框架、基本框架和微框架，目前已经涵盖的基本框架类有 80 多个。

(二)动词词义基因信息分析样本的选取

综合各家动词分类观点，我们选取几种有代表性的小类进行词义分析与基因提取：

(1)位移类动词。

(2)动作类动词。

(3)认知类动词。

(4)变化类动词。

二、位移类动词词义分析与词义基因提取

(一){来，去，到达}

词典释义：

【来】❶从别的地方到说话人所在的地方(跟"去"相对)：~往｜~宾｜~信｜从县里~了几个同志。

【去】❶从所在地到别的地方(跟"来"相对)：~路｜~向｜从成都~重庆｜他~了三天，还没回来。

【到达】到了(某一地点、某一阶段)：火车于下午三时~北京。

分析：位移类动词词义有几个关键的要素：起点、终点、方向、参照点，这是空间维度上的要素。此外，还有时间维度上的起点和终点，比如"出发"，说话的当时或话语中所指明的时间点是位移发生的时间起点；而"到达"则是说话的当时或话语中所指明的时间点是位移发生的时间终点。时间维度的这个特征可以单独描写，也可以通过空间维度转换。当位移的空间参照点跟空间起点重合的时候，就表示"出发"；同理，当位移的空间参照点跟空间终点重合的时候，就表示"到达"。"位移"动词词义域框架可表示为：$\{_{Gs}[位移]：\{[起点]([a])\}+\{[终点]([b])\}+\{[方向]$

$([d])\}+\{[参照点]([d])\}+\{[时间起点]([e])\}+\{[时间终点]([f])\}\}$。

核心基因簇$_{Gs}$[位移]需要先描写：

【位移】物体在运动中所产生的位置的移动。

$S_{位移}=\{[变化]:\{[对象]([人]\vee[物])\}+\{[维度]([位置]of[空间])\}\}$

根据以上分析，这组词义描写如下：

$S_{来}=\{_{Gs}[位移]:\{[起点]([u])\}+\{[终点]([处所]of_{Gs}[说者])\}\}$

$S_{去}=\{_{Gs}[位移]:\{[起点]([处所]of_{Gs}[说者])\}+\{[终点]([u])\}\}$

$S_{到达}=\{_{Gs}[位移]:\{[起点]([u])\}+\{[终点]([参照点])\}\}$

基因簇$_{Gs}$[说者]不是固定词，也一并展开描写如下：

$S_{说者}=\{[人]:\{[说]([施事](i))\}$

(二){上升，下降，降落}

词典释义：

【上升】❶由低处往高处移动：一缕炊烟袅袅~。

【下降】从高到低；从多到少：地壳~｜飞机~｜气温~｜成本~。

【降落】❶落下；下降着落：飞机~在跑道上。

描写如下：

$S_{上升}=\{_{Gs}[位移]:\{[起点](_{Gs}[低处])\}+\{[终点](_{Gs}[高处])\}\}$

$S_{下降}=\{_{Gs}[位移]:\{[起点](_{Gs}[高处])\}+\{[终点](_{Gs}[低处])\}\}$

$S_{降落}=\{_{Gs}[位移]:\{[起点](_{Gs}[高处])\}+\{[方向]([下])\}\}$

基因簇$_{Gs}$[高处]、$_{Gs}$[低处]一并描写如下：

$S_{高处}=\{[处所]:[位置]([高])\}$

$S_{低处}=\{[处所]:[位置]([低])\}$

(三){进来，进去，出来，出去}

词典释义：

【进来】❶从外面到里面来：你~，咱们俩好好谈谈心。｜门开着，谁都进得来；门一关，谁也进不来。

【进去】❶从外面到里面去：你~看看，我在门口等着你。｜我有票，进得去；他没票，进不去。

【出来】❶从里面到外面来：出得来｜出不来｜你~，我跟你说句话。

【出去】❶从里面到外面去：出得去｜出不去｜多~走走，呼吸点新鲜空气。

分析：前面两组词没有用到[参照点]这个特征维度，这一组不同，[参照点]在这组词义中是关键的一个特征维度。描写如下：

$$S_{进来} = \{_{Gs}[位移]：\{[起点](_{Gs}[外面])\}+\{[终点](_{Gs}[里面])\}+\{[参照点](_{Gs}[里面])\}\}$$

$$S_{进去} = \{_{Gs}[位移]：\{[起点](_{Gs}[外面])\}+\{[终点](_{Gs}[里面])\}+\{[参照点](_{Gs}[外面])\}\}$$

$$S_{出来} = \{_{Gs}[位移]：\{[起点](_{Gs}[里面])\}+\{[终点](_{Gs}[外面])\}+\{[参照点](_{Gs}[外面])\}\}$$

$$S_{出去} = \{_{Gs}[位移]：\{[起点](_{Gs}[里面])\}+\{[终点](_{Gs}[外面])\}+\{[参照点](_{Gs}[外面])\}\}$$

基因簇$_{Gs}$[里面]、$_{Gs}$[外面]一并描写如下：

$$S_{里面} = \{[处所]：[位置]([里])\}$$

$$S_{外面} = \{[处所]：[位置]([外])\}$$

(四){转移，迁移，搬迁，挪动}

词典释义：

【转移】❶改换位置，从一方移到另一方：~阵地｜~方向｜~目标｜~视线｜游击队~了。

【转移】❶改换方向或位置：~视线｜~阵地(《规范3》)

【迁移】离开原来的所在地而另换地点：~户口｜工厂由城内~到郊区。

【搬迁】迁移：~户｜~新居

【搬迁】迁移，特指住所或单位迁移：这里要盖大楼，整条胡同的住户都要~。(《规范3》)

【挪动】移动位置：往前~了几步｜把墙边儿的东西~一下，腾出地方放书架。

【挪动】缓慢地移动位置。(《规范3》)

分析：按《现汉7》的释义，这组词义几乎无法彼此区分。《规范3》的释义更为具体，能体现各词词义的细微差异。综合两者，描写如下：

$S_{转移} = \{[变化]：\{[对象]([人]\lor[物])\} + \{[维度]([位置]\lor[方向])\}\}$

$S_{迁移} = \{_{Gs}[位移]：\{[起点]([原地])\} + \{[终点]([u])\}\}$

$S_{搬迁} = \{_{Gs}[转移]：[对象](_{Gs}[住所]\lor[单位])\}$

$S_{挪动} = \{_{Gs}[位移]：\{[速度]([慢])\}\}$

三、动作类动词词义分析与词义基因提取

(一) {打，拍，碰，撞，敲}

词典释义：

【打】❶用手或器具撞击物体：~门｜~鼓｜~铁。

【拍】❶用手掌打：~球｜~手｜~掉身上的土。

【碰】❶运动着的物体跟别的物体突然接触：~杯｜不小心腿在门上~了一下。

【撞】❶运动着的物体跟别的物体猛然碰上：~钟｜别让汽车~上。

【敲】❶在物体上面打，使发出声音：~门｜~锣打鼓。

分析：这是一组手部动作动词。对于人体动作动词，指明了发出的动作的身体部位的，我们把身体部位归入[参事]维度而不是[施事]。[施事]的值是发出动作的人，而不是具体的身体部位。

"打"是一个很难定义的概念。考察多部词典释义(此处不一一列举)发现，"打""拍""碰""撞""敲"几个词之间大多是反复循环释义。相比而言，"碰""撞"的释义相对于其他几个词而言独立性大一些，我们先解析这两个词，然后用它们作为词义基因去描写其他词。描写如下：

S$_碰$＝{[动作]：{[接触]：{[参事]([物]：[数量]([2]))}+{[时间]($_{Gc}$[极短])}}}

S$_撞$＝{[动作]：{$_{Gs}$[碰]：[力量]([大])}}

S$_打$＝{[动作]：{$_{Gs}$[撞]：[参事]([手])∨[工具]([器具])}}

S$_拍$＝{[动作]：{$_{Gs}$[打]：[参事]($_{Gs}$[手掌])}}

S$_敲$＝{[动作]：{$_{Gs}$[打]：{[受事]([表面]of[物])}+{[目的]([制造]([声音]))}}}

基因链$_{Gc}$[极短]和基因簇$_{Gs}$[手掌]一般描写如下：

S$_{极短}$＝{[度量]：{[维度]([时间]∨{[空间]：[维度]([1])})+{[值]([小])}+{[程度]([极端])}}

S$_{手掌}$＝{[部分]：{[构成]([u]of[人体])}+{[部位]([正面]of[手])}}

(二){踢，踹，踩}

词典释义：

【踢】❶抬起腿用脚撞击：~球｜~毽子｜小心牲口~人。

【踹】❶脚底向外踢：一脚就把门~开了｜小马蹄子只顾乱~。

【踩】脚底接触地面或物体：当心~坏了庄稼。

分析：这一组词表示脚部动作，其中"踢"是一个复合动作，由"抬腿"和"用脚撞"两个连续动作构成，有时间先后。描写如下：

S$_踢$＝{[动作]：{[抬]：[参事]([腿])<$_{Gs}$[撞]：[参事]([脚])}}

S$_踹$＝{$_{Gs}$[踢]：{[参事]([底部]of[脚])}+{[方向]([外])}}

S$_踩$＝{[动作]：{[接触]：[参事]([底部]of[脚])}+{[目标]($_{Gc}$[地面])∨[物体]}}

(三){点头，回首}

词典释义：

【点头】头微微向下一动，表示允许、赞成、领会或打招呼：点了下头｜他听他说得有理，不由得连连~。

297

【回首】❷把头转向后方。

分析：头部动作动词。描写方式与以上几组类似。

$S_{点头}=\{[动作]:\{[移动]:\{[参事]([头])\}+\{[方向]([下])\}+\{[功能](_{Gs}[同意]\vee _{Gs}[问候])\}\}$

$S_{回首}=\{[动作]:\{[移动]:\{[参事]([头])\}+\{[方向]([后])\}\}\}$

（四）{飞，游泳，潜水，爬}

词典释义：

【飞】❶(鸟、虫等)鼓动翅膀在空中活动：～蝗|鸟～了。❷利用动力机械在空中行动：～行|明天有飞机～上海。

【游泳】❶人或动物在水里游动。

【潜水】进入水面以下：～衣|～艇|～员。

【爬】❶昆虫、爬行动物等行动或人用手和脚一起着地向前移动：蝎子～进了墙缝。|这孩子会～了。❷抓着东西往上去；攀登：～树|～绳|～山◇墙上～满了藤蔓。

分析：这一组是表示全身动作的动词，动作的发出者是[施事]，除少部分指出多个身体部位(如"爬")外，大多数不指出动作的身体部位，即[参事]。描写如下：

$S_{飞}=\{[动作]:\{[移动]:\{[施事]([动物]\vee [器具])\}+\{[处所]([空中])\}\}$

$S_{游泳}=\{[动作]:\{[移动]:\{[施事]([动物]\vee [人])\}+\{[处所](_{Gc}[水中])\}\}$

$S_{潜水}=\{[动作]:\{_{Gs}[进入]:\{[施事]([动物]\vee [人])\}+\{[处所](_{Gc}[水下])\}\}$

类词基因链$_{Gc}[水面]$、$_{Gc}[水中]$、$_{Gc}[水下]$、$_{Gc}[地面]$在词义分析中经常用到，一并描写如下：

$S_{水面}=\{[处所]:[位置]([表面]of[水体])\}$

$S_{水中}=\{[处所]:[位置]([内部]of[水体])\}$

$S_{水下}=\{[处所]:[位置]([下面]of[水体])\}$

$$S_{地面} = \{[处所]: [位置]([表面]of[地球])\}$$

"空中"的结构与"水中""地面"类似，但是"水"和"地"都有实体、有边界，可以用方位词具体描写，但是"空"是虚无的，涉及"空"的方位，永远只能在"里中"，不可能是在"表面""下面"。因此"空中"是不可定义的，所以把[空中]直接约定为一个词义基因。

四、认知类动词词义分析与词义基因提取

（一）{思考，思索，考虑，斟酌}

词典释义：

【思考】进行比较深刻、周到的思维活动：独立～。

【思索】思考探求：～问题｜用心～

【考虑】思索问题。以便做出决定：这个问题让我～一下再答复你。

【斟酌】考虑事情、文字等是否可行或是否适当：再三～｜～字句。

分析："思维"是一种复杂的心理过程，涉及人类的感知和一切认知或智力活动，是解释其他认知活动的基点。"思维"的词义也很难分解，沿词典释义不断递归分析下去，只会越来越复杂，因此我们约定[思维]作为描写认知类词义的词义基因。描写如下：

$$S_{思考} = \{[[活动]of[认知]]: \{[思维]: [方式](_{Gs}[深刻] \wedge_{Gs} [严密])\}\}$$

$$S_{思索} = \{[[活动]of[认知]]: [构成]([思维] \wedge_{Gs} [探索])\}\}$$

$$S_{考虑} = \{[[活动]of[认知]]: \{_{Gs}[思索]: [对象]([问题])\}\}$$

$$S_{斟酌} = \{[[活动]of[认知]]: \{_{Gs}[考虑]: [方式]([反复])\}\}$$

（二）{想象，推测，推断，估计，猜测}

词典释义：

【想象】❶心理学上指在知觉材料的基础上，经过新的配合而创造出新形象的心理过程。❷对于不在眼前的事物想出它的具体形象；设想：不

难~｜~不出。

【推测】根据已经知道的事情来想象不知道的事情：无从~。

【推断】推测断定：正确地分析中国革命的历史和现状，才能~革命的将来。

【估计】根据某些情况，对事物的性质、数量、变化等做大概的推断。

【猜测】推测；凭想象估计：这件事一点儿线索也没有，叫人很难~。

分析：这一组词义的基点是"想象"，先描写它，然后用基因簇$_{Gs}$［想象］继续描写其他词义。"想象"也是一种思维活动。根据上一组分析，描写如下：

$S_{想象}$＝｛［思维］：｛［［目的］∨［结果］］（［创造］（［受事］（［形象］）））｝＋｛［依据］（｛［材料］：［来源］（［感知］）｝∨｛［事物］：｛［处所］（$_{Gs}$［他处］）｝）｝＋｛［领域］（［心理］）｝｝

$S_{推测}$＝｛［思维］：｛$_{Gs}$［想象］：｛［对象］（［事物］：［性质］（［未知］））｝＋｛［依据］（［事物］：［性质］（［已知］））｝＋｛［方式］（［分析］）｝｝

$S_{推断}$＝｛［思维］：｛［获得］（［结论］）｝＋｛［方式］（$_{Gs}$［推测］）｝｝

$S_{估计}$＝｛［思维］：｛$_{Gs}$［推断］：｛［对象］（［［性质］∨［数量］∨［变化］］of［事物］））｝＋｛［依据］（［情况］：［性质］（［已知］））｝＋｛［方式］（［大概］）｝｝｝

$S_{猜测}$＝｛［思维］：｛$_{Gs}$［推测］：［依据］（$_{Gs}$［想象］）｝｝

（三）｛以为，认为，感到，觉得｝

词典释义：

【以为】认为：不~然｜不~苦，反~乐。

【认为】对人或事物确定某种看法，做出某种判断：我~他能担任这项工作。

【感到】觉得。

【觉得】❷认为（语气较不肯定）：我~应该先跟他商量一下。

分析：这组词义的核心是"判断"。"判断"也是一种基本的思维形式，难以定义，约定为词义基因[判断]。描写如下：

$$S_{以为} = S_{认为} = \{[思维]: \{[判断]: [对象]([人] \vee [事物])\} \wedge \{_{Gc}[使确定]([看法])\}\}$$

$$S_{感到} = S_{觉得} = \{[思维]: \{_{Gs}[认为]: [语气](![肯定])\}\}$$

这里用到一个类词基因链$_{Gc}$[使确定]，这种表使役意义的结构在动词词义描写中用得较多。使役义知识域框架可表示为：

$$\{[使役]: \{[施事]([a])\} + \{[受事]([b])\} + \{[结果]([X])\}\}，其$$
中[X]是使役义的动词意义部分。则$_{Gc}$[使确定]可展开描写为：

$$S_{使确定} = \{[使役]: \{[施事]([u])\} + \{[受事]([b])\} + \{[结果]([确定])\}\}$$

在词义描写中，为了使基因结构式表述简单，将使役义结构简化为一个函数：$_{Gc}$[使 X]([b])。

(四){了解，认识，知道，理解，懂}

词典释义：

【了解】❶知道得清楚。

【认识】❶能够确定某一人或事物是这个人或事物而不是别的：我~他。|他不~这种草药。

【知道】对于事实或道理有认识：他~的事情很多。|你的意思我~。

【理解】懂；了解：你的意思我完全~。

【懂】知道；了解：~事|~英语|他的话我听~了。

分析：这组词义的核心是"知道"，类似上面几组的分析，这个词也难以定义，直接约定为词义基因[知道]。描写如下：

$$S_{了解} = \{[[活动]of[认知]]: \{[知道]: [性质]([清楚])\}\}$$

$$S_{理解} = \{[[活动]of[认知]]: \{[知道]: [性质]([清楚])\}\}$$

$$S_{懂} = \{[[活动]of[认知]]: \{[知道]: [性质]([清楚])\}\}$$

$$S_{认识} = \{[[活动]of[认知]]: \{[区分]([人] \vee [事物])\} + \{_{Gc}[使确定]([人] \vee [事物])\}\}$$

（五）{想念，惦记，回忆}

词典释义：

【想念】对景仰的人、离别的人或环境不能忘怀，希望见到：他们在国外，时时～着祖国。

【惦记】(对人或事物)心里老想着，放不下心。

【回忆】回想：～过去｜童年生活的～。

分析：这是一组表心理活动的动词。心理活动也是思维活动的一种，但有所不同的是，心理活动往往伴随某种情绪或情感。这种情绪或情感是心理活动动词概念意义的一部分，一般不能用表示情绪、情感之外的词义成分来进一步分析。描写如下：

$S_{想念}$＝{[[活动]of[心理]]：{{$_{Gc}$[使保留]([人]∨[事物])}＋{[处所]([记忆])}}∧{{[希望]([见])}＋{[程度]([强])}}}

$S_{惦记}$＝{[[活动]of[心理]]：{[想]：{[对象]([人]∨[事物])}＋{[时间]([持续])}＋{[情绪](!$_{Gs}$[放心])}}}

$S_{回忆}$＝{[[活动]of[心理]]：{[想]：{[对象]({[[人]∨[事物]]：[时间]([过去])}}}}

五、变化类动词词义分析与词义基因提取

（一）{改变，变更，更换，改革}

词典释义：

【改变】❶事物发生显著的差别：随着政治、经济关系的～，人和人的关系也～了。

【变更】改变；变动：～计划｜修订版的内容有些～。

【更换】变换；替换：～位置｜～衣裳｜博物馆里展览品不断～。

【改革】把事物中旧的不合理的部分改成新的、能适应客观情况的：土地～｜文字必须在一定条件下加以～。

　　分析：变化类动词表示的是某种事件，核心概念意义是"变"，约定[变化]为词义基因。"变化"涉及变之前和之后的情况，即事物的起始状态和终止状态。这个知识域框架可表示为：{[事件]：{[变化]：{[参事]([a])}+{[状态]([始]([a])∧[终]([b]))}}}描写如下：

　　S$_{改变}$={[事件]：{[变化]：{[参事]([人]∨[事物]}+{[程度]([显著])}}}

　　S$_{变更}$={[事件]：{[变化]：[参事]([人]∨[事物])}}

　　S$_{更换}$={[事件]：{$_{Gs}$[改变]∧$_{Gs}$[替换]}}

　　S$_{改革}$={[事件]：{[变化]：{[参事]([事物])}+{[状态]([始]([旧]∧![合理])∧[终]([新]∧[合理]))}}}

（二）{演变，演化，变迁}

词典释义：

【演变】发展变化(指历时较久的)：宇宙间一切事物都是不断~的。

【演化】演变(多指自然界的变化)：生物的~。

【变迁】情况或阶段的变化转移：陵谷~｜人事~｜时代~。

　　分析：这组词表示自然或社会比较大的变化，历时长、变化显著。描写如下：

　　S$_{演变}$={[变化]：{[参事]([事物])}+{[时间]([长])}+{[结果]([发展])}}

　　S$_{演化}$={[变化]：{[参事]([自然])}+{[时间]([长])}+{[结果]($_{Gs}$[进化])}}

　　S$_{变迁}$={[变化]：{[参事]([情况]∨[阶段])}+{[时间]([长])}}

（三）{扩展，膨胀，延伸}

词典释义：

【扩展】向外伸展；扩大：五年内全省林地将~到一千万亩。

【膨胀】❶由于温度增高或其他因素，物体的长度或体积增加。❷借指某些事物扩大或增长：通货~。

【延伸】延长；伸展：这条铁路一直~到国境线。

分析：表示空间维度上量的增加。描写如下：

$S_{扩展}$＝｛［变化］：｛［参事］（［范围］）｝＋｛［状态］（［终］（［大］）｝＋｛［方向］（［外］）｝｝

$S_{膨胀}$＝｛［变化］：｛［参事］（［空间］：（［维度］（［1］∨［3］）））｝＋｛［状态］（［终］（［大］）｝＋｛［原因］（$_{Gs}$［加热］∨［u］）｝｝

$S_{延伸}$＝｛［变化］：｛［参事］（［空间］：（［维度］（［1］））））｝＋｛［状态］（［终］（［大］）｝｝

（四）｛增加，递增，缩小｝

词典释义：

【增加】在原有的基础上加多：~品种｜~抵抗力｜在校学生已由八百~到一千。

【递增】一次比一次增加。

【缩小】使由大变小：~范围。

分析：表示某物理量的大小变化。描写如下：

$S_{增加}$＝｛［变化］：｛［参事］（［数量］）｝＋｛［状态］（［终］（［大］））｝｝

$S_{递增}$＝｛［变化］：｛［参事］（［数量］）｝＋｛［状态］（［终］（［大］）｝＋｛［方式］（$_{Gs}$［逐次］）｝｝

$S_{缩小}$＝｛［变化］：｛［参事］（［u］）｝＋｛［状态］（［始］（［大］）∧［终］（［小］））｝｝

（五）｛巩固，加强，弱化｝

词典释义：

【巩固】使坚固：~工农联盟。

【加强】使更坚强或更有效：~团结｜~领导｜~政治思想教育｜组织~了。

【弱化】变弱；使变弱：优势～。

分析：表示强度的变化。这是一组使役动词，可用使役义框架嵌套变化框架描写：

$$S_{巩固}=\{[使役]:\{[施事]([u])\}+\{[受事]([u])\}+\{[结果]([变化]:[状态]([终](_{Gs}[坚固])))\}\}$$

$$S_{加强}=\{[使役]:\{[施事]([u])\}+\{[受事]([u])\}+\{[结果]([变化]:[状态]([终]([强]\vee_{Gs}[有效])))\}\}$$

$$S_{弱化}=\{[使役]:\{[施事]([u])\}+\{[受事]([u])\}+\{[结果]([变化]:[状态]([终]([弱])))\}\}$$

归并以上各组，得到动词意义描写的部分核心词义基因：{[起点]，[终点]，[方向]，[参照点]，[变化]，[对象]，[人]，[物]，[动物]，[维度]，[位置]，[施事]，[受事]，[参事]，[空间]，[处所]，[说]，[高]，[低]，[里]，[外]，[上]，[下]，[表面]，[内部]，[下面]，[对象]，[单位]，[速度]，[慢]，[快]，[动作]，[接触]，[数量]，[力量]，[手]，[工具]，[器具]，[表面]，[目的]，[制造]，[声音]，[度量]，[值]，[小]，[程度]，[极端]，[部分]，[构成]，[人体]，[部位]，[正面]，[抬]，[腿]，[脚]，[底部]，[接触]，[目标]，[物体]，[头]，[功能]，[空中]，[水体]，[地球]，[思维]，[活动]，[认知]，[方式]，[构成]，[对象]，[反复]，[结果]，[创造]，[形象]，[依据]，[材料]，[来源]，[感知]，[领域]，[心理]，[未知]，[已知]，[分析]，[获得]，[结论]，[情况]，[大概]，[看法]，[语气]，[肯定]，[知道]，[清楚]，[区分]，[记忆]，[希望]，[见]，[程度]，[强]，[情绪]，[持续]，[过去]，[变化]，[始]，[终]，[显著]，[旧]，[新]，[合理]，[发展]，[情况]，[阶段]，[数量]，[弱]}，以及部分基因簇_{Gs}[他处]、_{Gs}[深刻]、_{Gs}[严密]、_{Gs}[探索]、_{Gs}[放心]、_{Gs}[严密]、_{Gs}[同意]、_{Gs}[问候]、_{Gs}[住所]、_{Gs}[进化]、_{Gs}[逐次]、_{Gs}[坚固]、_{Gs}[有效]留待进一步分析。

第四节 现代汉语形容词的词义基因提取

一、形容词的分类与分析样本的选取

(一)汉语形容词的再分类

跟名词与动词相比,汉语形容词的次类划分相对而言分歧小一些。

(1)黎锦熙(1924:149-164)按意义将形容词分为四类。

①性状形容词:"区别实体事物之性状、形状或程度。"下分四小类:表性质、表状态、表形体、表程度。

②数量形容词:"区别实体事物之数目或分量。"下分两小类:定数词、不定数词。

③指示形容词:"区别实体事物之所在或范围。"下分七小类:近指、远指、承前指、不定指或需指、统指、逐指、别指。

④疑问形容词:"区别实体事物之种类、性状或数量。"下分三小类:普通的、选择的、数量的。

实际上,按现在的汉语词类划分方法,上述第②类相当于现在的数词,第③类相当于指示代词,第④类相当于疑问代词。

(2)朱德熙(1982:72)将形容词分为性质形容词与状态形容词两类。

(3)吕叔湘(1979:38)认为汉语动词和形容词之间界限不清楚,能作谓语的形容词可以并入动词类,作为一个小类,不能作谓语的,单立为非谓形容词。

(4)胡明杨(1991)将形容词分为四类:性质形容词、情状形容词、非谓形容词、唯谓形容词。胡明杨(1996)又提出非定形容词。

目前来讲,状态、性质、非谓这三个形容词次类是大家普遍接受的共识。其他学者在形容词次类划分上也从多个角度进行了探索。

(5)邵炳军(1999)提出按多元标准对形容词划分次类:

①按抽象意义，可划分为四个次类：性质形容词、状态形容词、性状形容词与形状形容词。

②按形容词与副词的关系，分为两个次类：非程度形容词与程度形容词。

③按功能意义，分为非谓形容词与唯谓形容词。

④按语法形态，分为非形态形容词与形态形容词。

(6)韩玉国(2001)将形容词分为五类：①性质形容词。②情状形容词。③非谓形容词。④唯谓形容词。⑤复杂形容词。

现代汉语形容词研究中，鲜见单独讨论词义的，大多是从功能和用法出发，重在探讨形容词的词法和句法表现。本书旨在探讨词义描写的方法，虽然不能完全回避词法和句法的讨论，但这不是我们主要考察的对象。因此，综合各家分类观点，按形容词的语义性质，分物性形容词、人性形容词、事性形容词三个类别选取部分典型词为样本。下面仅简要介绍选词的基本范围，对这几类形容词的语义、语法、功能、认知等方面的特征拟另文专论，此处不具体展开。

(1)物性形容词：描写事物稳定性或临时性物理特征的形容词，如大小、形状、颜色、味道、新旧、价值评判等。

(2)人性形容词：描写人的外在和内在性质与状态的形容词，如年龄、外貌、品性、才干等。

(3)事性形容词：描写事件产生、发展、变化、结果等各个阶段的性质与状态的形容词，如速度、时间、持续、关联等。

当然，这三种分类并不是绝对泾渭分明的。比如，"美丽"既可表事性，也可表人性；"复杂"既可表物性，也可表事性。需要说明的是，有些物性形容词可以描写人体部位或器官的性质与状态，比如"光滑"可以修饰"皮肤"，"明亮"可以修饰"眼睛"，但是我们不把它们归入人性类，因为人体部位仍然属于"物"的范畴。另外一些表人性的形容词，如"忠诚""机灵""高兴"也可用于描写动物，但这是通过"拟人"修辞手法来实现的，因此这些词也不归入物性类。

二、物性形容词词义分析与词义基因提取

(一){乌黑，粉红，绀青，翠绿，焦黄，花白，洁白}

词典释义：

【乌黑】深黑。

【粉红】红和白合成的颜色。

【绀青】黑里透红的颜色。

【翠绿】像翡翠那样的绿色。

【焦黄】黄而干枯的颜色。

【花白】(须发)黑白混杂。

【洁白】没有被其他颜色染污的白色：~的雪花◇~的心灵。

【洁白】纯白，没有一点杂色。(《规范3》)

分析：颜色词是物性形容词的重要部分。颜色词，尤其是基本颜色词很难定义，词典一般用描写性的释义方法——"像……一样的颜色"，如：

【红】①像鲜血或石榴花的颜色：~枣｜~领巾。(《现汉3》)

不但汉语词典这样释义，几部权威的英语词典也是如此，例如：

Red：of the colour of fresh blood or a similar colour. (*Oxford Advanced Learner's Dictionary*)

Red：having the colour of blood. (*Longman Dictionary of Contemporary English*)

Red：having a color resembling that of blood. (*The American Heritage Dictionary of the English Language*)

Red：Something that is red is the colour of blood or fire. (*Collins Cobuild Advanced Learner's English Dictionary*)

这种释义方法的好处是形象直观，比从物理学角度去解释光谱频率更加有利于普通读者对颜色概念的掌握。但是有时候也会给人带来困惑，比如：

【猩红】像猩猩血那样的红色；血红：～的榴火｜木棉盛开时满树～。（《现汉3》）

大多数人并不知道猩猩血的具体颜色形象是怎样的，"猩红""血红"以及"红"三种颜色的区别在哪里。

除这种描写方法外，颜色词的释义模式还有"A色和B色合成""深/浅X色""A色中带(透着)B色"。这几种释义模式的描写框架分别定义如下：

{［颜色］：［比较］（［i]↑［［颜色］of$_{Gs}$［x]]（［相似］））}，变量x为被比较的对象。

{［颜色］：［融合］（［a]∧［b]}，变量a和b表示被融合的两种基色。

{［颜色］：{［x]：［浓度］（［深]∨［浅])}}，变量x表示基色。

{［颜色］：［构成］（［主］（［a]）∨［次］（［b]))，函数［主］（［a]）表示复合颜色构成中主要呈现的颜色，［次］（［b]）表示次要颜色，即看起来"透着"或"带着"的那种微微的颜色。

我们不打算对所有颜色词都进行描写，而是先约定几个基本颜色词作为词义基因：［白］、［黑］、［红］、［绿］、［蓝］、［黄］、［橙］。

根据以上分析，对这组词描写如下：

S$_{乌黑}$={［颜色］：{［黑］：［浓度］（［深])}}

S$_{粉红}$={［颜色］：［融合］（［红]∧［白])}

S$_{绀青}$={［颜色］：［构成］（［主］（［黑])∨［次］（［红])}

S$_{翠绿}$={［颜色］：{［绿］：［比较］（［i]↑［［颜色］of$_{Gs}$［翡翠]]（［相似])))}}

S$_{焦黄}$={［颜色］：{［黄］：［比较］（［i]↑［［颜色］of$_{Gs}$［枯叶]]（［相似])))}}

S$_{花白}$={［颜色］：［混合］（［黑]∧［白])}

S$_{洁白}$={［颜色］：{［白］：［性质］（［纯]∧！$_{Gs}$［污染])}}

这里需要说明的是，"粉红"和"花白"虽然都是由两种颜色合成的，但合成方式不同。"粉红"是两色融合后产生的新色，跟原来的颜色已经不同，所以我们用维度基因［融合］表示；"花白"是两种颜色杂合，彼此没有改变原来的颜色，只是双色混杂在一起，所以我们用维度基因［混合］表示。这两个词义基因表达式结构是一样的，但函数不同。

（二）{椭圆，浑圆，滚圆，扁，弯曲，笔直}

词典释义：

【椭圆】❶在平面上，一个动点 A 到两个定点 F，F' 的距离的和等于一个常数时，这一动点 A 的轨迹就是一个椭圆，两个定点 F，F' 就是椭圆的焦点。

【椭圆】❶数学上指平面上动点到两个定点的距离之和等于一个常数时，该点的运动轨迹。❷长圆形。（《规范 3》）

【椭圆】❶同《规范 3》。❷泛指扁圆、狭长的圆形。（《商务国际》）

【椭圆】长圆形。

【浑圆】很圆：～的珍珠｜～的月亮。

【滚圆】极圆：腰身～的母牛｜两只眼睛睁得～～的。

【扁】图形或字体上下的距离比左右的距离小；物体的厚度比长度、宽度小：～圆｜～体字｜～盒子｜馒头压～了。

【弯曲】不直：小溪弯弯曲曲地顺着山沟流下去。

【笔直】很直：～的马路｜身子挺得～。

分析：这组形容词表示物体的外形。世间万物的形状变化万千，对它们的描写难以归纳统一的框架，但是离不开几个基本的要素：构成单位，有"点""线""面"；空间关系，有"水平""垂直"；基本几何形状，有"方""圆""直""弯""弧"。从这些要素中，我们可以预定义几个核心词义基因：［点］、［线］、［面］、［直］、［方］、［圆］、［水平］、［垂直］。以这些基因为基础，参考词典释义，即可对各种表形状的物性形容词进行语义描写。

词典释义中，"椭圆"一词的释义模式有一定的代表性。《现汉 7》《规范 3》和《商务国际》采用科学术语定义法来解释"椭圆"。"椭圆"并不是一个纯科学的术语，日常语言生活中也经常用到，按科学术语定义法根本无法令读者或听者产生该词所指称的概念形象。而且日常生活中所说的"椭圆"也不一定严格符合几何学上的定义，所以这种方法并不适用于非科学语域。好在《规范3》《商务国际》所收该词的第二个义项都比较适合非科学语域。描写如下：

$$S_{椭圆} = \{[形状]: [圆] \wedge_{Gs} [扁] \wedge [长]\}$$

$$S_{浑圆} = S_{滚圆} = \{[形状]: \{[圆]: [[程度]of[标准]]([高])\}\}$$

$$S_{扁} = \{[形状]: \{[[量值]of[空间]]: [比较]([[垂直] \to [水平]])$$
$$(小)\}\}$$

$$S_{弯曲} = \{[形状]:! [直]\}$$

$$S_{笔直} = \{[形状]: \{[直]: [[程度]of[标准]]([高])\}\}$$

人们对同一个词所指称的日常概念的认知和科学概念之间有时会存在差距，比如上文所讨论的"椭圆"。同样，"圆"和"直"在科学语域中都是绝对概念，即几何图形要么是圆形，要么不是；要么直，要么不直。日常语言中称某物"很圆"或者很直，其实说明它不一定真正"圆"和"直"，只是在描述它跟科学意义上的"圆"和"直"的标准很接近，即其标准化的程度高。所以我们用[[程度]of[标准]]([高])这样一个标准维度函数来描写这种意义。

（三）{高，低，矮，长，短}

【高】❶从下向上距离大；离地面远（跟"低"相对）：~楼大厦｜这里地势很~。

【低】❷从下向上距离小；离地面近（跟"高"相对）：~空｜飞机~飞绕场一周。｜水位降~了。

【矮】❷高度小的：~墙｜~凳儿。

【长】❶两点之间的距离大（跟"短"相对）。a)指空间：这条路很~｜~~的柳条垂到地面。b)指时间：夏季昼~夜短。｜~寿。

【短】❶两端之间的距离小（跟"长"相对）。a)指空间：~刀｜~裤。b)指时间：~期｜夏季昼长夜~。

分析：这组词表示事物一维线性度量值的大小。其中"低"和"矮"有语用差异，"低"可指具体物或抽象物(如地位、水平等)的高度，一般不指人的身材；"矮"可指人的身材或具体物的高度，一般不指抽象事物。词典释义没有明确这一点，我们在词义基因描写中应予以补充。

对一维空间度量值的描写，要用到一个关键的基因簇$_{Gs}$[距离]。我们先描写它：

【距离】❶在空间或时间上相隔：天津~首都约有二百四十里。|现在~唐代已经有一千多年。◇他的看法和你有~。❷相隔的长度：等~。

$$S_{距离} = \{[度量]:[维度]([[空间] \wedge [1]] \vee [时间])\}$$

说明：词义特征基因函数[维度](x)变量x的取值可以是[时间]、[空间]，也可以是[垂直]、[水平]，还可以是具体的数字[1]、[2]、[3]，分别表示一维、二维、三维。这些值可以组合使用，[空间]$\wedge$[1]表示一维空间，[[空间]$\wedge$[1]]$\vee$[时间]表示一维空间或时间。

根据以上分析，这组词义可以描写如下：

$$S_{高} = \{_{Gs}[距离]:\{[维度]([空间] \wedge [垂直])\} + \{[值]([大])\}\}$$

$$S_{低} = \{_{Gs}[距离]:\{[维度]([空间] \wedge [垂直])\} + \{[值]([小]) + [对象]([物])\}\}$$

$$S_{矮} = \{_{Gs}[距离]:\{[维度]([空间] \wedge [垂直])\} + \{[值]([小]) + [对象]([人] \vee [物体])\}\}$$

$$S_{长} = \{_{Gs}[距离]:\{[维度]([[空间] \wedge [1] \wedge [水平]] \vee [时间])\} + \{[值]([大])\}\}$$

$$S_{短} = \{_{Gs}[距离]:\{[维度]([[空间] \wedge [1] \wedge [水平]] \vee [时间])\} + \{[值]([小])\}\}$$

(四){鲜美，清香，甘甜，苦涩，咸津津，辣乎乎，香甜}

【鲜美】❶(菜肴、瓜果等)滋味好。

【清香】清淡的香味：~的松子|晨风吹来野花的~。

【甘甜】甜：尝到了新社会的~。

【苦涩】❶又苦又涩的味道。

【咸津津】(～的)(～儿的)味道略微带点咸。

【辣乎乎】(～的)形容辣的感觉：芥菜疙瘩～的

【香甜】❶又香又甜：这种瓜味道很～。

分析：形容事物味道的词，描写人对食物的感官感觉，包括味觉和嗅觉。人的味觉和嗅觉感知到的基本感觉信息很难描写和定义，具有认知原型性，因此直接定义为词义基因：[酸]、[甜]、[苦]、[辣]、[咸]、[麻]、[涩]、[香]、[臭]。描写如下：

$S_{鲜美}$＝{[味道]：[[味觉]∧[嗅觉]]([好])}

$S_{清香}$＝{[味道]：{[嗅觉]([香])}＋{[浓度]([淡])}}

$S_{甘甜}$＝{[味道]：{[味觉]([甜])}＋{[浓度]([浓])}}

$S_{苦涩}$＝{[味道]：{[味觉]([苦]∧[涩])}}

$S_{咸津津}$＝{[味道]：{[味觉]([咸])}＋{[浓度]([淡])}＋{[修辞]([摹状])}}

$S_{辣乎乎}$＝{[味道]：{[味觉]([辣])}＋{[修辞]([摹状])}}

$S_{香甜}$＝{[味道]：{[嗅觉]([香])}∧{[味觉]([甜])}}

汉语形容词带重叠后缀的表示摹状情况较多，重叠后缀的语义功能分两种：一种仅有摹状的修辞功能，如"辣乎乎""酸溜溜""美滋滋"等；一种在摹状的同时还有程度，如"咸津津""甜丝丝"表示"咸"和"甜"的程度较淡，"香喷喷""臭烘烘"表示"香"和"臭"的程度很浓。

(五){坚硬，坚固，柔软，柔韧}

【坚硬】硬：～的山石。

【坚固】结合紧密，不容易破坏；牢固；结实：阵地～｜～耐用。

【柔软】软和；不坚硬：～体操｜～的毛皮。

【柔韧】软而韧。

这一组词描写受内部结构影响而表现出来的事物物性表象。其中最核心的几个词为"软""硬""韧""脆"。根据词典释义，可以先描写这几个词。

【软】❶物体内部的组织疏松，受外力作用后，容易改变形状(跟"硬"相对)：柔~｜~木｜柳条很~。

【硬】❷物体内部的组织紧密，受外力作用后不容易改变形状(跟"软"相对)：坚~｜~木｜~煤。

【韧】受外力作用时，虽然变形而不易折断；柔软而结实(跟"脆"相对)：坚~｜柔~｜~度｜~性。

【脆】容易折断破碎(跟"韧"相对)：这种纸不算薄，就是太~。

词典对"软""硬"的释义有关于物体内部结构的描写，这部分知识指明事物物性表象产生的原因，属于百科知识。人们在认知这些词义的时候，关注的重点是表象而不是内因。词典对四个同类型词的释义方式也有不同，"韧""脆"的释义并未全部包括这部分也证明了这一点。因此在词义基因描写中，我们可以舍弃这一部分。描写如下：

$$S_{软}=\{[物性]:\{[表象](\{[变]([对象]([形状]))\}+\{[难度]([小])\})\}$$

$$S_{硬}=\{[物性]:\{[表象](\{[变]([对象]([形状]))\}+\{[难度]([大])\})\}$$

$$S_{韧}=\{[物性]:\{[表象](\{[[碎]\vee[断]]([对象]([物]))\}+\{[难度]([大])\})\}$$

$$S_{脆}=\{[物性]:\{[表象](\{[[碎]\vee[断]]([对象]([物]))\}+\{[难度]([小])\})\}$$

由此得到基因簇$_{Gs}[软]$、$_{Gs}[硬]$、$_{Gs}[韧]$、$_{Gs}[脆]$用于描写其他词：

$$S_{坚硬}=\{[物性]:\{[表象](_{Gs}[硬])\}+\{[程度]([大])\}\}$$

$$S_{坚固}=\{[物性]:\{[表象](_{Gs}[硬]\wedge_{Gs}[稳])\}\}$$

$$S_{柔软}=\{[物性]:\{[表象](_{Gs}[软])\}+\{[程度]([大])\}\}$$

$$S_{柔韧}=\{[物性]:\{[表象](_{Gs}[软]\wedge_{Gs}[韧])\}\}$$

这里用到了基因簇$_{Gs}[稳]$，词义结构跟"软""硬"等类似，一并描写如下：

$$S_{稳}=\{[物性]:\{[表象]())\}$$

三、人性形容词词义分析与词义基因提取

(一)｛肥胖，胖，苗条，魁梧，健壮，强健，强壮，结实｝

【肥胖】胖：过度~对健康不利。

【胖】(人体)脂肪多，肉多(跟"瘦"相对)：肥~｜这孩子很~。

【苗条】(女子身材)细长柔美。

【魁梧】(身体)强壮高大：这个战士宽肩膀，粗胳膊，身量很~。

【健壮】强健。

【强健】(身体)强壮：~的体魄。

【强壮】(身体)结实，有力气。

【结实】❶坚固耐用：这双鞋很~。❷健壮：他的身体~。

分析：这一组词描写人的体格外貌，属于人性的外在表象。其中"健壮""强健""强壮""结实"几个词之间存在较为严重的循环释义现象。经过分析比较发现，"健壮""强健""强壮"都是建立在"结实"基础之上的。"结实"的义项❶是物性形容词，义项❷是义项❶的引申义。因此我们将[结实]预定义为词义基因，以此为基础来描写其他几个组词义。描写如下：

$$S_{胖}=\{[体貌]:[表象]([_{Gs}[脂肪]\lor_{Gs}[肉]]:[量]([多]))\}$$

$$S_{肥胖}=\{[体貌]:[表象](_{Gs}[胖]:[程度]([大]))\}$$

$$S_{苗条}=\{[体貌]:[表象](\{[身材]([高]\land!_{Gs}[胖]\}\land[美])\}+\{[对象]([人]:[性别]([女])))\}\}$$

$$S_{魁梧}=\{[体貌]:[表象](_{Gs}[强壮]\land[高]\land[大])\}$$

$$S_{强壮}=\{[体貌]:[表象]([结实]\land_{Gs}[有力])\}$$

$$S_{健壮}=S_{强健}=\{[体貌]:[表象](_{Gs}[健康]\land_{Gs}[强壮])\}$$

(二)｛忠诚，正直，虚伪，善良｝

【忠诚】(对国家、人民、事业、领导、朋友等)尽心尽力：~老实｜对祖国~。

【正直】公正坦率。

【虚伪】不真实；不实在；做假。

【善良】心地纯洁，没有恶意：心地~｜~的愿望。

这组词描写人的德行品性，这类词义的描写难度较大，不像外貌有可感知的对象和可参照的标准。一些基本的认知概念可以先预定义为词义基因，如[忠]、[奸]、[善]、[恶]、[诚实]、[谦虚]、[公正]等。品性是一种来自外部的评价，即对人的内在品质的外部评价，往往带有极性意义。这种极性意义包含在这类词本身的概念意义中，因此词典释义一般不需要明示。在词义基因描写中我们可以加上这一个特征维度，以利于机器进行语义推理。描写如下：

$$S_{忠诚} = \{[品性]: \{[评价]([忠] \wedge [诚])\} + \{[对象]([国家] \vee_{Gs} [人民] \vee_{Gs} [事业] \vee_{Gs} [领导] \vee_{Gs} [朋友])\} + \{[极性]([褒])\}\}$$

$$S_{正直} = \{[品性]: \{[评价]([公正] \wedge [诚实])\} + \{[极性]([褒])\}\}$$

$$S_{虚伪} = \{[品性]: \{[评价](! [诚实])\} + \{[极性]([贬])\}\}$$

$$S_{善良} = \{[品性]: \{[评价]([善])\} + \{[极性]([褒])\}\}$$

(三)｛开心，惭愧，内疚，伤心｝

【开心】❶心情快乐舒畅：同志们住在一起，说说笑笑，十分~。

【惭愧】因为自己有缺点、做错了事或未能尽到责任而感到不安。

【内疚】内心感觉惭愧不安：~于心。

【伤心】由于遭受不幸或不如意的事而心里痛苦。

【伤心】心里悲伤痛苦。(《规范3》)

分析：这一组词描写人的心理状态，表达人的某种情绪或情感，是人对自己心情的内在感觉。情绪或情感也需要预定义一些核心的词义基因，如[喜]、[怒]、[哀]、[愁]、[悲]等。这类词也有极性意义，跟表评价的[极性]维度取值不同，表心理状态的[极性]维度特征取值为[正]、[负]。描写如下：

$$S_{开心} = \{[[状态]of[心理]]: \{[感觉]([喜])\} + \{[极性]([正])\}\}$$

$S_{惭愧}=\{[[状态]of[心理]]:\{[感觉](！[安定])\}+\{[原因](_{Gs}[缺点]\lor_{Gs}[错误])\}+\{[极性]([负])\}\}$

$S_{内疚}=\{[[状态]of[心理]]:\{[感觉]([安定])\}+\{[程度]([大])\}+\{[极性]([正])\}\}$

$S_{伤心}=\{[[状态]of[心理]]:\{[感觉]([悲]\land[痛])\}+\{[极性]([负])\}\}$

（四）{羞涩，尴尬，大方，拘谨}

【*羞涩*】难为情，态度不自然。

【*尴尬*】❷(神态、态度)不自然：表情~。

【*大方*】❷(举止)自然；不拘束；举动~｜可以大大方方的，用不着拘束。

【*拘谨*】(言语、行动)过分谨慎；拘束：他是个~的人。

【*拘谨*】过分拘束谨慎，不自然。▶▶跟"矜持"不同，"拘谨"是因缺乏自信而不适应某种场合，"矜持"是为了保持自尊或显示身份而有意采取的谨慎态度。(《规范3》)

分析：这一组词指人的表情神态，描写人们因某种心理活动而在言行举止或面部表情上表现出不同寻常的状态。这类词义基本无法准确定义或描写，词典的释义一般也比较笼统。比如"羞涩"和"尴尬"的神态都是"不自然"，但是这两个词实际的语义差异是很大的。有时候这种差异并非外在表情的差异，而是使被描写对象产生这种外在表情的心理感受以及导致这种心理感受的外在原因。这些因素往往超出了词义范围，需要通过语境来体现。比如，如果一个人看起来"表情不自然""脸红"，在脱离语境的情况下，我们无从判断他(她)到底是"羞涩"还是"尴尬"。词典释义有时候会通过注解的方式指明这种差异，比如《规范3》对"拘谨"的释义，就加注了该词跟"矜持"的区别。对这类词义的基因结构描写，我们结合内在原因和外在表象。这组词没有明显的极性意义。描写如下：

$S_{羞涩}=\{[神态]:\{[表象](！[自然])\}+\{[感觉]([羞])\}\}$

$S_{尴尬}=\{[神态]:\{[表象](！[自然])\}+\{[原因](_{Gs}[为难])\}\}$

$S_{大方}=\{[神态]:\{[表象]([自然]∧！_{Gs}[紧张])\}$

$S_{拘谨}=\{[神态]:\{[表象]([小心]∧！[自然])\}+\{[原因](_{Gs}！[自信])\}+\{[程度]([高])\}\}$

需要说明的是，这组词也可以表示心理状态，如"这个局面让他觉得好尴尬"。同样，上一组表心理状态的词也可以表神态表情，如"她看起来伤心欲绝"。这两组词虽然在具体语境中的功能可以交叉，但其词义本身各有侧重点。

这里用到的几个基因簇_{Gs}[为难]、_{Gs}[紧张]、_{Gs}[自信]也属于描写心理状态的形容词，一并分析如下：

词典释义：

【为难】❶感到难以应付：~的事|叫人~。

【为难】❶感到难办。(《规范3》)

【紧张】❶精神处于高度准备状态，兴奋不安：第一次登台，免不了有些~。

【紧张】❶形容精神高度兴奋不安。

【自信】相信自己：~心|他~能够完成这个任务。

【自信】自己相信自己：他~能取胜。|不能太~。(《规范3》)

$S_{为难}=\{[[状态]of[心理]]:\{[感觉]([难])\}+\{[原因]([缺乏]([办法]))\}\}$

$S_{紧张}=\{[[状态]of[心理]]:\{[感觉](！[安定])\}+\{[原因]([精神]([兴奋]))\}+\{[程度]([高])\}\}$

$S_{自信}=\{[[状态]of[心理]]:[感觉]([相信]([自己]))\}$

四、事性类形容词词义分析与词义基因提取

(一) {顺利，周折，繁荣，萧条}

【顺利】在事物的发展或工作的进行中没有或很少遇到困难：工作~。

【周折】指事情进行往返曲折、不顺利：大费～。

【繁荣】❶(经济或事业)蓬勃发展；兴旺：经济～。

【萧条】冷落而没有生机。(《规范3》)

分析：这组词描写事件的进行状态，即事物发展过程中呈现出来的表象，体现事件的过程性、动态性。

描写如下：

$S_{顺利}=\{[[状态]of[发展]]：[表象]([困难]([少]\vee![存在]))\}$

$S_{周折}=\{[[状态]of[发展]]：[表象]([反复]\wedge!_{Gs}[顺利])\}$

$S_{繁荣}=\{[[状态]of[发展]]：[表象]([速度]([快])\wedge[规模]([大]))\}$

$S_{萧条}=\{[[状态]of[发展]]：[表象](_{Gs}[停滞]\wedge!_{Gs}[活力])\}$

上面描写中用到的基因簇$_{Gs}$[停滞]、$_{Gs}$[活力]一并展开描写如下：

词典释义：

【停滞】因为受到阻碍，不能顺利地运动或发展：～不前。

【活力】旺盛的生命力。

$S_{停滞}=\{[[状态]of[运动]]：\{[表象]([停])\}+[原因]([阻力]))\}$

$S_{活力}=\{[抽象物]：\{[力]of[生命]：[量]([充足])\}$

(二){成功，失败，圆满，准确}

【成功】❷指事情的结果令人满意。

【失败】❸指事情的结果令人不满意。

【圆满】没有缺欠、漏洞，使人满意：～的答复｜会议～结束。｜结局非常～。

【准确】行动的结果完全符合实际或预期：～性｜计算～｜～地击中目标。

分析：

这组词描写事件结束时的状态，即发展的结果，体现事件的阶段性、客观性、动态中的静态性。

描写如下：

$S_{成功} = \{[[结果]of[事件]]:[表象]({}_{Gc}[令人满意])\}$

$S_{失败} = \{[[结果]of[事件]]:[表象](!_{Gc}[令人满意])\}$

$S_{圆满} = \{[[结果]of[事件]]:[表象]({}_{Gc}[令人满意] \wedge !_{Gs}[瑕疵])\}$

$S_{准确} = \{[[结果]of[行动]]:[表象]([比较]([[结果] \rightarrow [[实际]$
$\vee_{Gs}[预期]]](同))\}$

类词基因链$_{Gc}$[令人满意]是一个使役结构，展开描写如下：

$S_{令人满意} = \{[使役]:\{[施事]([u])\}+\{[受事]([人])\}+\{[结果]$
$([满意])\}\}$

描写中用到的另外两个基因链$_{Gs}$[瑕疵]、$_{Gs}$[预期]一并展开描写如下：

【瑕疵】微小的缺点。

【预期】预先期待：达到~的目的。

$S_{瑕疵} = \{[抽象物]:\{[缺点]:[量]([微])\}\}$

$S_{预期} = \{[活动]of[心理]:\{[希望]:[性质]([预设])\}\}$

（三）{公平，合理，荒谬}

【公平】处理事情合情合理，不偏袒哪一方面：~合理。

【合理】合乎道理或事理：~使用｜他说的话很~。

【荒谬】极端错误；非常不合情理：~绝伦｜~的论调。

分析：这组词描写对事件发生、发展过程和结构的评价，体现事件的主观性（从第三方视角观察）。需预定义核心基因[正确]、[错误]、[公正]。

描写如下：

$S_{公平} = \{[评价]:[处置]([受事]([事]) \wedge [方式]([公正]))\}$

$S_{合理} = \{[评价]:[比较]([u] \rightarrow [情理]([同]))\}$

$S_{荒谬} = \{[评价]:[性质]([错误]) \wedge [程度](深)\}$

综合上述各组，得到形容词部分核心词义基因集：{[颜色]，[白]，[黑]，[红]，[绿]，[蓝]，[黄]，[橙]，[比较]，[相似]，[融合]，

［混合］，［浓度］，［深］，［浅］，［主］，［次］，［点］，［线］，［面］，
［直］，［方］，［圆］，［水平］，［垂直］，［形状］，［量值］，［空间］，［标
准］，［高］，［度量］，［维度］，［空间］，［时间］，［对象］，［结构］，
［位置］，［物］，［人］，［物体］，［味道］，［味觉］，［嗅觉］，［酸］，
［甜］，［苦］，［辣］，［咸］，［麻］，［涩］，［香］，［臭］，［好］，［淡］，
［浓］，［修辞］，［摹状］，［物性］，［表象］，［难度］，［变］，［体貌］，
［身材］，［高］，［美］，［性别］，［女］，［男］，［结实］，［忠］，［奸］，
［善］，［恶］，［诚实］，［谦虚］，［公正］，［品性］，［评价］，［极性］，
［喜］，［怒］，［哀］，［愁］，［悲］，［羞］，［心理］，［感觉］，［安定］，
［神态］，［自然］，［原因］，［小心］，［难］，［缺乏］，［办法］，［精神］，
［兴奋］，［相信］，［自己］，［状态］，［发展］，［困难］，［少］，［存在］，
［反复］，［速度］，［快］，［规模］，［运动］，［表象］，［停］，［原因］，
［阻力］，［抽象物］，［力］，［生命］，［量］，［充足］，［事件］，［满意］，
［缺点］，［量］，［微］，［希望］，［性质］，［预设］，［正确］，［错误］，
［处置］，［方式］，［情理］，［同］，［大］，［小］，［褒］，［贬］，［正］，
［负］｝。

第五节　数据验证与优化

一、词义基因数据统计分析

（一）词义基因集合并与去重

本章共示例性地描写了现代汉语三大基本词类（名词、动词、形容词）
中部分有一定代表性的词共计 452 个，每类词都提取了一定数量的基本词
义基因，如表 5.1 所示。

表 5.1　　　　　　　　　　　　词义基因提取统计数据

词类		描写词组数	描写词数	提取基因数
名词	表人名词	25	309	382
	表物名词	16		
	事件名词	13		
动词	位移动词	4	74	120
	动作动词	4		
	认知动词	5		
	变化动词	5		
形容词	物性形容词	5	69	130
	人性形容词	4		
	事性形容词	3		

　　各组词义基因经合并去重，最终得到现代汉语初级词义基因集 527 个。随着分析词数的增多，这个初级集的基因提取数量会逐渐增加。但是，越到后面，分析的词越多，词义基因重复利用率就越高，基因集增长的速度就越缓慢。

(二) 词义基因频度统计

　　词义基因频度是指在词义分析中提取的每个词义基因在整个词义描写中出现的频次和频率。排除低频次(2 次或 2 次以下)的基因，名词部分提取的词义基因只有 165 个，动词部分 42 个，形容词部分 41 个，三项汇总后，使用频次在 3 次及 3 次以上的词义基因总共 224 个①，不到初级词义基因集总数的一半。其中各部分排名靠前的高频词义基因如表 5.2~表 5.5所示：

----

　　①　不是三项简单相加，是三个集合合并优化后重新计算的数据。

表5.2 名词词义分析提取高频词义基因(前30名)

词义基因	频次	频率	排序	词义基因	频次	频率	排序
[人]	120	0.0518583	1	[口]	17	0.0073466	23
[称谓]	76	0.0328436	2	[类]	16	0.0069144	24
[性别]	74	0.0319793	3	[自然]	16	0.0069144	24
[亲属]	67	0.0289542	4	[职业]	16	0.0069144	24
[辈分]	47	0.0203111	5	[能力]	14	0.0060501	25
[族系]	47	0.0203111	5	[近系]	14	0.0060501	25
[血缘]	47	0.0203111	5	[性质]	13	0.005618	26
[男]	45	0.0194468	6	[虚拟物]	13	0.005618	26
[血亲]	41	0.0177182	7	[人造物]	13	0.005618	26
[大]	39	0.0168539	8	[目的]	13	0.005618	26
[领域]	38	0.0164218	9	[来源]	12	0.0051858	27
[施事]	37	0.0159896	10	[形态]	12	0.0051858	27
[内容]	37	0.0159896	10	[母系]	12	0.0051858	27
[语体]	36	0.0155575	11	[动物]	12	0.0051858	27
[关系]	33	0.014261	12	[级别]	12	0.0051858	27
[事件]	32	0.0138289	13	[语用]	11	0.0047537	28
[长幼]	30	0.0129646	14	[表现]	11	0.0047537	28
[功能]	27	0.0116681	15	[状态]	11	0.0047537	28
[女]	27	0.0116681	15	[规模]	11	0.0047537	28
[旁系]	25	0.0108038	16	[冲突]	11	0.0047537	28
[结构]	24	0.0103717	17	[现象]	11	0.0047537	28
[处所]	23	0.0099395	18	[地点]	11	0.0047537	28
[构成]	23	0.0099395	18	[地物]	10	0.0043215	29
[语气]	21	0.0090752	19	[生产]	10	0.0043215	29
[范围]	21	0.0090752	19	[商品]	10	0.0043215	29
[小]	21	0.0090752	19	[方式]	10	0.0043215	29
[受事]	20	0.008643	20	[居住]	9	0.0038894	30

词义基因	频次	频率	排序	词义基因	频次	频率	排序
[身份]	20	0.008643	20	[数量]	9	0.0038894	30
[父系]	19	0.0082109	21	[对方]	9	0.0038894	30
[原因]	19	0.0082109	21	[书]	9	0.0038894	30
[抽象物]	18	0.0077787	22	[植物]	9	0.0038894	30

表 5.3　　　　**动词词义分析提取高频词义基因(前 15 名)**

基因	频次	频率	排序	基因	频次	频率	排序
[参事]	21	0.052764	1	[方式]	6	0.015075	12
[变化]	18	0.045226	2	[方向]	6	0.015075	12
[处所]	15	0.037688	3	[受事]	6	0.015075	12
[事物]	14	0.035176	4	[参照点]	5	0.012563	13
[人]	13	0.032663	5	[物]	4	0.01005	14
[动作]	12	0.030151	6	[数量]	4	0.01005	14
[活动]	11	0.027638	7	[心理]	4	0.01005	14
[起点]	11	0.027638	7	[空间]	4	0.01005	14
[终]	10	0.025126	8	[依据]	4	0.01005	14
[位置]	10	0.025126	8	[移动]	4	0.01005	14
[终点]	10	0.025126	8	[使役]	4	0.01005	14
[状态]	10	0.025126	8	[事件]	4	0.01005	14
[对象]	9	0.022613	9	[知道]	3	0.007538	15
[思维]	9	0.022613	9	[外]	3	0.007538	15
[认知]	8	0.020101	10	[动物]	3	0.007538	15
[施事]	8	0.020101	10	[表面]	3	0.007538	15
[性质]	7	0.017588	11	[长]	3	0.007538	15
[结果]	7	0.017588	11	[清楚]	3	0.007538	15

基因	频次	频率	排序	基因	频次	频率	排序
[大]	7	0.017588	11	[脚]	3	0.007538	15
[时间]	7	0.017588	11	[水体]	3	0.007538	15
[维度]	6	0.015075	12	[程度]	3	0.007538	15

表 5.4　　　形容词词义分析提取高频词义基因(前 10 名)

基因	频次	频率	排序	基因	频次	频率	排序
[表象]	28	0.078652	1	[值]	5	0.014045	8
[状态]	12	0.033708	2	[维度]	5	0.014045	8
[大]	10	0.02809	3	[结果]	5	0.014045	8
[程度]	9	0.025281	4	[发展]	4	0.011236	9
[物性]	9	0.025281	4	[垂直]	4	0.011236	9
[颜色]	9	0.025281	4	[神态]	4	0.011236	9
[心理]	8	0.022472	5	[对象]	4	0.011236	9
[感觉]	8	0.022472	5	[品性]	4	0.011236	9
[极性]	8	0.022472	5	[自然]	4	0.011236	9
[形状]	7	0.019663	6	[难度]	4	0.011236	9
[味道]	7	0.019663	6	[浓度]	4	0.011236	9
[评价]	7	0.019663	6	[变]	3	0.008427	10
[高]	6	0.016854	7	[事件]	3	0.008427	10
[原因]	6	0.016854	7	[嗅觉]	3	0.008427	10
[味觉]	6	0.016854	7	[褒]	3	0.008427	10
[小]	6	0.016854	7	[物]	3	0.008427	10
[体貌]	6	0.016854	7	[黑]	3	0.008427	10
[空间]	6	0.016854	7	[性质]	3	0.008427	10
[比较]	5	0.014045	8	[量]	3	0.008427	10
[参事]	5	0.014045	8	[白]	3	0.008427	10

表 5.5 三种基本词类提取的高频词义基因(前 30 名)

基因	频次	频率	排序	基因	频次	频率	排序
[人]	135	0.043988	1	[自然]	21	0.006843	22
[性别]	75	0.024438	2	[身份]	20	0.006517	23
[称谓]	75	0.024438	2	[变化]	20	0.006517	23
[亲属]	67	0.021831	3	[结果]	20	0.006517	23
[大]	56	0.018247	4	[抽象物]	20	0.006517	23
[血缘]	47	0.015314	5	[父系]	19	0.006191	24
[族系]	47	0.015314	5	[程度]	19	0.006191	24
[辈分]	47	0.015314	5	[时间]	17	0.005539	25
[施事]	45	0.014663	6	[口]	17	0.005539	25
[男]	45	0.014663	6	[方式]	17	0.005539	25
[血亲]	41	0.013359	7	[职业]	16	0.005213	26
[事件]	39	0.012708	8	[类]	16	0.005213	26
[领域]	39	0.012708	8	[事物]	15	0.004888	27
[处所]	38	0.012382	9	[位置]	15	0.004888	27
[内容]	37	0.012056	10	[动物]	15	0.004888	27
[语体]	36	0.01173	11	[目的]	15	0.004888	27
[参事]	34	0.011079	12	[近系]	14	0.004562	28
[状态]	33	0.010753	13	[能力]	14	0.004562	28
[关系]	33	0.010753	13	[活动]	14	0.004562	28
[长幼]	30	0.009775	14	[对象]	14	0.004562	28
[小]	29	0.009449	15	[数量]	13	0.004236	29
[女]	28	0.009123	16	[人造物]	13	0.004236	29
[表象]	28	0.009123	16	[虚拟物]	13	0.004236	29
[功能]	28	0.009123	16	[来源]	13	0.004236	29
[受事]	27	0.008798	17	[形态]	12	0.00391	30

基因	频次	频率	排序	基因	频次	频率	排序
［原因］	26	0.008472	18	［心理］	12	0.00391	30
［构成］	26	0.008472	18	［形状］	12	0.00391	30
［结构］	25	0.008146	19	［规模］	12	0.00391	30
［旁系］	25	0.008146	19	［空间］	12	0.00391	30
［性质］	23	0.007494	20	［母系］	12	0.00391	30
［语气］	22	0.007168	21	［动作］	12	0.00391	30
［范围］	22	0.007168	21	［级别］	12	0.00391	30

　　词义基因频度分布对我们后续优化基因集具有重要意义。高频基因是现代汉语整个词汇系统词义构成的核心成分；对于低频基因，我们应根据实际情况进行拆分和合并，以尽量减少词义基因集的规模。

　　需要说明的是，以上统计结果是基于小规模数据的分析，并不能完全反映现代汉语词义基因分布的真实面貌。限于篇幅，本书仅分析了部分数据样例，且为了真实展示词义基因提取中可能存在的问题，分析样例词的选取采取不均匀分布的采样原则，以便于观察极端情况下产生的数据偏移。从数据中我们发现：

　　(1)数据不均衡将严重影响词义基因分布的频度值。我们分析的样例词中名词占极大部分，名词中又以指人名词所占比例最大。这就导致了在基因库中跟"人"相关的词义基因［人］、［性别］、［称谓］、［亲属］等频次和频率很高。实际上，表 5.5 的前五名中，除［大］外，基本属于偏离数据。前五名之后，除［长幼］、［父系］、［母系］、［近系］等少数几个基因外，其他词义基因的分布值比较接近语言事实，具有统计学意义。偏离数据不是没有意义的，在我们后续应用中进行语义计算时，在为不同词义特征维度的权重赋值时，对这些数据可以根据应用场合的不同，采取不同的赋值策略。比如在人际关系的计算分析中，这部分数据可以赋予较高的权值，而在事件、事性、物性等计算分析场合，则应降低赋值权重。

（2）同一个词义基因，在不同的词类中分布的位次存在较大差异。比如［方式］在名词词义基因库中排位为第 29 位，在动词词义基因库中排位为第 12 位，在形容词词义基因库中暂未出现，在总库中排位为第 25 位。这体现了不同词类词义特征维度的差异。这些差异值也是我们在具体的语义计算应用中进行词义特征维度的权重赋值的重要参考依据。

二、词义基因结构描写验证

（一）描写一致性人工验证

为保证词义分析与词义基因提取的正确性，在工程实践中我们采用两种人工或半人工验证的方法。

（1）三人交叉验证：标注人员三人为一组，各自分析标注同一领域不同的词，完成后分别由另外两人进行检查，如发生分歧，则通过三人协商讨论，直至达成一致意见。

（2）人机结合验证：三人为一组标注相同数据，将标注结果交给计算机进行分析比较，找出标注不一致的地方，由三人共同协商讨论，直至达成一致意见。

第一种方法用在词义分析的前期阶段，标注人员对词义分析还不十分熟练，或对某领域的词义特征不十分熟悉，而且可供调用的预定义词义基因数量较少，覆盖面不全，三人标注的结果往往分歧较大，纯人工验证、讨论是保证标注和词义基因提取正确的必要手段。在标注中期阶段，可供复用的词义基因越来越多，通过不断反复的阶段性去重和归并，标注人员也基本熟悉了词义分析技巧，三人之间的分歧越来越小，通过机器排除可极大地提高标注效率。到工程后期，同一组数据可只由一到两人标注，由机器随机抽样进行人工检查，以进一步提高工作效率。

（二）循环释义机器验证

为了避免词义分析中出现循环释义的问题，当同一类词的分析标注数量达到一定规模后，用机器进行循环释义验证，即纠正偏差。整个工程标注完成后，再进行一次整体的循环释义验证。机器验证的基本计算原理如下：

假定词 X 的词义基因结构式中包含词义基因簇 $\{_{Gs}[Y_1],_{Gs}[Y_2],$ $_{Gs}[Y_3]\cdots\cdots_{Gs}[Y_n]\}$：

（1）若词 $Y_1\sim Y_n$ 中的任何一个等于词 X，则判定词 X 存在循环释义。

（2）分别搜索词 $Y_1\sim Y_n$ 的词义基因结构式，若其中任意一词的词义基因结构式中包含词义基因簇 $_{Gs}[X]$，则判定词 X 和词 Y_n 之间存在循环释义。

对循环释义的词全部重新分析描写，描写完成后再进行一次验证，直至排除所有循环释义情况。

三、词义基因与基因结构描写优化

（一）词义基因归并

为有效限制词义基因集的数据总量，分阶段对提取的词义基因进行合理归并以达到基因集的优化。归并的方式分三种：

（1）同义或近义基因归并。如[终]、[终点]归并为[终]，剔除[终点]；[色彩]、[色]和[颜色]归并为[色]，剔除[颜色]和[色彩]；[变化]和[变]归并为[变]，剔除[变化]。同义或近义基因归并时，尽量采用单音节基因(字)。

（2）反义基因归并。通过否定逻辑算符"！"归并意义相反的词义基因，如[生]和[死]归并为[生]和！[生]，剔除[死]；[肯定]和[否定]归并为[肯定]和！[肯定]，剔除[否定]。需要说明的是，只有绝对反义词，即非此即彼的绝对反义词可以归并；极性反义词，即两极之间存在过渡状态的相对反义词，不能归并。如[冷]和[热]之间存在[温]、[凉]等中间状态，则不宜归并。

（3）词义基因拆分。拆分也是一种归并的方法，即将一个词义基因拆分成两个或两个以上(一般为两个)已经提取出来的、频率更高的基因的函数式、基因组合式或基因链。比如[下面]可拆分成函数式[方位]([下]),因为[方位]和[下]已经存在且频率更高;[地表]拆分成基因组合式[表面]of[地球];[浓度]拆分成基因链{[程度]:[维度]([浓])}。

词义基因归并后,对于在词义描写中用到了已剔除基因的词,采用新的方法进行重新描写。

(二)词义描写表达式优化

为减少冗余数据,在保证逻辑周延的前提下,词义信息基因结构描写表达式可以进一步精简优化。

1. 特征函数式的简化

(1)对于变量取值为另一个函数式的嵌套特征函数,可视具体情况,将取值函数简化为复合基因或基因簇,相关基因簇再单独描写。如:[参事]([之间])([双方]:[关系]($_{Gs}$[敌对]))可简化为[参事]([双方]of $_{Gs}$[敌对]);[人]([状态]([死亡]))可简化为[人]([死亡]),或进一步将整个函数简化为基因簇$_{Gs}$[死人]。

(2)对于变量取值为复合基因的复杂特征函数,可视具体情况,将取值函数简化。如:[维度]([空间]∧[1]),可简化为[维度](1)。这里[维度]本来分[空间]和[时间],但是,因为在目前人类的一般认知和语言表达中,[空间]分一维、二维、三维,而[时间]只有一维,这个函数值中的"逻辑与"运算符"∧"和维度值[1]已经蕴含该维度为空间维度,因此基因[空间]可以省略。而且,因为具体数字"1"不作为词义基因处理,所以其基因边界符"[]"也可以省略。这种省略在定义了预算规则的前提下,不会造成计算歧义。

(3)对于变量取值既包含函数嵌套,又包含复合基因的嵌套复合函数,可以改变函数结构,把一元函数变为二元函数。例如:[动词]([施事]([x])∧[受事]([y])),可简化为[动词]([x],[y])。原函数值[施事]([x])∧[受事]([y])是由两个函数构成的一个复合值,形式上是由三个一元函数构成的复合嵌套函数,简化后变成一个二元函数。需要说明的是，该函数有两种变体，即受事不出现的形式[动词]([施事]([x]))和施事不出现的形式[动词]([受事]([y]))。这两种形式依然可以简化为[动词]([x]，[φ])和[动词]([φ]，[y])，甚至可以进一步简化为[动词]([x]，)和[动词](，[y])。需要特别注意的是，最后的这种终极简化式中，逗号一定不能省略，这是机器进行[施事]、[受事]判断的重要的、唯一的标志。

2. 词义基因链的简化

(1)对词义基因链中可以用基因簇表示的子链，可以替换成基因簇，如：

$S_{灾害}$ = {[事件]：{[性质]($_{Gs}$[有害])}+{[程度]([大])}+{[原因]([自然]∨$_{Gs}$[战争])}}可简化成：

$S_{灾害}$ = {[事件]：$_{Gs}$[祸害]：[原因]([自然]∨$_{Gs}$[战争])}

因为其中的子链{[事件]：{[性质]($_{Gs}$[有害])}+{[程度]([大])}}已经单独描写为 $S_{祸害}$ = {[事件]：{[性质]($_{Gs}$[有害])}+{[程度]([大])}}，可以作为基因簇$_{Gs}$[祸害]直接调用。

(2)对于词义基因链中包含嵌套常量基因的，可以视具体情况省略在词义分类树中层级更高的那个常量基因，如：

$S_{飞}$ = {[动作]：{[移动]：{[主体]([动物]∨[器具])}+{[处所]([空中])}}

其中第一个常量基因[动作]可以省略，简化为：

$S_{飞}$ = {[移动]：{[主体]([动物]∨[器具])}+{[处所]([空中])}}

常量基因是进行语义推理的重要依据。"飞"是"移动"的一种方式，而"移动"的语义类是[动作]，因此计算机可以推理出"飞"一种动作。然而，因为语义遗传机制早已约定，上位词的所有词义基因可以作为家族基因完整遗传给下位词，"动作"是"移动"的上位词，"移动"又是"飞"的上位词，所以"飞"在继承"移动"的词义基因时，已经一并继承了其语义类基因[动作]，所以[动作]这个基因在"飞"词义描写中可以省略。

同理，上例"灾害"的词义描写还可进一步简化为：

$$S_{灾害} = \{_{Gs}[祸害]：[原因]([自然] \vee _{Gs}[战争])\}$$

通过上述讨论的词义基因归并和词义描写表达式的简化规则，本章所描写的大部分词义基因表达式都可以进一步优化。所提取的基因集以及基因分布频度值也有一定的改变。本章不再一一列出优化后的最后结果。

余 论

第一节 词义基因的遗传规律与构词

在绪论中，我们结合全息理论，讨论了自然语言语义的遗传学隐喻。从宏观的规律看，生物学的三大经典遗传定律——基因分离律、基因自由组合律、基因连锁交换律在自然语义中都有相似的体现。从微观的角度看，语义系统中的基因遗传运作机制和生物的基因遗传规律并不完全相同，它们之间存在很多细节上的差异。

一、词义基因遗传与生物基因遗传的相似之处

（一）基因的可遗传性

词义基因和生物基因都具有可遗传性，这是本书研究的出发点。

生物通过基因遗传繁衍下一代，扩大种群数量。词义基因遗传也可以通过遗传产生新词，扩大词汇数量。

（二）基因的可重组性

基因重组是新的个体产生的主要途径。在有性繁殖的生物中，子代通过分别从亲代的父本和母本获得不同的基因后，进行基因重组，从而产生新的生物个体。部分基因的不同重组方式使生物个体具有不同的表型，因此基因重组是产生生物多样性的一个重要原因。在词汇系统中，词义基因

的重组也会产生新词。例如，一组维度特征词义基因{［度量］，［维度］，［值］}和一组赋值词义基因{［大］，［小］，［垂直］，［水平］，［线性］}按不同方式组合，可以得到多个不同的词：

(1){［度量］(［值］(［大］))}+{［维度］(［水平］∧(［线性］))}，组合得到词"长"。

(2){［度量］(［值］(［小］))}+{［维度］(［水平］∧(［线性］))}，组合得到词"短"。

(3){［度量］(［值］(［大］))}+{［维度］(［垂直］∧(［线性］))}，组合得到词"高"。

(4){［度量］(［值］(［小］))}+{［维度］(［垂直］∧(［线性］))}，组合得到词"矮"。

任何语言中都存在大量的同义词和近义词，这些词义之间的细微差异往往是由某个特征维度上个别词义基因的组合变化产生的。正是这些同义词和近义词的存在，使得语言在实际运用中具有丰富多彩的变化，在实现基本信息传递功能的同时，还具有审美价值和艺术魅力。所以，类似于生物多样性，词义基因重组也是语言表达多样性的重要原因。

（三）基因的可变异性

生物基因在遗传过程中经常会发生变异。生物基因变异会产生两种结果：

(1)产生致病基因，使生物体质变弱，导致生物个体生病甚至死亡；或者使生物个体难以适应自然生存环境，从而在进化过程中逐渐被淘汰。

(2)使生物体质变强，产生抗病、抗虫、高产等适应自然生存环境需要的特点，从而在进化过程中得以保存并不断发展进化。这就是所谓的"物竞天择，适者生存"。

词义基因同样会在词汇系统的发展过程中发生变异，词义基因变异也会产生两种结果：

(1)变异产生的新词生命周期短，随着时代的变迁而逐渐消亡，不能在言语系统中长期生存。不同国家、不同地区在某个特定的时期内存在某些人们普遍关注的事物，从而创造出一批新的词语来表达这些事物，这些新词被称为流行语。例如 20 世纪八九十年代的"寻呼""寻呼机""大哥大"等，都是通过词义基因变异产生的。这些词现在基本上已经失去了活力，只留存于历史文献中。

（2）变异产生的新词具有很强的生命力，逐渐进入基本词汇系统中得以长期留存，保持较高的流通性和能产性。比如词的引申义由本义的词义基因变异而来，有些词的引申义甚至超过本义，而上升为词的中心义位。

二、词义基因遗传与生物基因遗传的不同之处

（一）基因遗传的时间与空间维度

严格意义上讲，基因遗传是按时序进行的，即亲代的基因遗传给子代，亲代早于子代出生，这是基本的生物规律。但是，词义基因的遗传却不完全是这样。

词义基因的遗传分时间和空间两个维度。

（1）时间维度的遗传，即本义→引申义之间的词义基因遗传：词义引申是词汇系统发展的重要方式。引申义晚于本义产生，不能脱离本义，而是在通过遗传获得本义的部分词义基因后，再经过变异而产生的。例如：

结：本义为动词，《说文》注为："结，缔也。"《易·系辞下》："上古结绳而治。"《现汉 7》释为："在条状物上打疙瘩或用这种方式制成物品。"后引申为具体名词义"条状物打成的疙瘩"（《现汉 7》），因为"结"一般不容易解开，又进一步引申为"难以解决的问题"，如"心结"。第一个引申义由动词义向名词义引申，动词义的词义基因和基因簇［打］、Gs［疙瘩］遗传给名词义，再和一个新的词义基因［结果］组合，得到引申义"打疙瘩的行为所产生的结果"，即"疙瘩"。第二个引申义，词义基因在遗传中和新的词义基因［隐喻］结合，通过机制发生基因变异，得到新的词义。

单纯时间维度的词义遗传，引申义位和本义义位之间在语义空间分布

上不存在上下位关系。

（2）空间维度的遗传：上位词的产生晚于下位词，但是在语义分类树的空间分布上，下位词遗传上位词的所有词义基因。在时间维度上，被遗传词和遗传词产生的时序颠倒了，它们不是真正意义上的子代和亲代。这种现象的产生可以用范畴层次理论来解释（胡惮，2011：27-36）。

范畴化（Categorization）是人类认识世界的一种最基本、最重要的高级认知活动。构成客观世界的事物是纷繁复杂的，每种事物都有其固有的内在和外在的多维特征。人类在认知这些事物的时候，不断对这些事物的特征进行判断、分析，找出不同事物之间的相似性，并进行归类和分类，从而形成概念。这种主、客观相互作用的认知活动，就是范畴化。通过范畴化形成的结果，就是认知范畴（Cognitive Category），对应于概念。

认知范畴不是无序存在的，而是一个具有内在有机联系的、分层次的网络系统。美国心理学家 Eleanor Rosch 在大量认知实验的基础上，提出原型（Prototype）理论和基本层次范畴（Basic-level Category）理论。一个范畴中最典型的成员属于原型范畴，基本层次范畴的成员之间家族相似性最大，属于典型的原型范畴。

范畴化的结果，即概念，在语言系统中一般用词或短语来表示，基本层次范畴所对应的词汇最丰富，构成词汇系统的核心部分，属于基本词汇。儿童习得语言的时候，也是从基本层次范畴开始的。因为基本层次范畴所对应的概念大多具有整体的完形，容易形成明确心理意象，比如"猫""狗""树""草""苹果""香蕉"等。基本层次范畴的上位范畴（Superordinate Category）意义往往比较抽象，如"动物""植物""水果"等，需要在一定数量的基本层次范畴的基础上，通过对它们相同或相似的特征进行归类才能形成，因此在语言习得的顺序中一般晚于基本词汇。基本层次的范畴下位范畴（Subordinate Category）意义又过于具体，包含需要更多百科知识才能对其加以区分的特征，比如"波斯猫""橘猫""柳树""杨树""兰草""龙须草"等，因此这一部分词的习得也晚于基本词汇。

上位范畴和下位范畴都是基本层次范畴的寄生范畴（Parasitic

Category），它们都依赖于基本层次范畴而存在。从产生的时序看，上位范畴和下位范畴及其在语言系统中所对应的词汇一般晚于基本层次范畴。

所以，在语义分类树上，属于基本层次范畴的词虽然拥有其上位词的全部词义基因，但并不是时间维度上的子代词，它们的词义基因也不是真正通过遗传而获得的，只不过在词义基因的结构上和词义基因遗传的表现一样。这就是我们所说的空间维度上的词义遗传。

（3）时间和空间维度都存在的词义基因遗传体现在语素构词过程中：通过语素组合构造新词时，新词晚于语素产生，通过遗传获得不同上位语素的词义基因，再经过基因重组和变异产生新的词义。例如：

机→{飞机，电机，耳机，发动机，蒸汽机，机床，机场，机井，机件……}

爱→{热爱，喜爱，关爱，敬爱，爱惜，爱护，爱情，爱人，爱好……}

白→{雪白，花白，惨白，苍白，白桦，白果，白金，白骨……}

发生在时间维度上的这种词义基因遗传，和生物基因遗传在新旧个体产生的时序是相吻合的。在词义空间分布上，部分新词和原词（语素）存在上下位关系。不能作为原词（语素）的新词，如"机井""机件""爱人""爱情""白骨""白金"等，是因为其词义基因来源于多个亲代，从当前亲代词（语素）获得的词义基因不是新词词义基因的主要部分，因此它们只能作为另一个基因来源的亲代词（语素）的下位。这个问题在下面展开讨论。

（二）基因的来源

生物的基因分为来源于亲代的已有基因和新基因，新基因产生的根本途径是基因突变。无性繁殖的生物个体（比如通过扦植物枝条产生的新植株）因为只有一个亲代，亲代的基因完全复制给子代，如果没有基因突变产生，则子代和亲代的基因是一模一样的。有性繁殖的生物个体，分别从亲代的父本和母本获得部分基因，然后进行重组。重组不会产生新的基因，而只会产生新的基因型。基因型是生物个体从双亲遗传获得的所有基

337

因的总和，遗传学中，具体的基因型往往指控制生物某一性状表型的基因组合。有性繁殖生物的新基因也是由基因突变产生的。

词义基因的来源更复杂。我们不能把新词的产生简单归为有性繁殖或无性繁殖，也不能规定新词词义基因只能来自一个或两个亲代。事实上，我们根本无法定义一个新词有多少个亲代词。很多新的词义基因根本不是来源于任何亲代词，比如通过隐喻产生新的词义基因。我们只能把这种新基因的来源归结于词义基因突变。这是生物基因和词义基因来源的第一个差异之处。

第二个不同之处，对于有性繁殖的生物，子代只能获得双亲中的部分基因，而不能获得其中任何一个亲代的全部基因。词义基因遗传恰恰相反，对于有明确上位双亲词的子代词，往往会获得其中一个亲代的全部基因，作为其词义基因的主要部分，另一个亲代词的部分基因只占据子代词基因链上的次要位置。例如：

"奶牛"和"牛奶"共享有明确的、相同的上位词"牛"和"奶"。但是"奶牛"遗传获得了"牛"的全部词义基因，完整拥有"牛"的所有词义维度特征，而"奶"的词义基因只占"奶牛"词义基因型的次要部分，"奶牛"的词义完全不具备"奶"词义的维度特征。"牛奶"则正好反过来了，具有"奶"的完整词义维度特征，而不具备"牛"的词义维度特征。因此，在词义分类树上，"奶牛"只能作为"牛"的下位子代词，"牛奶"则只能作为"奶"的下位子代词。

类似的例子还有"雪白"和"白雪"、"虫害"和"害虫"、"事故"和"故事"、"蚕沙"和"沙蚕"、"计算"和"算计"等。

两个相同语素颠倒后构成的词不一定意义完全不同，其中还有相当一部分属于同义词甚至是等义词，词汇学中把这类词称为同素逆序词，如"士兵"和"兵士"、"忌妒"和"妒忌"、"横蛮"和"蛮横"、"察觉"和"觉察"、"攀登"和"登攀"、"别离"和"离别"、"代替"和"替代"、"互相"和"相互"等。跟上面的例子不同，这类词的两个构成语素意义本来相近，其词义基因大部分相同，但在现代汉语中很多已经不能独立成词，只能作为构词成分，即语素。

因此，从时间维度上看，合成的新词晚于它的两个上位语素出现，构词过程中存在词义基因遗传的情况，但是，从词义的空间维度看，这些语素并不能作为合成新词的上位词，即使个别语素还能单独成词，如"兵"，但是它也不是"兵士""士兵"的上位词，而是同义词，因为它们的词义基因基本是相同的。

（三）可遗传基因与不可遗传基因

生物的基因不一定都是可遗传的，受环境影响产生的突变基因就不能遗传给下一代。词义基因则不同，在词义分类树上，上位词的所有基因，不论是来自词义家族的遗传基因，还是其变异产生的个体基因，都会完整遗传给下位。在语义分类树上处于上下位关系的词，词义基因的遗传规律如图 6.1 所示：

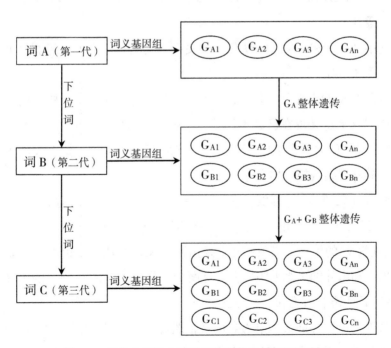

图 6.1　语义分类树上词义基因整体遗传规律示意图

　　词义通过引申产生新的义位，引申义和本义之间的词义基因一般不是整体遗传的。从时间维度看，引申义位是本义义位子代词，但是从空间维度上看，在语义分类树上它们并非上下位关系。因此，引申义位只能从本义义位遗传获得部分词义基因，再通过基因变异，或重组其他来源的词义基因获得新义。词义引申有两种情况：

　　（1）以本义为中心向外辐射，衍生出多个新义，每个引申义位都获得本义的一个或多个特征维度的词义基因。例如："深"在《现汉7》中收有九个义项：

　　【深】❶从上到下或从外到里的距离大（跟"浅"相对，下❸～❻同）：～耕｜～山｜这院子很～。❷深度：进～｜河水～两米｜这间屋子宽一丈，～一丈四。❸深奥：由浅入～｜这本书很～，初学的人不容易看懂。❹深刻；深入：～谈｜影响很～。❺（感情）厚；（关系）密切：～情厚谊｜两人的关系很～。❻（颜色）浓：～红｜～绿｜颜色太～。❼距离开始的时间很久：～秋｜夜已经很～了。❽很；十分：～知｜～信｜～恐｜～表同情｜～有此感。❾姓。

　　其中义项❾和本义之间没有引申关系。其他八个义项之间引申关系与词义基因遗传如下：

　　"深"最初的本义是一条河的名字。《说文》："深水。出桂阳南平。西入营道。"这个意义现在已经不用了，《现汉7》未收录。王力编《古汉语字典》所收"深"的第一个义项为"水深"，现代汉语中我们以这个义项为本义义位。其基因结构描写如下：

$$S_{深} = \{[距离]:\{[程度]([大])\}+\{[维度]([空]\wedge[垂直])\}+\{[方向]([起]([上])\wedge[止]([下]))\}+\{[对象]([水])\}\}$$

　　《现汉7》的第一个义项实际上是由两个义位组成，即由上至下垂直维度距离大和由外到里水平距离大。这两个义位分别遗传了"深"的本义义位词义基因［距离］、［程度］、［大］。

　　义项❷由形容词义引申为名词义，遗传了本义义位中除［大］之外的全部词义基因，再和词义基因［度量］重组，失去对象维度基因链｛［对象］

（[水]）}，表示对"从上到下或从外到里的距离"的度量。

义项⑦由空间维度义引申为时间维度义，遗传了本义义位词义基因[距离]、[程度]、[大]，对象维度特征函授的取值基因发生了变异。

义项③~⑥由具体义引申为抽象义，只遗传了本义义位的两个词义基因[程度]和[大]，对象维度基因链特征函数的取值基因发生变异。由具体义到抽象义是通过隐喻机制发生词义变异而产生的。

义项⑧也是由具体义引申为抽象义，词义变异情况与义项③~⑥类似，但是失去了对象维度基因链。

归纳起来，"深"由本义义位"水深"向其他八个义位的引申就构成一个词义辐射引申网络。结合其古汉语本义"河流名"，"深"的词义引申脉络如图6.2所示：

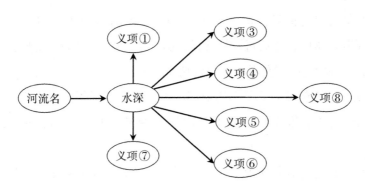

图6.2　"深"的词义引申脉络示意图

由本义义位引申出一代引申义位，再由一代引申义位产生二代引申义位，渐次递归。这种递归式的连锁引申在古汉语中比较常见。比如上面"深"的词义引申中，如果溯及其古汉语本义的话，"河流名→水深→现代汉语各义位"就构成多条递归连锁引申链。再如"秉"，《汉语大词典》中收录了九个义项：

【秉】①稻禾一把。②量词。十六斛。③执；持。④主持；掌握。⑤随顺。⑥承受。⑦通"柄"。权柄。⑧通"谤"。参见"秉言"。⑨姓。

其中，义项①→义项③→义项④→义项⑦存在递归连锁引申。其引申和基因遗传的路径分析如下：

"秉"的本义是"一束（把）稻禾"。《说文》："秉，禾束也。"段玉裁注："小雅。彼有遗秉。毛云：秉，把也。"这相当于《大词典》中的义项①。则"秉"的本义义位词义基因结构可描写为：

$$S_{秉} = \{[禾]：[度量]([单位](_{Gs}[把]) \wedge [数量](1))\}$$

而《大词典》中"把"的释义第二个义项为：

【把】②谓一掌所握的粗细或多少。

词义基因结构可描写为：

$$S_{把} = \{[单位]of[量]：[[方式]of[度量]]([握]([工具]([掌])))\}$$

结合以上两个词义基因结构式可知，"秉"的本义义位词义中包含基因[禾]、[度量]、[单位]、[数量]、[方式]、[握]、[工具]、[掌]。

义项③通过遗传只获得了本义义位的三个基因[握]、[工具]、[掌]而舍弃了其他基因，并通过词性转换（名词到动词）发生词义变异，再与词义基因链{[对象]([具体物])}组合从而产生新义。

义项④遗传获得了义项③的全部基因，但在特征维度基因链{[对象]([具体物])}上，维度函数取值基因发生变异，由[具体物]变成[抽象物]。

义项⑦只遗传获得了义项④的一个基因[抽象物]并发生变异，变成[抽象物]中的一个具体对象，词性也再次发生变异，由动词变回名词。

由此可以看出，在连锁引申的递归过程中，每递归一词，词义基因都会发生一定的变异，越往后的义项所代表的义位，从本义义位获得的词义遗传基因越来越少，最后一个义位已经完全不再具有本义义位的词义基因了。

显然，词义引申中产生的基因遗传虽然不是本义义位的整体基因遗传，但是从理论上讲，本义义位的任何一部分基因都有可能遗传到引申义义位，未被遗传的那部分基因，跟本义义位的基因变异与否无关，而只是被引申义义位抛弃掉的部分维度特征函数基因链。也就是说，即使本义义位中发生了变异的部分基因，也是可以遗传的。这一点跟生物基因的变异基因不可遗传是不同的。比如上述对"深"的引申义分析，"水深"本身就是由"深"作为河流名称的原始意义变异而来的。"秉"的各个连锁引申义位中，变异的词义基因也一直在连锁往下遗传。

总之，词汇系统是动态变化的。词的寿命有长短，有的流行语昙花一现，有的词几乎永生。昙花一现的词不等于死亡，其实只是休眠在历史文献中，如果有表达的需要，随时可以暂时性地复生，只是不再被广泛使用而已。正因为其休眠，其词义基因的变化较小，基本上固定在休眠的那个时间点上。而永生的词，词义基本上不可能一成不变，而是随着社会的发展、人类认知范围的扩大而不断地发展变化。它们的词义基因在不断地进化，包括：词义基因增加，词义扩大；词义基因减少，词义缩小；词义基因分裂，产生新的义项；词义基因突变，发生语义变异。词义变异是词义在时间的长河中进化的体现，是词义基因在遗传和重组的过程中，词汇系统和外部主、客观世界互动的必然。词义变异包括两种情况：自我变异，即符号没变，符号所负载的意义变了；组合变异，在和其他构词成分结合产生新词的过程中，原符号义发生改变。

第二节　词义基因资源的应用愿景

一、词义基因资源的计算应用

在词义基因数据库和词义基因结构描写数据库的基础上，可以做很多基础的语义计算处理工作。例如：

（一）语言本体自动生成

知识本体是实现强人工智能的重要基石（杨啸林等，2019）。在语义计算处理中发挥作用最大的知识本体是领域知识本体、常识知识本体和语言知识本体。目前，在知识本体研究中，领域知识本体的研究成果与可供计算调用的资源相对而言比较丰富，常识知识本体和语言知识本体最为匮乏。世界范围内最知名的语言知识本体当数普林斯顿大学开发的 Wordnet。Wordnet 描写了多种不同的语义关系，包括同义、反义、上下位、部分—整体、蕴涵、致使等，成为当今自然语言处理领域最重要的公用语义资源。中文版的 Wordnet 有北京大学开发的 CCD（Chinese Concept Dictionary，中文概念词典）与台湾中研院的 SinicaBOW（The Academia Sinica Bilingual Ontological Wordnet，中英双语知识本体词网）。此外，中文信息处理领域主要的语义资源还有 HowNet 和同义词词林扩展版，后者是哈尔滨工业大学在《同义词词林》的基础上加工而成的。目前我们还没有真正意义上的现代汉语语言知识本体。

本项目所研究的现代汉语词义基因结构描写数据库在开发时即已考虑了知识本体的结构思想，每个词的词义基因结构式中都已包含了词义的多种关系信息，当基础词汇全部描写完成后，可以让计算机自动学习抽取这些语义关系，建构现代汉语语言知识本体。

（二）语义相似度计算

语义相似度计算是一种最基本的语义计算处理技术，在多种自然语言处理任务中都不可或缺。目前主要有两种计算思路：基于语义树的节点距离算法和基于上下文文本信息的统计算法。笼统地说，前者是通过计算两个词在知识本体或语义树上所处节点之间的最短距离来计算两个词之间的语义相似度；后者通过计算两个词在上下文中的空间向量（预先选定一组特征词，计算每个词与特征词之间的相关性来获得词的多维空间向量值）的相似度来计算词义之间的距离。两种计算思路各自又有若干种具体的计算方法。

这两种策略其实都是间接解决问题的方法，即判断词与词之间的语义距离所依据的是词与其他词之间的空间关系，而不是直接根据词义本身的内部特征。在词义基因资源库的基础上，我们提供第三种解决问题的策略：根据两个词本身的基因和基因结构的共性与个性特征，来计算它们之间的语义相似度。

$$\mathrm{Sim}(A,\ B)=\frac{\log(G(a,\ b)\times p+L(a,\ b)\times q)}{\log((Ga+Gb)\times p+(La+Lb)\times q)}$$

公式中 A，B 表示任意两个词，$\mathrm{Sim}(A,\ B)$ 表示两词之间的语义相似度，$G(a,\ b)$ 表示两词共有的词义基因数，$L(a,\ b)$ 表示两词共有的词义特征维度基因链数，Ga、Gb、La、Lb 分别表示 A、B 两词各自的词义基因数和词义特征维度基因链数，p、q 为权重。当然，这个公式只能大致表示计算的思路，具体参数还需在大规模词义基因数据中检验和调整。

(三)语义网络自动生成

语义网络(Semantic Network)是人类联想记忆的一种模型化表示，是一种用有向图表示概念之间语义关系的结构化知识表示方法，在人工智能中具有广泛的应用。如图 6.3 所示"狗"的语义网络(郝博等，2013：51)：

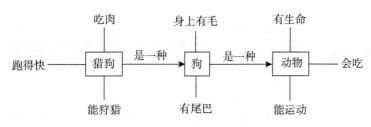

图 6.3　"狗"的语义网络图

在词义基因结构数据库中，我们对词义各个维度的特征进行了结构化描写，计算机通过抽取这些特征进行匹配，可自动生成若干类似的语义网络。

(四)词义基因结构自动描写

计算机可以依据现有数据库中词义基因结构表达式的描写规范，通过深度学习，结合从大规模文本语料中抽取的特征，对新词的词义基因结构进行自动描写，经人工校对后补充到数据库中。

这些计算技术和衍生的语义资源，在语义推理、自动问答、文本聚类/分类、信息抽取、自动文摘等多种人工智能应用场合都能发挥重要作用。

二、词义基因资源的传统应用

词义基因数据库在语言教学、语言研究、词典编纂等传统领域也可以得到广泛应用。

(一)可视化心理词库自动构建

可视化的词汇联想网络和心理词库在语言教学与研究，特别是词汇教学研究中具有重要的应用价值，如 Thinkmap 公司开发的英语可视化词库软件 Visual Thesaurus。图 6.4 展示了在 Visual Thesaurus 中跟单词"eat"相关联的词汇网络：

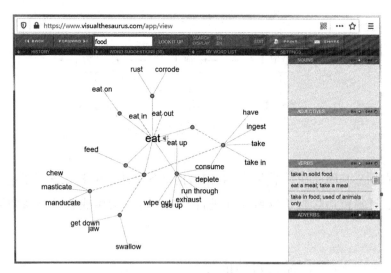

图 6.4　英语单词 eat 的词汇网络结构

在词义基因数据库中，根据每个词的词义基因和基因链结构，计算机可以从任何一个词出发，自动构建类似的可视化词汇联想网络。从基因数据库自动构建词汇网络和上节计算应用中所提到的自动构建语义网络的原理和算法是类似的。

(二)词汇学与语义学研究

本研究所探讨的词义基因及其遗传规律可以从一个全新的视角观察和解释词汇语义学的问题,例如词汇系统的演变、词义的结构、词义理据的探求、词汇聚合和组合的规律、词的语义特征、词与词之间的意义关系、词义的定性与定量分析等。词义基因库可以为这些研究提供丰富翔实的素材。此外,因为词义基因库是高度结构化的数据,非常利于计算机自动检索和处理,在相应研究工具的配合下,可以有效推动传统词汇语义学研究方法和研究手段的信息化、现代化。

(三)新型词典的编纂

现代汉语界至今仍缺乏一部类似于英语《朗文词典》那样的用有限词集解释所有基本词汇的人用词典,词典中的循环释义问题也难以得到有效的控制。在词义基因库的基础上,我们有望实现这一宏伟目标。

此外,数据库中的词义基因结构表达式是高度形式化、结构化的数据表达方式,不但可以供计算机直接调用进行语义计算,而且可以通过简单的自然语言处理技术翻译成定义式自然语言语句,作为词条的释义,因此,可以很方便地自动生成人用词典初稿,从而实现词典编纂的半自动化。

第三节　总结与展望

一、本书的主要工作

本书初步探讨了自然语言处理作为人工智能中符号智能的计算特征,阐述了语义形式化表征对自然语言处理的重要意义。在全息论哲学思想的指导下，运用遗传学理论，探求词义形式化描写的理论、方法与工程实现技术。本书的主要观点可归纳为：

（1）词义内部微观的结构成分跟生物的基因结构具有全息同构性，词义系统的运作机制遵循跟生物系统类似的基因遗传、重组、变异规律。

（2）词义的基本结构单位是词义基因，词义基因控制词的某种语义特征，并可以通过遗传、重组和变异构造新词。

（3）词的每个义位是一个由多种语义特征构成的多维意义空间，每个维度的特征都可以表示为一个特征函数。每个词义特征函数是由若干词义基因按照一定的结构规律排列而成的一条词义基因链，若干条词义基因链再按一定的结构规律组合构成整个义位的意义空间。一个词的多个义位之间存在词义基因遗传和变异关系。

（4）语言中词的数量是开放的、无限的，但是构成词义的词义基因集是有限的、数量可控的。不同意义类型的词，其基因结构不同。词义知识域描写框架是词义基因结构的基本规则，也是我们描写词义基因结构表达式所遵循的规范。通过预定义和词义基因结构分析和描写，我们可以提取一种语言中所有的词义基因。

（5）词汇家族类似于生物家族，一个家族内所有成员共享有相同的家族词义基因，家族中的每个个体又有自己独有的词义基因。词汇系统的发展演化、新词新义的产生，是词义基因遗传、重组和变异的结果。

基于上述观点，我们以现代汉语名词、动词、形容词三大基本词类为例，选取部分有代表性的基本词汇，进行详细的词义基因解析描写和基因提取，初步建立了现代汉语词义基因库初级库，并初步探讨了词义基因遗传与构造新词的基本规律。

二、本书的不足之处

囿于时间、人力等多方面的原因，本书的研究还存在多方面的不足：

（1）理论系统需要进一步完善。①词义特征函数的类型梳理与词义知识域描写框架系统尚未完全成熟。②词义基因的遗传、重组和变异规律需要更深入的探索。这些工作需要在更大数据量的基础上进行总结归纳。

（2）工程实践规模需要进一步扩大。目前我们所分析的词条和提取的词义基因数量还不够，需要持续投入人力，加大分析词条数量和规模。只有数据量达到了足够规模，理论系统的完善和实践应用的开发才更为顺利。

（3）实践应用开发不够。基于词义基因库可以衍生出很多计算应用和语言教学研究应用的相关算法、工具、数据库、词典等成果，这一部分的工作还有待进一步加强。

三、下一步工作展望

本项目是一项长期、持续的工程，在目前理论框架基本建构起来后，针对工作中存在的不足，项目组打算继续投入两到三年的时间，开展以下研究：

（1）大规模扩大分析词条数量，拟完成10000个以上现代汉语基础词汇词义基因结构描写。

（2）在大规模数据的基础上，进一步完善理论框架，完成现代汉语词义维度特征函数库、现代汉语词义知识域描写框架库，完善研究词义基因遗传三大定律的理论框架建构：词义基因连锁遗传律、词义基因随机分离律、词义基因重组变异律，探索词汇语义研究的新范式。

（3）加强应用开发，拟开发基于词义基因库的系列算法、研究工具、电子词典和新型纸版词典。

总之，正如笔者在本书依托的社科基因项目申请书中所言，词义基因分析与提取是语言学领域的基因工程，其工程规模之宏大、其应用意义与价值之显要，不亚于生物学领域的基因组测序工程。路漫漫其修远兮。课题结项后，两到三年内本课题组不会解散，直至完成上述未竟之任务，并将广邀学界同道共襄盛举，持续开展后续研究。

参 考 文 献

［1］Beaugrande，R.，& Dressler，W. U. Introduction to Text Linguistics［M］. London：Longman，1981.

［2］Bloomfield，L. Language（语言论）［M］. 袁家骅，等译. 北京：商务印书馆，1980.

［3］Chomsky，N. Language in a Psychological Setting［J］. Sophia Linguistica，1987（22）：1-73.

［4］Crystal，D. A Dictionary of Linguistics and Phonetics（现代语言学词典）［M］. 沈家煊，译. 北京：商务印书馆，2000.

［5］Evans，V.，& Melanie，G. Cognitive Linguistics：An Introduction［M］. New Jersey：Lawrence Erlbaum Associates，2006.

［6］Fillmore，C. J. The Case for Case［C］//E. Bach，& R. T. Harms（Eds.）. Universals in Linguistic Theory. New York：Holt，Rinehart，& Winston，1968：1-88.

［7］Goddard，Cliff，& Wierzbicka，Anna（Eds.）. Meaning and Universal Grammar：Theory and Empirical Findings（2 Volumes）［C］. Amsterdam/Philadelphia：John Benjamins，2002.

［8］Goddard，Cliff. Semantic Analysis：A Practical Introduction［M］. Oxford：Oxford University Press，1998.

［9］Greimas，A. J. Sémantique Structurale（结构语义学）［M］. 蒋梓骅，译. 天津：百花文艺出版社，2001.

［10］Hartmann，R. R. K.，& Stork，F. C.，Dictionary of Language and

Linguistics(语言与语言学词典)[M]. 黄长著, 等译. 上海: 上海辞书出版社, 1981.

[11] Hu, Dan, & Gao, Jinglian. Semantic Genes and the Semantic Composition of Adjectives in Modern Chinese[C]//2009 International Conference on Asian Language Processing. IEEE CPS, 2009.

[12] Jackendoff, Ray. Foundations of Language: Brain, Meaning, Grammar, Evolution[M]. Oxford: Oxford University Press, 2002.

[13] Jackendoff, Ray. Semantic Structures[M]. Cambridge, MA: MIT Press, 1990.

[14] Jackendoff, Ray. Semantics and Cognition[M]. Cambridge, MA: MIT Press, 1983.

[15] Lakoff, G. Women, Fire, and Dangerous Things: What Categories Reveal About the Mind[M]. Chicago: Chicago University Press, 1987.

[16] Lakoff, G., & Johnsen, M. Metaphors We Live By[M]. London: The University of Chicago Press, 2003.

[17] Leech, Geoffrey. 语义学[M]. 李瑞华, 等译. 上海: 上海外语教育出版社, 1987.

[18] Lyons, John. Semantics[M]. Cambridge: Cambridge University Press, 1977.

[19] Lyons, John. Introduction to Theoretical Linguistics[M]. Cambridge: Cambridge University Press, 1968.

[20] McDonald, J. D. World Haplogroups Maps[EB/OL]. [2005]. http: // faculty. scs. illinois. edu/~ mcdonald/WorldHaplogroupsMaps. pdf.

[21] Mitkov, R. 牛津计算语言学手册[M]. 北京: 外语教学与研究出版社; 牛津: 牛津大学出版社, 2009.

[22] Newell, A., & Simon, H. A. Computer Science as Empirical Enquiry: Symbols and Search[M]//M. A. Boden(Ed.). The Philosophy of Artificial Intelligence. Oxford: Oxford University Press, 1990.

［23］Ogden, C. K., & Richards, I. A. The Meaning of Meaning［M］. New York：Harcourt Brace & Company, 1923.

［24］Richards, J., Platt, J., & Weber, H. Longman Dictionary of Applied Linguistics(朗曼语言学词典)［M］. 刘润清, 等译. 太原：山西教育出版社, 1993.

［25］Robins, R. H. A Short History of Linguistics(简明语言学史)［M］. 许德宝, 冯建明, 胡明亮, 译. 北京：中国社会科学出版社, 1997.

［26］Schjelderup, V. The Principle of Holography：A Key to a Holistic Approach in Medicine［J］. American Journal of Acupuncture, 1982, 10(2).

［27］Snustad, D. P., & Simmons, M. J. 遗传学原理(第三版)［M］. 赵寿元, 乔守怡, 吴超群, 杨金水, 顾慧娟, 译. 北京：高等教育出版社, 2011.

［28］Stubbs, Michael. Text and Corpus Analysis：Computer-assisted Studies of Language and Culture［M］. Oxford：Blackwell, 1996.

［29］Turing, A. M. Computing Machinery and Intelligence［J］. Mind, 1950, 59(236)：433-460.

［30］Wierzbicka, Anna. Conceptual Primes in Human Languages and Their Analogues in Animal Communication and Cognition［J］. Language Sciences, 2004, 26(5)：413-441.

［31］Wierzbicka, Anna. Semantic：Prime and Universals［M］. Oxford：Oxford University Press, 1996.

［32］Wierzbicka, Anna. Semantic Primitives［M］. Frankfurt am Main：Athenäum-Verl, 1972.

［33］Wittgenstein, L. Tractatus Logico-Philosophicus(逻辑哲学论)［M］. 郭英, 译. 北京：商务印书馆, 1985.

［34］安华林. 关于汉语释义基元词的界定问题［J］. 辞书研究, 2013, (3)：15-20.

［35］安华林. 现代汉语释义基元词研究［M］. 北京：中国社会科学出版社,

2005.

[36]安华林. 元语言理论的形成和语言学的元语言观[J]. 内蒙古社会科学, 2005, 26(1): 104-108.

[37]白丽芳. 英汉元语言比较研究[D]. 南京: 南京师范大学, 2006.

[38]蔡曙山, 邹崇理. 自然语言形式理论研究[M]. 北京: 人民出版社, 2009.

[39]蔡自兴, 徐光祐. 人工智能及其应用(第四版)[M]. 北京: 清华大学出版社, 2004.

[40]曹炜. 论词汇的两种形态——对 20 世纪汉语词义学领域一些理论分歧的新审视[J]. 江苏大学学报(社会科学版), 2009(3): 69-74.

[41]曹炜. 现代汉语词义学[M]. 上海: 学林出版社, 2001.

[42]岑运强. 语义场和义素分析再探[J]. 福建外语, 1994(Z2): 1-7.

[43]曾利沙. 论《语言全息论》的理论与方法论特征——也谈学术创新研究的途径: 理论范畴化[J]. 山东外语教学, 2005(3): 15-18.

[44]陈·巴特尔, 苏明. 人工智能的学科定位与发展战略[J]. 国家教育行政学院学报, 2019(08): 18-23, 38.

[45]陈保亚, 余德江. 符号的任意性: 认知相对性的语言基础[J]. 贵州民族大学学报(哲学社会科学版), 2017(4): 82-95.

[46]陈端吕, 李际平. 全息论的内涵解读[J]. 西南农业大学学报(社会科学版), 2010, 8(1): 73-75.

[47]陈全献. 语言全息论的哲学思考[J]. 文教资料, 2009(1): 96-98.

[48]陈勇. 篇章的符号学特征[J]. 解放军外国语学院学报, 2008(5): 42-49.

[49]陈钟. 从人工智能本质看未来的发展[J]. 探索与争鸣, 2017(10): 4-7.

[50]程琪龙. Jackendoff 的概念语义学理论[J]. 外语教学与研究, 1997(2): 8-13.

[51]丹尼斯·库恩. 心理学导论: 思想与行为的认识之路(第九版)[M].

郑钢，译．北京：中国轻工业出版社，2014：425.

[52]单士坤，王绍斌．论篇章性的构成标准[J]．山东农业大学学报(社会科学版)，2001，3(3)：76-79.

[53]丁加勇，罗够华．论汉语集合名词的再分类[J]．湖南科技学院学报，2013(1)：155-157.

[54]董振东，董强，郝长伶．知网的理论发现[J]．中文信息学报，2007，21(4)：3-9.

[55]董振东，董强．知网导论[EB/OL]．[1999]．http：//www.keenage.com/Theory and practice of HowNet/03.pdf.

[56]董志铁．从中国古代名辩学看逻辑与语言的关系[J]．语言战略研究，2018，3(1)：12-13.

[57]范晓．现代汉语的名词及其再分类[C]//上海市语文协会．语文论丛(7)．上海：上海教育出版社，2001.

[58]方兵，胡仁东．我国高校人工智能学院：现状、问题及发展方向[J]．现代远距离教育，2019(3)：90-96.

[59]费尔迪南·德·索绪尔．普通语言学教程[M]．高名凯，译．北京：商务印书馆，1999.

[60]冯海霞，张志毅．《现代汉语词典》释义体系的创建与完善——读《现代汉语词典》第5版[J]．中国语文，2006(5)：455-461，480.

[61]冯丽．以"拿"为认知基元的现代汉语动词同义词群建构研究[D]．武汉：武汉大学，2013.

[62]冯契．哲学大辞典(修订本)[M]．上海：上海辞书出版社，2001.

[63]冯伟．新时期人工智能学科建设的思考[J]．求贤，2019(11)：16-17.

[64]冯志伟．人工智能领域：得语言者得天下[J]．语言战略研究，2018，3(5)：1.

[65]冯志伟．自然语言处理中理性主义和经验主义的利弊得失[J]．长江学术，2007(2)：79-85.

[66]符淮青．词义单位的划分[J]．汉语学习，1998(4)：26-32.

［67］符淮青. 词义单位的划分和义项［J］. 辞书研究，1995(1)：75-83.

［68］符淮青. 词义的分析和描写［M］. 北京：语文出版社，1996.

［69］符淮青. 词在组合中语义范畴的变化和词性标注——以"一"、"是"为例［J］. 辞书研究，2010(5)：1-7.

［70］符淮青. 构成成分分析和词的释义［J］. 辞书研究，1988(1)：48-55.

［71］符淮青. 语文词典中词的释义方式［C］. 上海辞书学会. 辞书编纂经验荟萃. 1992：120-138.

［72］符淮青. 指号义的性质和释义［J］. 辞书研究，2002(5)：1-10.

［73］福建省人工智能学会. 福建省人工智能学科发展研究报告［J］. 海峡科学，2018(10)：40-46.

［74］高名凯，石安石. 语言学概论［M］. 北京：中华书局，1963.

［75］高圣林. 语形的解构与语义的隐现——幽默的结构模式之一［J］. 修辞学习，2000(Z1)：16-18.

［76］高新民. "BDI 模型"与人工智能建模的心灵哲学［J］. 上海师范大学学报(哲学社会科学版)，2019，48(5)：99-111.

［77］葛本仪. 现代汉语词汇学［M］. 济南：山东人民出版社，2001.

［78］葛本仪. 实用中国语言学词典［M］. 青岛：青岛出版社，1992.

［79］葛宏伟. 基于计算智能的若干优化问题研究［D］. 长春：吉林大学，2006.

［80］龚学胜. 商务国际现代汉语大词典［M］. 北京：商务印书馆国际有限公司，2016.

［81］郭大方. 现代汉语动词分类词典［M］. 长春：吉林教育出版社，1994.

［82］韩秀娟. 现代汉语基本词汇先验集的考察分析研究［C］. 全国第八届计算语言学联合学术会议(JSCL—2005)论文集. 2005：219-225.

［83］韩玉国. 现代汉语形容词的句法功能及再分类［J］. 语言教学与研究，2001(2)：47-54.

［84］韩仲谦. 从语义学到语用学——Grice 语义理论的嬗变与影响［J］. 安徽大学学报(哲学社会科学版)，2009，33(2)：49-54.

［85］郝宁湘．计算哲学：21世纪科学哲学的新趋向［J］．自然辩证法通讯，2003（6）：37-42，110.

［86］贺林，马端，段涛．临床遗传学［M］．上海：上海科学技术出版社，2013.

［87］洪谦．逻辑经验主义［M］．北京：商务印书馆，1982.

［88］侯成亚．全息论及其方法论意义［J］．中共四川省委省级机关党校学报：新时代论坛，2003（1）：25-28.

［89］胡惮，高精炼，赵玲．语义基因与词义结构的形式化表达初论［J］．长江学术，2011（4）：138-143，168.

［90］胡惮．概念变体及其形式化描写［M］．北京：中国社会科学出版社，2011.

［91］胡惮．略论范畴层次与知识本体［J］．沈阳师范大学学报（社会科学版），2009，33（6）：32-34.

［92］胡惮．面向自然语言处理的现代汉语词义基元结构研究［M］．广州：世界图书出版公司，2014.

［93］胡惮．语言变体及其形式化描写［M］．北京：中国社会科学出版社，2011.

［94］胡范铸，胡玉华．"同志"称呼语的语义功能与语用条件析论［J］．华东师范大学学报（哲学社会科学版），2000（3）：112-116，122-128.

［95］胡明扬．北京话形容词的再分类［C］//语言学论文集．北京：中国人民大学出版社，1991.

［96］胡明扬．现代汉语词类问题考察［C］//胡明扬．词类问题考察．北京：北京语言文化大学出版社，1996.

［97］胡裕树，范晓．动词研究［M］．开封：河南大学出版社，1995.

［98］黄伯荣，廖序东．现代汉语（增订四版）上册［M］．北京：高等教育出版社，2008.

［99］黄曾阳．HNC概念层次网络理论——计算机理解语言研究的新思路［M］．北京：清华大学出版社，1998.

[100]黄曾阳. HNC 理论概要[J]. 中文信息学报，1997(4)：12-21.

[101]黄曾阳. 语言概念空间的基本定理和数学物理表示式[M]. 北京：海洋出版社，2004.

[102]黄华新，洪峥怡. 探索语言逻辑与信息处理结合的新路径——《自然语言信息处理的逻辑语义学研究》评介[J]. 重庆理工大学学报(社会科学版)，2019，33(4)：13-16.

[103]黄建华. 词典论[M]. 上海：上海辞书出版社，2001.

[104]黄月华，邓跃平. 论认知语言学百科知识语义观[J]. 求索，2012(8)：177-178.

[105]吉文玉，中华同义词词典[M]. 长春：吉林文史出版社，2003.

[106]贾彦德. 汉语语义学[M]. 北京：北京大学出版社，1992.

[107]贾彦德. 语义成分分析法的程序问题[J]. 新疆大学学报(哲学社会科学版)，1982(3)：63-69.

[108]姜兆梓. 哲学视阈中自然语言处理及发展[J]. 北方论丛，2012(3)：47-49.

[109]姜照昶，苏宇，丁凯孟. 群体智能计算的多学科方法研究进展[J]. 计算机与数字工程，2019，47(12)：3053-3058.

[110]蒋严，苗传江，刘小蝶. 基于 HNC 的现代汉语句子基本语义类型例句库建设[J]. 现代语言学，2013，1(3)：138-143.

[111]晋耀红. 概念层次网络(HNC)语言理解技术及应用[J]. 云南师范大学学报(哲学社会科学版)，2010，42(4)：19-23.

[112]雷子宸. 关于孟德尔遗传定律的本质理解和应用[J]. 安徽冶金科技职业学院学报，2018，28(1)：72-75.

[113]黎锦熙. 新著国语文法(订正本 中等学校用)[M]. 北京：商务印书馆，1924.

[114]李葆嘉. 汉语元语言系统研究的理论建构及应用价值[J]. 南京师大学报(社会科学版)，2002(4)：140-147.

[115]李葆嘉. 语义语法学理论和元语言系统研究[J]. 深圳大学学报(人

文社会科学版），2003（2）：105-110.

[116]李福印．静态事件的词汇化模式［J］．外语学刊，2015（1）：38-43.

[117]李光程．格赖斯论说话人意义及其充分性的评价［J］．哲学分析，2010，1（2）：26-34.

[118]李国佳，杨喜亮．基于知网义原信息量的词语相似度计算方法［J］．软件导刊，2015，14（6）：142-144.

[119]李炯英，李葆嘉．NSM 理论的研究目标、原则和方法［J］．当代语言学，2007（1）：68-77，94.

[120]李炯英，刘鹏辉，丁洁．国内自然语义元语言理论研究：现状与思考［J］．南京邮电大学学报（社会科学版），2014，16（3）：87-93.

[121]李炯英．波兰语义学派的哲学基础及其六大核心思想——波兰语义学派研究之五［J］．当代外语研究，2011（11）：8-11，51，60.

[122]李炯英．波兰语义学派概述［J］．外语教学与研究，2005（5）：377-382，401.

[123]李炯英．从语义基元的视角比较 Wierzbicka 与 Jackendoff 的语义学理论——波兰语义学派研究之三［J］．外语教学，2006，27（5）：16-18.

[124]李开复，王咏刚．人工智能［M］．北京：文化发展出版社，2017.

[125]李莱田．全息医学概论［J］．山东医科大学学报（社会科学版），1989（2）：4-12.

[126]李强，袁毓林．从生成词库论看名词的词典释义［J］．辞书研究，2016（4）：12-26，93.

[127]李强．《从生成词库论看名词的词典释义》补议——对尚简（2017）的回应［J］．辞书研究，2018（1）：34-41，93-94.

[128]李行健．现代汉语规范词典（第 3 版）［M］．北京：外语教学与研究出版社，2017.

[129]李文中．局部语义韵与话语管理［J］．外国语（上海外国语大学学报），2019，42（4）：81-91.

[130]李延福．国外语言学通观［M］．济南：山东教育出版社，1996.

[131]李永鑫，周广亚．从经济学家到心理学家——西蒙主要心理学思想述评[J]．华东师范大学学报(教育科学版)，2007(3)：44-50．

[132]李宇明，等．现代汉语常用词表(草案)[M]．北京：商务印书馆，2008．

[133]李子荣．作为方法论原则的元语言理论[M]．哈尔滨：黑龙江人民出版社，2006．

[134]林婧．关于人工智能的浅析[J]．网络安全技术与应用，2014(10)：191-192．

[135]林新年．谈汉语的义素和义位的研究[J]．福建师范大学福清分校学报，2003(3)：59-64．

[136]林杏光．词汇语义和计算语言学[M]．北京：语文出版社，1999．

[137]林奕欧，雷航，李晓瑜，吴佳．自然语言处理中的深度学习：方法及应用[J]．电子科技大学学报，2017，46(6)：913-919．

[138]刘承华．试论三大和谐的全息效应[J]．安徽大学学报：哲学社会科学版，1994(3)：51-54．

[139]刘道英．谈义素理论认知上的几个问题[J]．青海民族学院学报，2002(3)：100-103．

[140]刘桂芳．义素分析略说[J]．山西师大学报(社会科学版)，1995(2)：96-98．

[141]刘桂芳．义素类型及分析之我见[J]．学术交流，2006(12)：141-143．

[142]刘美君，万明瑜．中文动词及分类研究：中文动词词汇语义网的构建及应用[J]．辞书研究，2019(2)：42-60，110．

[143]刘鹏．基于语料库的 Chinese Dream 与 China Dream 语义韵对比研究[J]．三峡论坛，2019(5)：54-59．

[144]刘叔新．汉语描写词汇学[M]．北京：商务印书馆，1995．

[145]刘顺．现代汉语名词的多视角研究[M]．上海：学林出版社，2003．

[146]刘伟，田娥，谭苗苗．基于计算智能的信息处理技术的研究与应用

[J]. 电视技术, 2016, 40(12): 51-56.

[147] 刘晓红. 解读《词汇语义学》[J]. 中国外语, 2006(3): 76-77, 79.

[148] 刘晓林. Jackendoff 概念语义学述评[J]. 外语教学, 2006, 27(2): 12-15.

[149] 刘兴林. 词汇语义知识库浅述[J]. 福建电脑, 2009, 25(9): 47-48.

[150] 刘娅琼. 汉语释义元语言系统研究的拓荒之作——《汉语释义元语言研究》和《现代汉语释义基元词研究》对读[J]. 辞书研究, 2007(5): 102-111.

[151] 刘悦明, 曹迎春. 从语言全息角度看语言的对比研究[J]. 中国外语, 2008(1): 46-49.

[152] 洛克. 人类理解论[M]. 关文运, 译. 北京: 商务印书馆, 1983.

[153] 吕鹤. 汉语"吃"字系列的古今词义演变[J]. 鸡西大学学报, 2010, 10(5): 127-128.

[154] 吕叔湘. 简明同义词典·序[M]//张志毅. 简明同义词典. 上海: 上海辞书出版社, 1981.

[155] 吕叔湘. 汉语语法分析问题[M]. 北京: 商务印书馆, 1979.

[156] 吕叔湘. 中国文法要略[M]. 北京: 商务印书馆, 1942.

[157] 吕伟, 钟臻怡, 张伟. 人工智能技术综述[J]. 上海电气技术, 2018, 11(1): 62-64.

[158] 吕伟. 词典循环释义研究综述[J]. 现代语文(学术综合), 2013(8): 113-114.

[159] 马建忠. 马氏文通[M]. 北京: 商务印书馆, 1927.

[160] 马克思恩格斯选集: 第3卷[M]. 北京: 人民出版社, 1972.

[161] 马庆株. 汉语动词和动词性结构[M]. 北京: 北京语言学院出版社, 1992.

[162] 毛航天. 人工智能中智能概念的发展研究[D]. 华东师范大学, 2016.

[163] 苗传江, 刘智颖. 基于HNC的现代汉语词语知识库建设[J]. 云南师

范大学学报：哲学社会科学版，2010，42(4)：15-18.

[164]苗传江.HNC(概念层次网络)理论导论[M].北京：清华大学出版社，2005.

[165]苗传江.基于HNC句类体系的句子语义研究[J].语言文字应用，2006(1)：126-133.

[166]彭睿.名词和名词的再分类[C]//胡明扬.词类问题考察.北京：北京语言文化大学出版社，1996.

[167]彭业飞，冯智鑫，张维继.仿生智能算法研究现状及军事应用综述[J].自动化技术与应用，2017，36(2)：5-8，14.

[168]蒲冬梅.自然语义元语言的理论基础及研究前景[J].外语学刊，2012(4)：45-49.

[169]蒲冬梅.自然语义元语言有效性评析[J].外语学刊，2008(4)：55-59.

[170]蒲冬梅.自然语义元语言之思想探源及理论形成的机理研究[J].西北大学学报(哲学社会科学版)，2009(3)：149-151.

[171]钱冠连.语言全息论[M].北京：商务印书馆，2002(a).

[172]钱冠连.何为语言全息论？[J].外语研究，2002(b)(2)：20-26.

[173]钱冠连.语言全息律(纲要)[J].外语与外语教学，1998(8)：3-7，56.

[174]邱庆山.汉语笔类名词的属性义知识本体描写与构建[J].湖北大学学报(哲学社会科学版)，2018，45(5)：152-159.

[175]邱雪玫，李葆嘉.语义解析方法的形成过程及其学术背景——揭开结构主义语义学的第二个谜[J].江海学刊，2016(3)：65-73.

[176]邵炳军.现代汉语形容词二次划分中的本质分类——现代汉语形容词本质研究之二[J].社科纵横，1999，000(1)：60-63.

[177]佘靖.《全息医学》序[J].山东医科大学学报(社会科学版)，1998(2)：102.

[178]沈阳.语言学常识十五讲[M].北京：北京大学出版社，2005.

［179］施启良．全息论研究展望［J］．科学技术与辩证法，1991（2）：54-55.

［180］石安石，詹人凤．语言学概论［M］．北京：高等教育出版社，1988.

［181］石定栩．乔姆斯基的形式句法［M］．北京：北京语言文化出版社，2002.

［182］束定芳．现代语义学［M］．上海：上海外语教育出版社，2000.

［183］司联合．概念层次网络理论（HNC）述评［J］．语言科学，2003（4）：101-108.

［184］苏宝荣．词义研究与辞书释义［M］．北京：商务印书馆，2000.

［185］苏新春．汉语释义元语言研究.［M］．上海：上海教育出版社，2005.

［186］苏新春．元语言研究的三种理解及释义型元语言研究评述［J］．江西师范大学学报，2003（6）：93-102.

［187］苏鑫．浅论语言中的逻辑关系［J］．神州，2019（9）：67.

［188］孙道功，李葆嘉．试论析义元语言标记集的建构［J］．语言文字应用，2008（2）：132-138.

［189］孙道功，李葆嘉．试论析义元语言的元句法模式［J］．南京师范大学文学院学报，2010（3）：164-170.

［190］孙道功.《现代汉语析义元语言词典》的开发与应用［J］．辞书研究，2011，000（5）：33-43，114.

［191］孙毅．当代隐喻学的理论范式构念［J］．海南大学学报（人文社会科学版），2019，37（6）：126-134.

［192］唐兴全．HNC 理论的五元组与词性［C］//山西大学计算机系．自然语言理解与机器翻译——全国第六届计算语言学联合学术会议论文集．北京语言文化大学文化学院，2001：253-258.

［193］陶炼．从词目对比看 20 世纪汉语基本词汇的变化［J］．修辞学习，2009（6）：58-64.

［194］腾讯研究院．人工智能［M］．北京：中国人民大学出版社，2017.

［195］田明明．从术语义的发展演变看不同时代人们的认知水平对词义的影响［J］．现代语文（语言研究），2016（9）：38-39，40.

[196]王德春．词汇学研究[M]．济南：山东教育出版社，1983．

[197]王芳．自然语言逻辑的产生与人工智能中的知识表示[J]．福建农林大学学报(哲学社会科学版)，2015，18(5)：98-101．

[198]王红卫．百科知识语义观及其对英语词汇教学的启示[J]．辽宁工业大学学报(社会科学版)，2010，12(3)：124-126，135．

[199]王洪轩．动词语义分类举要[J]．河北大学学报(哲学社会科学版)，1987(2)：86-91．

[200]王惠，朱学峰．现代汉语名词的子类划分及定量研究[C]//陆俭明．面临新世纪挑战的现代汉语语法研究．济南：山东教育出版社，2000．

[201]王惠．现代汉语名词词义组合分析[M]．北京：北京大学出版社，2004．

[202]王惠．现代汉语名词非自由义句法功能研究[J]．语言研究，2006(1)：1-8．

[203]王今铮，等．简明语言学词典[M]．呼和浩特：内蒙古人民出版社，1985．

[204]王珏．现代汉语名词研究[M]．上海：华东师范大学出版社，2001．

[205]王军．汉语词义系统研究[M]．济南：山东人民出版社，2005．

[206]王力．中国现代语法[M]．北京：商务印书馆，1985．

[207]王宁．论词义训释[J]．辞书研究，1988(1)：2-11．

[208]王宁．训诂学原理[M]．北京：中国国际广播出版社，1996．

[209]王文庆，韩崇昭．基于模糊逻辑的一类复杂系统全息控制设计[J]．系统工程与电子技术，2004，26(8)：1097-1101．

[210]王晓红，庞云杰，麻祥才．基于底层特征和高级语义的真实失真图像质量评价[J]．包装工程，2020，41(1)：134-142．

[211]王哲，杨鹏飞，杨雅茹，等．基于多特征融合的深层网络图像语义识别方法[J]．计算机工程与应用，2019，55(24)：141-146，177．

[212]王宗炎．英汉应用语言学词典[M]．长沙：湖南教育出版社，1988．

［213］魏星．人工智能［J］．中国科技术语，2019，21(4)：80.

［214］乌热．人工智能的哲学反思［J］．神州，2018 (25)：231-233.

［215］吴柏华．基因间语义相似度计算方法研究及应用［D］．重庆：重庆大学，2014.

［216］伍光谦．语义学导论(修订本)［M］．长沙：湖南教育出版社，1992.

［217］伍铁平．评高名凯《语言论》中的位素理论［J］．语言教学与研究，1979(2)：135-151.

［218］肖志军，冯广丽．基于《知网》义原空间的文本相似度计算［J］．科学技术与工程，2013，13(29)：8651-8656.

［219］萧国政，胡惮．信息处理的汉语语义资源建设现状分析与前景展望［J］．长江学术，2007(2)：86-91.

［220］萧国政，肖珊，郭婷婷．从概念基元空间到语义基元空间的映射——HNC 联想脉络与词汇语义结构表述研究［J］．华东师范大学学报(哲学社会科学版)，2011，43(1)：139-143，156.

［221］萧国政．汉语语法研究论：汉语语法研究之研究［M］．武汉：华中师范大学出版社，2001.

［222］谢晓明．语义相关动词带宾语的多角度考察——"吃""喝"带宾语个案研究［M］．武汉：华中师范大学出版社，2008.

［223］辛日华．HowNet 的构成分析与研究［J］．呼伦贝尔学院学报，2003，11(3)：81-83.

［224］邢福义，吴振国．语言学概论［M］．武汉：华中师范大学出版社，2002.

［225］徐晨霞．基于知网的多关键字检索研究［D］．重庆：重庆大学，2008.

［226］徐慈华．科学隐喻语言的双重指称［J］．自然辩证法研究，2008(9)：1-6.

［227］徐晋麟，徐沁，陈淳．现代遗传学原理［M］．北京：科学出版社，2001.

［228］徐烈炯. 语义学(修订本)[M]. 北京：语文出版社，1995.

［229］徐思益. 论句子的语义结构[J]. 新疆大学学报(哲学社会科学版)，1984(1)：96-105.

［230］徐艳华. 面向自动句法分析的名词再分类研究[J]. 现代语文(语言研究)，2013(3)：127-129.

［231］徐志民. 语义单位的确定和定名问题[J]. 云梦学刊，1998(3)：70-74.

［232］许威汉. 训诂学导论[M]. 上海：上海教育出版社，1987.

［233］严春友，王存臻. 黑格尔与宇宙全息统一论[J]. 天津师大学报(社会科学版)，1988(5)：11-20.

［234］严春友. 全息哲学引论[J]. 社会科学论坛(学术评论卷)，2008(12)：31-47.

［235］杨博雄，李社蕾. 新一代人工智能学科的专业建设与课程设置研究[J]. 计算机教育，2018(10)：26-29.

［236］杨凯. 测绘学名词(第3版)[M]. 北京：科学出版社，2016.

［237］杨升初. 现代汉语的义素分析问题[J]. 湘潭大学社会科学学报，1982(3)：49-57，93.

［238］杨祥金. 人工智能[M]. 重庆：科学技术文献出版社重庆分社，1988：1-3.

［239］杨佑文. 维特根斯坦语言游戏说与二语习得[J]. 外语学刊，2011(2)：20-24.

［240］姚从军，邹崇理. 自然语言逻辑语义学研究述评[J]. 长沙理工大学学报(社会科学版)，2016，31(2)：32-37.

［241］叶斌，谢国剑. 20多年来国内义素论综述[J]. 杭州师范学院学报：社会科学版，2007，29(5).

［242］叶蜚声，徐通锵. 语言学纲要(第3版)[M]. 北京：北京大学出版社，1993.

［243］叶眺新，陆丙甫. 语言学和生物全息律[J]. 河北师范大学学报(社

会科学版），1994(2)：12-19.

[244]袁毓林. 汉语动词的配价研究[M]. 南昌：江西教育出版社，1998.

[245]袁毓林. 汉语名词物性结构的描写体系和运用案例[J]. 当代语言学，2014，16(1)：31-48.

[246]源艳芬，梁慎青. 简单介绍可扩展标记语言 XML[J]. 电脑知识与技术，2010，6(20)：5523-5526.

[247]岳园. 义素理论研究综述[J]. 科教文汇(中旬刊)，2009(1)：259.

[248]云兴华. 义位结构与义素分析模式[J]. 榆林学院学报，2013，23(3)：59-63.

[249]泽农·W. 派利夏恩. 计算与认知[M]. 任晓明，王左立，译. 北京：中国人民大学出版社，2007.

[250]詹人凤. 现代汉语语义学[M]. 北京：商务印书馆，1997.

[251]张春泉. 利奇 Semantics 语义类型术语群的汉译——兼谈 Leech 语义分类的逻辑[J]. 海南师范大学学报(社会科学版)，2016，29(9)：124-128.

[252]张道民. 论相关性原理[J]. 系统辩证学学报，1995，3(1)：48-53.

[253]张国英，何元娇. 人工智能知识体系及学科综述[J]. 计算机教育，2010(8)：25-28.

[254]张积家，姜敏敏. 自然语义元语言理论：内容、发展和面临的挑战[J]. 嘉应学院学报(哲学社会科学)，2007 (2)：96-108.

[255]张津，黄昌宁. 从单语词典中获取定义原语的一种方法[J]. 清华大学学报(自然科学版)，1997(3)：29-34.

[256]张能甫. 汉语基本词汇研究的回顾与展望[J]. 四川师范大学学报(哲学社会科学版)，1999(2)：90-95.

[257]张能为. 现当代哲学的语言转向、问题与新方向[J]. 广西大学学报(哲学社会科学版)，2019，41(1)：58-64.

[258]张韧弦，刘乃实. 语义学的形式化研究[J]. 山东外语教学，2004(2)：18-21.

［259］张双棣，张联荣，宋绍年，等．古代汉语知识教程［M］．北京：北京大学出版社，2002．

［260］张嗣瀛，杨光红．一类复杂控制系统的全息控制［J］．控制与决策，1996(4)：501-505．

［261］张廷远．隐含义素的剖析及其语用价值［J］．汉语学报，2007(3)：44-52，96．

［262］张万有．义素分析略说［J］．语言教学与研究，2001(1)：61-65．

［263］张颖．作为"同性恋(者)"的"同志"［J］．现代语文(语言研究)，2017(8)：110-112．

［264］张颖清．生物全息律［J］．自然杂志，1981(4)：243-248．

［265］张勇，耿国华，周明全，陈丽萍．计算智能研究综述［J］．计算机应用研究，2017，34(11)：3201-3203，3213．

［266］张喆．自然语义元语言：理论与实践［M］．北京：科学出版社，2007．

［267］张志平．基于遗传算法的汉语基本词汇自动提取研究［D］．呼和浩特：内蒙古师范大学，2007．

［268］张志毅，张庆云．词汇语义学［M］．北京：商务印书馆，2001．

［269］赵小兵．基于动态流通语料库的现代汉语基本词汇自动识别与提取方法研究［D］．北京：北京语言大学，2007．

［270］赵彦春．语言学的哲学批判［M］．重庆：重庆出版社，2004．

［271］赵元任．汉语口语语法［M］．吕叔湘，译．北京：商务印书馆，1979．

［272］郑捷．NLP汉语自然语言处理原理与实践［M］．北京：电子工业出版社，2017．

［273］仲崇山．语法：语言符号之间的结构规律［J］．学术交流，2010(10)：157-159．

［274］周挺．物理符号系统假设的历史回顾与思考［D］．杭州：浙江大学，2008．

［275］周洋．义素分析法评述［J］．和田师范专科学校学报，2011，30(4)：

65-67.

[276]周一民．义素的类型及其分析[J]．汉语学习，1995(6)：34-36.

[277]周祖谟．汉语词汇讲话[M]．北京：人民教育出版社，1959.

[278]朱德熙．语法讲义[M]．北京：商务印书馆，1982.

[279]邹崇理．自然语言逻辑研究[M]．北京：北京大学出版社，2000.